重要論点
実務 民法（債権関係）改正

森・濱田松本法律事務所　元・客員弁護士
鎌田　薫
Kaoru Kamata

森・濱田松本法律事務所　客員弁護士
内田　貴
Takashi Uchida

森・濱田松本法律事務所　弁護士
青山大樹　　末廣裕亮　　村上祐亮　　篠原孝典【著】
Hiroki Aoyama　　*Yusuke Suehiro*　　*Yusuke Murakami*　　*Takanori Shinohara*

商事法務

はしがき

　2017 年に成立した改正法の施行を控え、数多くの解説書が刊行されている。本書のように、実務的観点から論点を掘り下げた解説書も、例がないわけではない。その中で、本書の特色としては次の 2 点を挙げることができる。

　第 1 に、本論部分の執筆を担当した青山大樹・末廣裕亮・村上祐亮・篠原孝典の 4 名の弁護士が、最先端の企業法務に関する自らの豊富な実務経験に加えて、4 名の所属する大手事務所内部に蓄積されている経験を結集し、合議を重ねながら、実務で生じてくる疑問に対して可能な限り質の高い回答を与えることをめざして執筆に当たったことである。

　すなわち、森・濱田松本法律事務所では、法制審議会の部会審議が始まる前の 2009 年春に 5 回の事務所内勉強会を持ったのをはじめ、法案が国会に提出されてからは、2014 年秋から 2015 年春にかけて、合計 12 回の勉強会を重ねて事務所内の知見の結集を図った。その上で、執筆者達が合議をしながら原稿を固めていった。これにより、実務的視野はさらに広がり、考察も一層深いものになったと思う。

　第 2 に、上記執筆者と同じ法律事務所に属する客員弁護士である鎌田薫（ただし 2018 年 12 月まで）、内田貴の 2 名が、執筆作業の早い段階から参加して、やや異なる視点からの検討結果を盛り込んだことである。両名は、それぞれ早稲田大学、東京大学で長く民法の研究・教育に携わり、鎌田は法制審議会の民法（債権関係）部会の部会長を務めた。また、内田は法務省の参与として事務当局側で法制審議会の審議に関与した。

　両名は、各執筆者とペアを組んで意見を交わし、未解明の論点についてもできるだけ両者の一致点を見出すことによって、今後の実務のための一つの道標を提供しようと試みた。ペアの組み合わせは、著者略歴をご覧いただければ分かるとおり、青山・鎌田、末廣・内田、篠

原・鎌田、村上・内田である。このような試みの結果、企業法務の関心事項を深く掘り下げるとともに、改正法の意図に沿った解釈論のあり方をともに探求することができた。最終的に若干の視点の違いが残った部分もあるが、それを本論・コメントという形で残すことにより、結果的に、理論と実務のバランスに配慮した多角的な見方が反映された書籍になったのではないかと思う。企業法務に携わる方々にとって有益な内容となっていれば幸いである。

　なお、本書における記述は執筆者個人の意見であり、執筆者の所属する組織の見解ではないことを付言しておく。

　本書の出版にあたっては、株式会社商事法務の岩佐智樹さん、水石曜一郎さんに多大なご尽力を頂いた。この場を借りて深く感謝申し上げたい。

執筆者を代表して

鎌田　薫

内田　貴

目次　iii

目次

第1章　総論

第1節　民法（債権関係）改正の経緯　3
Q1　どのような経緯で民法（債権関係）の改正が行われたか。　3

第2節　経過措置　5
Q1　どのような経過措置が定められたか。　5
Q2　債権譲渡について、どのような経過措置が定められたか。　10
Q3　定型約款について、どのような経過措置が定められたか。　11
Q4　基本契約・個別契約方式の場合、契約締結時点はどのように考えればよいか。　12
Q5　契約の自動更新・自動延長の場合、契約締結時点はどのように考えればよいか。　13

本論に対するコメント（鎌田薫）　15
■ Q4 について　15
■ Q5 について　16

第2章　契約の成立

第1節　定型約款　19

第1　総論　19
Q1　定型約款について、どのような改正がされたか。　19

第2　定型約款の定義　21
Q2　「定型約款」はどのように定義されたか、その趣旨は何か。　21
Q3　「定型約款」の典型的な該当例・非該当例は何か、定型約款該当性が議論されている類型は何か。　24
Q4　不特定多数要件について、どのように考えればよいか。　27
Q5　合理的画一性要件について、どのように考えればよいか。　30
Q6　定型約款のその他の要件について、どのように考えればよいか。　33

第3　みなし合意の要件と表示義務・内容規制　35
Q7　みなし合意の要件は何か、合意でなく表示による場合の留意点は何か。　35
Q8　表示請求に対しホームページ上の掲載箇所を案内することで足りないのはどのような場合か、その場合の実務的な対応方法はどうか。　37
Q9　表示義務不履行の効果は何か。　39

iv　目次

Q10 定型約款の内容規制と消費者契約法第10条との関係はどのようなものか。　41

第4　変更要件　43

Q11 定型約款変更の合理性を支える要素にはどのようなものがあるか。　43

Q12 定型約款における参照規定の参照先の内容の変更について、どのように考えればよいか。　45

本論に対するコメント（鎌田薫）　50

● **「第2　定型約款の定義」について**　50

■Q4 について　50
■Q5 について　51
■Q6 について　51

● **「第3　みなし合意の要件と表示義務・内容規制」について**　52

■Q7 について　52
■Q8 について　53
■Q9 について　53
■Q10 について　53

● **「第4　変更要件」について**　54

■Q12 について　54

第2節　意思表示　56

Q1 申込みにおいて承諾発信時に契約が成立すると定めた場合の効果について、どのように考えればよいか。　56

Q2 第526条の改正と被保険者の承諾前死亡の関係について、どのように考えればよいか。　57

本論に対するコメント（鎌田薫）　59

■Q1 について　59
■Q2 について　60

第3章　債権債務関係の展開

第1節　債権譲渡　63

第1　総論　63

Q1 債権譲渡について、どのような改正がされたか。　63

目次　v

第2　譲渡制限特約付債権の譲渡・担保取引　67

Q2　債権の自由譲渡性について、どのような改正がされたか。預貯金債権等の例外的な取扱いを認める規律の適用対象について、どのように考えるべきか。　67

Q3　譲渡制限特約付債権が譲渡された場合に、譲受人の取立権限はどのように保護されるか。また、譲渡人に取立権限を付与することはできるか。　73

Q4　譲渡制限特約付債権が譲渡された場合において譲渡債権の債務者に認められる供託の要件・効果は何か。　76

Q5　譲渡制限特約付債権について特約に反する譲渡をした場合、譲渡人は譲渡債権の債務者に対して契約違反に基づく責任を負うか。譲受人についてはどうか。　78

Q6　譲渡制限特約付債権が譲渡された後に譲渡人について法的倒産手続が開始された場合、譲受人による譲渡債権の回収はどのように確保されるか。　82

Q7　譲渡制限特約付債権が譲渡され、譲渡人に対して弁済がされた後に譲渡人について法的倒産手続が開始された場合、譲受人の譲渡人に対する回収金引渡請求権はどのように扱われるか。　88

Q8　譲渡制限特約付債権を譲渡担保に供する場合と質権を設定する場合で、どのような差異があるか。　95

第3　異議なき承諾の廃止　99

Q9　「異議をとどめない承諾」の制度を廃止する趣旨は何か。新法下で抗弁権を切断するためにどのような方法があるべきか。　99

Q10　抗弁の内容を具体的に特定せずにする、包括的な抗弁放棄の意思表示は有効か。　101

第4　将来債権譲渡　105

Q11　将来債権の譲渡について、どのような改正がされたか。　105

Q12　将来債権の譲渡後に譲渡制限特約が付された場合の規律はどのようなものか。　107

本論に対するコメント（内田貴）　109

●「第2　譲渡制限特約付債権の譲渡・担保取引」について　109

■Q2について　109
■Q3について　110
■Q5について　111
■Q7について　112
■Q8について　113

●「第3　異議なき承諾の廃止」について　114

vi　目次

第2節　保証　116

第1　総論　116

Q1　保証について、どのような改正がされたか。　116

第2　保証意思宣明公正証書の制度の新設　121

Q2　保証意思宣明公正証書の作成を要する事業性借入れの範囲について、どのように考えればよいか。　121

Q3　保証意思宣明公正証書の作成を要する保証人から除外される経営者等の範囲について、どのような者が該当するか。　125

Q4　保証意思宣明公正証書の作成手続はどのようなものか。保証意思宣明公正証書の作成後、主債務や保証の内容に変更が生じた場合に、保証の効力をどのように考えればよいか。　132

Q5　個人が事業性借入れについて、物上保証や併存的債務引受を行った場合、保証意思宣明公正証書の作成を要するか。　136

第3　情報提供義務の新設　139

Q6　主債務者による契約締結時の情報提供義務について、保証契約が取り消されるのは、どのような場合か。　139

Q7　主債務者による契約締結時の情報提供義務違反に基づく保証契約取消しを避けるために、債権者が行うべき措置について、どのように考えればよいか。　143

Q8　債権者による情報提供義務の内容はどのようなもので、その違反時の効果をどのように考えればよいか。　146

第4　個人根保証に関する規律の適用範囲拡大　149

Q9　改正法により個人根保証に関する規律の適用を新たに受けるようになった根保証は、どのようなものか。　149

本論に対するコメント（内田貴）　153

●「第2　保証意思宣明公正証書の制度の新設」について　153

■Q2 について　153
■Q3 について　154
■Q4 について　154
■Q5 について　155

●「第3　情報提供義務の新設」について　156

■Q6 について　156
■Q7 について　157

●「第4　個人根保証に関する規律の適用範囲拡大」について　158

■Q9 について　158

目次　vii

第4章　債権債務関係の消滅、債務不履行

第1節　弁済・相殺　163

第1　弁済　163

Q1　弁済について、どのような改正がされたか。　163

Q2　新法において、弁済をするについて正当な利益を有しない第三者からの弁済を受け入れるために、債権者はどのような点に留意すべきか。　167

Q3　弁済代位の改正が、代位権不行使特約や担保保存義務免除特約等の代位に関する特約の実務に影響を与えるか。　171

Q4　振込みにより弁済の効力が認められるのはどのような場合か、いつの時点で弁済の効力が発生するか。　175

第2　相殺　177

Q5　差押えを受けた債権を受働債権とする相殺に関し、被差押債権の債務者が、相殺権を主張できる範囲はどのように変わったか。債権譲渡と相殺についてはどうか。　177

Q6　差押えを受けた債権を受働債権とする相殺を禁止する新法の規律と、破産手続における相殺禁止規定について、どのような点が共通するか。　182

Q7　相殺と差押えや債権譲渡と相殺に関し、相殺期待が保護される要件である「前の原因」には、どのような場合が該当するか。　185

Q8　債権譲渡と相殺に関し、譲渡債権の「発生原因である契約」に基づき生じた反対債権による相殺が認められる理由はどのように考えられるか。　189

本論に対するコメント（内田貴）　193

● 「第1　弁済」について　193
■ Q2について　193
■ Q4について　194

● 「第2　相殺」について　195
■ Q6、Q7について　195
■ Q8について　196

第2節　消滅時効　199

第1　総論　199

Q1　消滅時効について、どのような改正がされたか。　199

第2　債権の消滅時効における原則的な時効期間と起算点　204

Q2　客観的起算点と主観的起算点の関係をどのように考えればよいか。　204

viii　目次

第3　時効の更新と完成猶予——時効の中断・停止概念の整理　207

Q3　「催告」と「裁判上の請求」の関係をどのように考えればよい
か。　207

Q4　「仮差押え」「仮処分」について、「事由が終了した時」とはいつ
か。　209

Q5　時効の完成猶予事由である「協議を行う旨の合意」の具体的内容はど
のようなものか。　212

Q6　「協議を行う旨の合意」によって時効の完成を猶予させようとする場
合の留意点は何か。　216

本論に対するコメント（鎌田薫）　219

●「第2　債権の消滅時効における原則的な時効期間と起算点」について　219

■Q2について　219

●「第3　時効の更新と完成猶予——時効の中断・停止概念の整理」について　220

■Q3について　220

第3節　債権者代位権・詐害行為取消権　223

第1　債権者代位権　223

Q1　債権者代位権について、どのような改正がされたか。　223

Q2　債務者の「無資力」とは、どのように考えればよいか。　226

第2　詐害行為取消権　229

Q3　詐害行為取消権について、どのような改正がされたか。　229

Q4　「詐害行為の前の原因」に基づいて生じた債権とはどのようなもの
か。　233

Q5　債務者の受益者・転得者に対する現状回復請求権が差し押さえられた
場合（仮差押えを含む）、取消債権者の受益者・転得者に対する引渡
請求権の行使は制約されるか。　236

本論に対するコメント（鎌田薫）　238

●「第1　債権者代位権」について　238

■Q2について　238

●「第2　詐害行為取消権」について　239

■Q5について　239

第4節　解除・危険負担・債務不履行　242

第1　解除　242

Q1　解除について、どのような改正がされたか。　242

目次　ix

Q2 「債権者の責めに帰すべき事由」による債務不履行について、どのように考えればよいか。　245

Q3 不履行が「軽微」であるときとは、どのように考えればよいか。　247

Q4 買主の追完請求に対して売主が応じない場合、買主が売買契約を催告解除するためには、改めて催告が必要か。　251

第2　危険負担　252

Q5 危険負担について、どのような改正がされたか。　252

Q6 債務者に帰責事由がある場合に、債権者は履行拒絶ができないか。　254

Q7 債権者が債務者に対して反対給付を先履行していた場合において、その後に債務者の債務の履行不能が生じた場合、債権者は既履行の給付の返還請求をできるか。　256

第3　債務不履行　258

Q8 債務不履行について、どのような改正がされたか。　258

Q9 株式会社の役員等の任務懈怠責任の解釈に影響があるか。　262

本論に対するコメント（鎌田薫）　265

● 「第1　解除」について　265

■Q3について　265

● 「第2　危険負担」について　266

■Q6について　266

● 「第3　債務不履行」について　267

■Q9について　267

第5章　各種の契約

第1節　売買　273

第1　総論　273

Q1 売買について、どのような改正がされたか。　273

第2　売買における担保責任（契約不適合責任）　278

Q2 瑕疵担保責任を契約不適合責任に改めることにより、売買の担保責任が認められる要件・範囲はどのように変わったか。　278

Q3 「隠れた」という要件の削除により、売買の担保責任について実務上どのような影響があるか。　280

Q4 売買の担保責任の効果として買主の追完請求権はどのように変わったか。　282

x　目次

Q5　売買の担保責任の効果として買主の代金減額請求権はどのように変わったか。　284

Q6　売買の担保責任の効果として買主の解除・損害賠償請求はどのように変わったか。　285

Q7　売買の担保責任の期間制限はどのように変わったか。　288

本論に対するコメント（内田貴）　291

●「第2　売買における担保責任（契約不適合責任）」について　291

■Q3について　291
■Q6について　292

第2節　請負・委任　294

第1　総論　294

Q1　請負について、どのような改正がされたか。　294
Q2　委任について、どのような改正がされたか。　297

第2　請負における担保責任（契約不適合責任）　299

Q3　瑕疵担保責任を契約不適合責任に改めることにより、請負人の担保責任が認められる要件・範囲はどのように変わったか。　299

Q4　請負の担保責任の効果として注文者の修補請求権はどのように変わったか。　303

Q5　請負の担保責任の効果として注文者の修補に代わる損害賠償請求権はどのように変わったか。　305

Q6　請負の担保責任の効果として注文者の解除権・損害賠償請求権はどのように変わったか。　307

Q7　請負人の担保責任の期間制限はどのように変わったか。　310

第3　請負と委任の接近化　312

Q8　新法において、請負と委任はどのように区別されるか。　312
Q9　請負と委任における報酬支払の仕組みはどのように変わったか。　314

本論に対するコメント（内田貴）　316

●「第2　請負における担保責任（契約不適合責任）」について　316

■Q4について　316
■Q5について　317

●「第3　請負と委任の接近化」について　317

■Q8について　317

第3節　消費貸借　319

第1　総論　319

Q1　消費貸借について、どのような改正がされたか。　319

目次 xi

第2 諾成的消費貸借 322

Q2 諾成的消費貸借の書面要件に関して、実務上どのような点に留意すべきか。 322

Q3 諾成的消費貸借における貸主の「貸す義務」と借主の「借りる義務」については、実務上どのような点に留意すべきか。 324

Q4 諾成的消費貸借において、借主による中途解約について、実務上どのような点に留意すべきか。 326

第3 消費貸借における期限前返還 329

Q5 消費貸借の期限前返還について、実務上どのような点に留意すべきか。 329

本論に対するコメント（内田貴） 332

●「第2 諾成的消費貸借」について 332

■Q3・Q4 について 332

第4節 賃貸借 334

第1 総論 334

Q1 賃貸借について、どのような改正がされたか。 334

第2 賃貸不動産の譲渡と賃借権の対抗要件 340

Q2 賃貸不動産の譲渡に伴う賃貸人たる地位の移転について、実務上どのような点に留意すべきか。 340

Q3 賃貸不動産の譲渡（賃貸人たる地位の移転）に伴う敷金返還債務・費用償還債務の承継について、実務上どのような点に留意すべきか。 343

Q4 賃貸不動産の譲渡にもかかわらず賃貸人たる地位を留保する旨の特約について、実務上どのような点に留意すべきか。 345

本論に対するコメント（内田貴） 348

●「第2 賃貸不動産の譲渡と賃借権の対抗要件」について 348

■Q4 について 348

事項索引 351
著者略歴 355

xii 凡例

凡例

1 法令の略語

改正法	民法の一部を改正する法律（平成 29 年法律第 44 号）
附則	改正法附則
整備法	民法の一部を改正する法律の施行に伴う関係法律の整備等に関する法律（平成 29 年法律第 45 号）
民法	改正法による改正のない民法の規定及び、改正に関係なく規定を示す場合
新法	改正法による改正後の民法（明治 29 年法律第 89 号）
旧法	改正法による改正前の民法
旧商法	整備法による改正前の商法（明治 32 年法律第 48 号）
新民事執行法	整備法による改正後の民事執行法（昭和 54 年法律第 4 号）
新破産法	整備法による改正後の破産法（平成 16 年法律第 75 号）
個人情報保護法	個人情報の保護に関する法律

2 文献等の略語

法制審議会第○回議事録	法制審議会民法（債権関係）部会第○回会議議事録
衆議院法務委員会議事録第○号	第 192 回国会衆議院法務委員会議事録第○号
参議院法務委員会議事録第○号	第 193 回国会参議院法務委員会議事録第○号
部会資料	法制審議会民法（債権関係）部会資料
中間試案	「民法（債権関係）の改正に関する中間試案」（2013 年 2 月 26 日決定（同年 7 月 4 日補

凡例　xiii

	訂））
中間試案補足説明	法務省民事局参事官室「民法（債権関係）の改正に関する中間試案の補足説明」（2013 年 4 月 16 日公表（同年 7 月 4 日補訂））
要綱案のたたき台	「民法（債権関係）の改正に関する要綱案のたたき台(1)〜(12)」（2013 年 9 月 10 日〜2014 年 5 月 20 日）
一問一答	筒井健夫＝村松秀樹編著『一問一答　民法（債権関係）改正』（商事法務、2018 年）
中田ほか	中田裕康ほか『講義　債権法改正』（商事法務、2017 年）
大村＝道垣内	大村敦志＝道垣内弘人編著『解説　民法（債権法）改正のポイント』（有斐閣、2017 年）
井上＝松尾	井上聡＝松尾博憲編著『practical 金融法務　債権法改正』（金融財政事情研究会、2017 年）
債権法研究会	債権法研究会編著『詳説　改正債権法』（金融財政事情研究会、2017 年）
潮見ほか	潮見佳男ほか編『詳解　改正民法』（商事法務、2018 年）
村松＝松尾	村松秀樹＝松尾博憲『定型約款の実務Q&A』（商事法務、2018 年）
山野目	山野目章夫『新しい債権法を読みとく』（商事法務、2017 年）
注釈民法(11)	西村信雄編『注釈民法(11)』（有斐閣、1965 年）
最判解民事篇	最高裁判所判例解説民事篇
潮見	潮見佳男『新債権総論 II』（信山社、2017 年）
道垣内	道垣内弘人『担保物権法〔第 4 版〕』（有斐閣、2017 年）
山下・保険法	山下友信『保険法（上）』（有斐閣、2018 年）

xiv　凡例

山下・定型約款	山下友信「定型約款」安永正昭＝鎌田薫＝能見善久監修『債権法改正と民法学Ⅲ　契約(2)』（商事法務、2018 年）
山下・民法（債権関係）改正と保険	山下友信「民法（債権関係）改正と保険——改正の意義、重要論点及び今後の保険実務」損害保険研究 77 巻 2 号（2015）
伊藤ほか	伊藤眞ほか『条解破産法〔第 2 版〕』（弘文堂、2014 年）
事業再生研究機構	事業再生研究機構編『債権譲渡法制に関する民法改正と事業再生』（商事法務、2017 年）
笠井	笠井修「契約不適合責任のシステム——請負契約を中心に」ジュリスト 1511 号（2017 年）
白石	白石大「保証——保証意思の明確性の確保」ジュリスト 1511 号（2017 年）
潮見＝岡＝黒木	潮見佳男＝岡正晶＝黒木知彰「連載　債権法改正と実務上の課題第 5 回　保証」ジュリスト 1519 号（2018 年）
山野目＝深山＝井上	山野目章夫＝深山雅也＝井上聡「連載　債権法改正と実務上の課題第 8 回　債権譲渡制限特約」ジュリスト 1522 号（2018 年）
井上＝松尾＝藤澤（上）	井上聡＝松尾博憲＝藤澤治奈「鼎談　改正民法の実務的影響を探る第 4 回　保証（上）」NBL 1119 号（2018 年）
井上＝松尾＝藤澤（下）	井上聡＝松尾博憲＝藤澤治奈「鼎談　改正民法の実務的影響を探る第 5 回　保証（下）」NBL 1120 号（2018 年）

3　雑誌・判例集の略語

民録	大審院民事判決録
民集	大審院民事判例集／最高裁判所民事判例集
ジュリ	ジュリスト

判時	判例時報
判タ	判例タイムズ
金法	金融法務事情
金判	金融・商事判例

第1章

総論

第1節　民法（債権関係）改正の経緯

> Q1　どのような経緯で民法（債権関係）の改正が行われたか。

解　説

　「民法の一部を改正する法律」（平成29年法律第44号）及び「民法の一部を改正する法律の施行に伴う関係法律の整備等に関する法律」（平成29年法律第45号）は、2015年3月31日に第189回国会に提出され、第193回国会で可決成立し、2017年6月2日に公布された。

　そして、新法の施行日は、「民法の一部を改正する法律の施行期日を定める政令」（平成29年政令第309号）により、一部の例外を除き、2020年4月1日とされている。

　法務大臣による民法（債権関係）改正についての諮問から法案の国会提出に至る経緯は、以下のとおりである。

図表1-1：改正に至る経緯

2009年10月28日	法務大臣、民法（債権関係）改正について諮問「民事基本法典である民法のうち債権関係の規定について、同法制定以来の社会・経済の変化への対応を図り、国民一般に分かりやすいものとする等の観点から、国民の日常生活や経済活動にかかわりの深い契約に関する規定を中心に見直しを行う必要があると思われるので、その要綱を示されたい。」（諮問第88号）
2009年11月24日	法制審議会民法（債権関係）部会、第1回会議

4　第1章　総論

↓第1ステージ審議 2011年4月12日	法制審議会民法（債権関係）部会、「中間的な論点整理」決定
↓第2ステージ審議 2013年2月26日	法制審議会民法（債権関係）部会、「中間試案」決定
↓第3ステージ審議 2014年8月26日	法制審議会民法（債権関係）部会、「要綱仮案」決定
↓最終段階審議 2015年2月10日	法制審議会民法（債権関係）部会、「要綱案」決定
2015年2月24日	法制審議会総会、「要綱」（民法（債権関係）の改正に関する要綱）採択、直ちに法務大臣に答申
2015年3月31日	内閣、閣議決定に基づき改正法案・整備法案を国会に提出
↓国会審議 2017年4月14日	衆議院本会議で可決
2017年5月26日	参議院本会議で可決
2017年6月2日	公布
↓ 2020年4月1日	施行（一部例外を除く）

第2節　経過措置

> Q1　どのような経過措置が定められたか。

解　説

　主要項目に関する経過措置の内容は**図表1-2**のとおりである。原則として、施行日前に締結された契約については旧法を適用し、施行日以後に締結された契約について新法を適用するとされているなど、施行日前に既に形成された法律関係を新法の施行によって覆さないように配慮されている。

　もっとも、債権譲渡及び定型約款に関する経過措置には留意が必要である。これらについては、下記**Q2**及び**Q3**を参照されたい。

図表1-2：主要改正項目毎の経過措置

改正項目	改正内容細目	基準 ^{(注1)(注2)}	附則条項
公序良俗		法律行為（契約）	第5条
意思能力		意思表示	第2条
意思表示	心裡留保・錯誤・詐欺・強迫・意思表示の受領能力	意思表示	第6条第1項
	意思表示の効力発生時期	意思表示の通知の発出	第6条第2項
代理	代理一般	代理権の発生原因（例：委任契約）・代理権授与の表示	第7条第1項
	無権代理人の責任	無権代理行為	第7条第2項

6　第1章　総論

	制限行為能力者の代理行為の効力	代理行為	第3条
無効・取消し	無効行為に基づく給付の原状回復義務	給付	第8条第1項
	取消可能行為の追認	取消可能行為	第8条第2項
条件	不正な条件成就	法律行為（契約）	第9条
消滅時効	時効（時効の援用）	債権発生・債権発生原因である法律行為（契約）のいずれか早いもの	第10条第1項
	時効（時効の中断・停止）	旧法上の中断・停止事由発生	第10条第2項
	時効（権利についての協議を行う旨の書面合意）	書面合意	第10条第3項
	時効（消滅時効期間）	債権発生と債権発生原因である法律行為（契約）のいずれか早いもの	第10条第4項
	不法行為（期間制限）	旧法上の期間制限の期間経過	第35条第1項
	不法行為（生命身体侵害の損害賠償請求権の消滅時効）	旧法上の3年の時効の完成	第35条第2項
債権の目的（法定利率を除く。）	債務者の注意義務	債権発生と債権発生原因である法律行為（契約）のいずれか早いもの	第14条
	選択債権の不能による特定	債権発生と債権発生原因である法律行為（契約）のいずれか早いもの	第16条
法定利率	法定利率	その債権に関する最初の利息発生	第15条第1項

	中間利息控除	損害賠償請求権の発生	第17条第2項
	遅延損害金の法定利率	遅滞責任の負担	第17条第3項
履行請求権等、債務不履行による損害賠償、受領遅滞、契約に関する基本原則	履行遅滞、履行不能、受領遅滞、債務不履行による損害賠償	債務発生と債務発生原因である法律行為（契約）のいずれか早いもの	第17条第1項
	損害賠償額の予定	賠償額予定の合意	第17条第4項
契約の解除		解除される契約の締結	第32条
危険負担	同時履行の抗弁・危険負担	契約の締結	第30条第1項
債権者代位権		被代位債権の発生	第18条
詐害行為取消権		詐害行為	第19条
多数当事者	不可分債権、不可分債務、連帯債権、連帯債務	不可分債権・不可分債務・連帯債権・連帯債務の発生と債権債務発生原因である法律行為（契約）のいずれか早いもの	第20条
保証債務		保証契約 ＊公正証書作成の嘱託・作成は、新法全体の施行日より前であっても、「改正法公布から2年9か月を超えない範囲で政令で定める日」から可能（附則第21条第2項・第3項、第1条第3号）。	第21条第1項

8　第1章　総論

債権譲渡		債権の譲渡の原因である法律行為（債権譲渡契約）	第22条
有価証券		有価証券の発行	第28条
債務引受		債務引受契約	第23条
契約上の地位の移転		契約上の地位を譲渡する旨の合意	第31条
弁済	弁済一般	債務発生と債務発生原因である法律行為（契約）のいずれか早いもの	第25条第1項
	弁済充当	弁済	第25条第2項
相殺	相殺禁止・制限特約	相殺禁止・制限の意思表示	第26条第1項
	不法行為債権等を受働債権とする相殺	受働債権発生と受働債権発生原因である法律行為（契約）のいずれか早いもの	第26条第2項
	差押えを受けた債権を受働債権とする相殺	自働債権の原因	第26条第3項
	相殺の充当	相殺の意思表示	第26条第4項
更改		更改契約	第27条
契約の成立	申込みと承諾	申込み	第29条第1項
定型約款		施行日前に締結された定型取引に係る契約についても適用する。ただし、旧法の規定によって生じた効力を妨げない。 ＊施行日前に一方当事者（解除権を行使できる当事者	第33条第1項

		を除く）により反対の意思表示が書面又は電磁的記録でされた場合、新法全体の施行日前に締結された定型取引に係る契約には適用しない（第33条第2項・第3項）。	
第三者のためにする契約		第三者のためにする契約の締結	第30条第2項
契約各論（贈与、売買、消費貸借、使用貸借、賃貸借、雇用、請負、委任、寄託、組合）	契約各論一般	契約の締結	第34条第1項
	賃貸借の存続期間の更新	更新の合意	第34条第2項
	不動産賃借人による妨害排除等	占有妨害・占有	第34条第3項
債権質	債権質の対抗要件	質権設定契約	第11条
根抵当権	根抵当権の被担保債権と電子記録債権	根抵当権設定契約・債務引受契約・更改契約	第13条

（注1）厳密な経過措置の内容は附則の条項に当たって確認されたい。

（注2）「基準」欄記載の事項がされた時点を基準に新法・旧法の適用が分かれる。例えば「基準」欄に「法律行為（契約）」と記載されているのは、契約がされた時点（契約締結の時点）を基準として、その時点が施行日前の場合には旧法が、施行日以後の場合には新法が適用されることを意味する（なお、「法律行為」とは契約の他に遺言等を含む法律概念であるが、主に契約を念頭に置けばよい）。

10　第 1 章　総論

> **Q2**　債権譲渡について、どのような経過措置が定められたか。

解　説

　附則第 22 条により、債権譲渡に関する新法第 466 条から第 469 条の規定は、施行日以降に債権の譲渡の原因である法律行為（債権譲渡契約）が行われた場合に適用されることになっている。

　したがって、譲渡対象となる債権の発生原因となった契約の締結日が施行日前であっても、その債権を譲渡するための債権譲渡契約が施行日以降に締結されれば、債権譲渡に関する新法の規律が適用される。その結果、例えば譲渡制限特約違反の譲渡も有効であるものと取り扱われる。

第 2 節　経過措置　11

Q3　定型約款について、どのような経過措置が定められたか。

解　説

　定型約款に関する新法のルールは、原則として施行日前に締結され
た定型取引に係る契約についても適用される。ただし、例外として、
契約の一方当事者により反対の意思の表示が書面又は電磁的記録に
よって新法全体の施行日より前にされた場合には新法のルールを適用
しないとされている。さらにその例外の例外として、契約又は法律の
規定により解除権を現に行使することができる者は、反対の意思表示
を行うことができない（附則第 33 条）。

　一方当事者からの適用排除の意思表示が認められたのは、特に新法
によって定型約款準備者（事業者）による定型約款の変更が可能であ
ることが明文化されることから、取引開始当時それを予期していな
かった定型約款使用の相手方（消費者）に対しこのルールの適用を排
除する機会を与えるための配慮がなされたものである。

　もっとも、定型約款使用の相手方が契約を解除することが可能であ
る場合には、適用排除の意思表示が認められていない。これは、解除
権の行使により契約の拘束を免れる機会が与えられている当事者に対
しては、重ねて定型約款ルールの適用排除を選択する機会を与える必
要はないという考慮によるものと考えられる。この趣旨からすれば、
契約・約款の解釈によって契約からの離脱の機会が認められればよく、
必ずしも明文の解除規定が存在することが要求されるわけではないと
考えられる。また、契約から離脱する者が損害賠償義務を負う場合で
も、その負担額が契約関係の清算に合理的に要する金額を超える違約
金の負担を強いられ事実上離脱の事由が認められていないような例外
的な場合でなければ、「解除権を現に行使することができる者」に該
当すると説明されている[1]。

1)　一問一答 391 頁。

12　第 1 章　総論

> **Q4** 基本契約・個別契約方式の場合、契約締結時点はどのように考えればよいか。

解　説

　契約締結時点が施行日前であるか施行日以降であるかによって新法と旧法の適用が切り分けられている改正項目は多い。この場合、施行日前に基本契約が締結され、当該基本契約に基づいて施行日以降に個別契約が締結された事案では、当該契約に新法と旧法のいずれが適用されるかが問題となる。

　解釈問題であり、基本契約・個別契約の具体的内容にもよるが、一般的には、例えば売買取引を前提とすると、売買目的物や売買代金額が個別契約によって初めて特定されるような事案では、当該目的物の売買に関する契約は個別契約締結時点で初めて成立したことになると考えるのが自然であろう。この場合、基本契約自体の締結が施行日前に行われていた場合であっても、施行日以後に成立した個別契約の内容を補充する限りにおいては、基本契約にも新法が適用されると解されるのではなかろうか。

　これに対し、基本契約で主要な契約条項が合意され個別契約では細目的事項が合意されるに過ぎないような場合には、基本契約の締結日が基準となることもあると考えられる。

第 2 節 経過措置 13

> **Q5** 契約の自動更新・自動延長の場合、契約締結時点はどのように考えればよいか。

解　説

　契約締結時点が施行日前であるか施行日以降であるかによって新法と旧法の適用が切り分けられている改正項目に関して、施行日前に契約が締結され、施行日以降にその契約の更新又は延長がなされたときは、更新又は延長後の契約に新法と旧法のいずれが適用されるかが問題となる。

　このうち契約の更新があった場合については、契約当事者の合意によるものである限り、契約期間の満了に際して更新合意が行われる場合のみならず、契約当事者からの異議がないことを条件に自動的に契約が更新される条項（自動更新条項）に基づく更新の場合であっても、更新の時点が施行日以後であればその後は新法が適用されると説明されている[1]。その理由は、施行日以降に更新の合意がなされる場合はその合意に、自動更新条項に基づく更新の場合は更新に異議を述べないという施行日以降の不作為に、新法の適用に向けられた当事者の意思を認めることができることに求められている。

　そうであれば、契約期間の延長の場合についても同様に、契約期間の満了に際して延長合意が行われる場合も、自動延長条項に基づく延長の場合も、施行日以降に延長が行われた後は新法が適用されると考えられる。施行日以降の延長の時点で新法の適用に向けられた当事者の意思を認めることができる点で、更新の場合と異ならないからである。契約の更新とは旧契約と同一性のない新契約が成立することであるのに対し、契約ないしその期間の延長とは契約の同一性が失われないままその期間が延長されることであるという語感もあるが、上記の

---

1)　一問一答 383 頁。

14　第1章　総論

理由づけからすると、その違いはここでの結論の差異をもたらさない
ものと考えられる[2]。

---

2)　『一問一答』が「期間の更新」に言及するのも同様の趣旨とも読める。

本論に対するコメント（鎌田薫）

■Q４について

　契約締結時点が新法適用の基準時になっている場合、すなわち定型約款に関する附則第33条のように施行日以外の基準によって新法又は旧法の適用を決める規定の対象とはなっていない場合において、施行日前に基本契約が締結され、当該基本契約に基づいて施行日以降に個別契約が締結される事案について、売買目的物や売買代金額が個別契約によって初めて特定されるようなケースでは、本論の述べるとおり、施行日以後に成立した個別契約を補充する限りにおいて基本契約にも新法が適用されると解することとなろう。一方で、基本契約で主要な契約条項が合意され個別契約では細目的事項が合意されるに過ぎないようなケースでは基本契約の締結時点が基準となることも、本論の述べるとおりである。

　もっとも、一口に基本契約・個別契約方式の契約と言ってもその内容は千差万別であり、上述の二つのケースの間の線引きは事例によっては困難な問題となり得る。例えば、いわゆる継続的供給取引において、基本契約で目的物１個当たりの価格と一定期間内に供給されるべき目的物の一応の数量が合意され、個別契約で具体的な引渡数量・引渡日が特定されるようなケースはどうか。

　基本契約における「一応の数量の合意」の趣旨が、具体的な売買数量は個別契約で定められるまで確定せず、それまでは具体的な売買契約上の義務が生じないという趣旨であれば、個別売買契約が成立する都度その数量分の売買契約が成立すると解されるであろう。これに対し、基本契約で合意した数量の売買を行うことは売主・買主間で一旦合意され、ただ当事者の都合により多少の数量の変動が後日生じることは許容するという意味合いで「一応の数量」が合意されているのであれば、基本契約の時点で売買契約が成立している（したがって、基本契約・個別契約の双方に旧法が適用される）と解される場合もあり得

16　第1章　総論

る。

　基本契約における合意の趣旨がそのどちらであるかは、取引当事者間の取引実績等諸般の事情の総合勘案による事実認定次第と言わざるを得ないであろう。

■Q5について

　自動更新条項の場合に関する『一問一答』の説明の仕方を前提とする限り、本論の述べるとおり、自動延長条項に関しても、施行日以降に延長が行われた後は新法が適用されると解釈することが基本となろう。当事者が、自動的に契約関係が継続することを表す表現として、「更新」と「延長」を意識的に使い分けていないケースでは、特にそのように言える。

　もっとも、契約の当事者が、あえて更新という概念を用いず延長の語を用いたものであり、しかもその意図が契約延長時にも契約期間以外の契約条件を変更しないことを強調する点にあったと認定されるような例外的な場合に、なお自動延長後の契約に新法が適用されると解すべきかどうかについては、議論の余地がある。

第2章

契約の成立

第 1 節　定型約款

第 1　総論

> Q1　定型約款について、どのような改正がされたか。

解　説

　定型約款ルールの出発点は、「定型約款」の定義である（新法第 548 条の 2 第 1 項）。

　その上で、定型約款ルールの第一の柱は、みなし合意（定型約款の個別の条項について相手方が合意をしたものとみなされること）である（新法第 548 条の 2 第 1 項）。

　みなし合意のルールには、二つのサブルールがある。その一は、内容規制であり、定型約款準備者に不当に有利な一定の条項はみなし合意の対象とならない（新法第 548 条の 2 第 2 項）[1]。その二は、開示義務であり、定型約款準備者が定型約款を用いた契約の締結前に開示義務に違反したときは、みなし合意ルールの適用を受けられない（新法第 548 条の 3 第 2 項）。なお、定型約款の開示義務は契約締結後相当期間は継続するが（同条第 1 項）、契約締結後の開示義務違反はみなし合意の効力に影響を及ぼさない。

　定型約款ルールの第二の柱は定型約款の変更であり、相手方の個別の合意を現実に得ることなく定型約款を変更するための要件が定めら

---

1)　新法第 548 条の 2 第 2 項の文言は「合意をしなかったものとみなす」とされているが、当該条項について個別に合意されていた場合にもそれを覆して合意しなかったものとみなすという意味はなく、単にみなし合意の適用対象外とするという意味に過ぎない。法制審議会第 99 回議事録 10 頁〔中田裕康委員発言、村松秀樹幹事発言〕。

れている（新法第548条の4）。

　以下では、定型約款の定義、みなし合意とそのサブルール、定型約款の変更の順に論述する。

第2 定型約款の定義

> Q2 「定型約款」はどのように定義されたか、その趣旨は何か。

解　説

1 定型約款の定義規定

「定型約款」とは、「定型取引において、契約の内容とすることを目的としてその特定の者（定型約款準備者）により準備された条項の総体をいう」と定義されている。そして、「定型取引」とは、「ある特定の者（定型約款準備者）が不特定多数の者を相手方として行う取引であって、その内容の全部又は一部が画一的であることがその双方にとって合理的なものをいう」と定義されている（新法第548条の2第1項）。

まとめると、定型約款の定義は**図表2-1**のようになる。主要な要件は、①不特定多数要件と②合理的画一性要件の二つである[1]。

図表2-1：定型約款の定義

定型取引	① 不特定多数の者を相手方として行う取引であること（不特定多数要件）
	② 当該取引の内容の全部又は一部が画一的であることが両当事者にとって合理的であること（合理的画一性要件）
において、契約の内容とすることを目的として定型約款準備者により準備された条項の総体	

---

1) 「契約の内容とすることを目的として」（補充目的要件）については下記**Q6**を参照。

22　第2章　契約の成立

2　定義規定の趣旨

(1)　定型約款に該当することの効果との関係

　契約書類が定型約款に該当することによって、定型約款準備者は、みなし合意及び約款変更に関する規定の適用を受けることができる。これらは、円滑迅速な契約関係の処理を確保するために設けられた、一般の契約法理と対比して定型約款準備者に有利な規律である。この特典の利用を定型約款準備者に認めるのは、一般の契約法理では対応しにくい場合に限れば十分である（必要性の要請）。また、定型約款準備者の便宜に配慮するあまり相手方に一方的な不利益を課さないようにするのが立案担当者の意図である（許容性の要請）。

　そこで、定型約款は、必要性の要請に応えるべく、不特定多数を相手方として画一的に用いられるものに限定され、許容性の要請を満たすべく、画一的であることが相手方にとっても合理的である場合に限定された[2]。

(2)　各要件の具体的な意義

　以上の趣旨から、不特定多数要件は、「取引の相手方の個性を重視せずに多数の取引を行うような場面」を意味すると理解されている[3]。労働契約では一般に相手方（労働者）の人格・能力等の個性が重視されるから、不特定多数要件を欠き、定型約款に該当しない[4]。

　また、合理的画一性要件は、「多数の顧客が存在するか、契約締結にどの程度の時間をかけることが想定されるかなどを踏まえ、相手方がその変更を求めずに契約を締結する（契約交渉が行われない）ことが合理的である場合」というコンセプトを元に表現が変更されたものであるという経緯を踏まえるとイメージしやすい[5]。契約書ひな型に

---

2)　一問一答243頁。
3)　一問一答243頁。
4)　衆議院法務委員会議事録第15号10頁〔小川秀樹政府参考人発言〕、部会資料86-2・1頁、一問一答243頁。

基づき事業者間で多数の契約が画一的内容で締結されていても、画一
性の理由が単に当事者間の交渉力格差によるときは、相手方にとって
画一化が合理的と言えないために合理的画一性要件を欠き、契約書ひ
な型は定型約款に該当しない[6]。

---

5) 部会資料 78 B・15 頁、沖野眞已「約款の採用要件について」星野英一先生
追悼『日本民法学の新たな時代』（有斐閣、2015 年）545 頁、債権法研究会 396
頁〔浅田隆〕。
6) 衆議院法務委員会議事録第 15 号 10 頁〔小川政府参考人発言〕、部会資料
83 - 2・38 頁、86 - 2・1 頁、一問一答 247 頁。

24　第2章　契約の成立

> **Q3**　「定型約款」の典型的な該当例・非該当例は何か、定型約款該当性が議論されている類型は何か。

解　説

　定型約款に該当するもの・該当しないものの典型例は、それぞれ**図表2-2・2-3**のとおりである。また、定型約款該当性が議論・検討されているその他の具体例と議論・検討の内容は、**図表2-4**のとおりである。

図表2-2：定型約款に該当する典型例

国会審議、法制審審議、『一問一答』で言及されている例[1]	・　鉄道等の旅客運送約款 ・　宅配便運送約款 ・　パソコンソフトの購入約款 ・　電気供給約款 ・　普通預金規定 ・　保険約款[2] ・　インターネットを通じた物品売買の購入約款 ・　インターネットサイトの利用約款 ・　市販のコンピュータソフトウェアのライセンス規約 ・　消費者ローン契約書
その他[3]	・　インターネットバンキング契約 ・　キャッシュカード規定

---

1)　衆議院法務委員会議事録第9号8頁〔小川秀樹政府参考人発言〕、部会資料83-2・38頁、一問一答246頁。
2)　保険契約については山下・保険法169頁以下、山下・民法（債権関係）改正と保険178頁以下が詳しい。
3)　井上=松尾277頁、債権法研究会404頁〔浅田隆〕、78頁〔石井教文〕。

第 1 節　定型約款　第 2　定型約款の定義　25

図表 2 - 3：定型約款に該当しない典型例

国会審議、法制審審議、『一問一答』で言及されている例[4]	・　事業者間契約書ひな型 ・　労働契約書 ・　基本契約書に合意した上で行われる個別の売買取引
その他[5]	・　JSLA シンジケートローン契約書、ISDA Master Agreement ・　抵当権設定契約等の個別担保契約書

図表 2 - 4：定型約款に該当するか議論・検討されているもの

銀行取引約定書[6]	個別交渉による修正は困難という認識を前提に該当性を肯定する考え方と、顧客からの修正要望に応ずることもあることや審査が行われること等を根拠に該当性を否定する考え方がある。 国会答弁では、個別に交渉して修正されることもあるという取引実態に関する認識を前提に、定型約款に該当しないとしている。
住宅ローン契約書[7]	審査が定型化・画一化されていること等を根拠に該当性を肯定する考え方と、金額やライフイベントにおける重要性から相応の説明や審査をするのが通常でありそのような実態がある場合は定型約款には該当しないと指摘する考え方がある。 国会答弁では、取引実態に関する当局の認識を前提に、

4)　衆議院法務委員会議事録第 15 号 10 頁〔小川秀樹政府参考人発言〕、部会資料 83 - 2・38 頁、86 - 2・1 頁、一問一答 243 頁、245 頁、247 頁。
5)　井上＝松尾 279 頁、債権法研究会 407 頁〔浅田〕。
6)　衆議院法務委員会議事録第 15 号 19 頁〔小川政府参考人発言〕。定型約款該当性に肯定的な見解として、森下哲朗「団体による標準契約書等の作成」金融法務研究会報告書㉖（金融取引における約款等をめぐる法的諸問題）（2015 年）95 頁、大野正文「銀行取引約定書は『約款』か」金法 2013 号（2015 年）5 頁、否定的な見解として、井上＝松尾 278 頁、井上聡「定型約款に関する立法提案」金法 2014 号（2013 年）5 頁、債権法研究会 404 頁〔浅田〕。

26 第2章 契約の成立

	定型約款に該当するとしている。
賃貸借契約書のひな型[8]	国会答弁において、原則として定型約款に該当しないが、大手不動産会社が複数の大規模居住用建物について同一の契約書ひな型により多数の賃貸借契約を締結するような場合には契約内容を画一化することで各種管理コストが低減し入居者も利益を享受することがあり、このような場合は例外的に定型約款に該当し得るとされている。
フランチャイズ契約[9]	国会答弁では、画一性の理由は交渉力の差によるものであり、定型約款に該当しないとしている。
証券保管振替機構の定める業務規程[10]	不特定多数要件を欠き定型約款に該当しないとされている。

7) 衆議院法務委員会議事録第15号19頁〔小川政府参考人発言〕。定型約款該当性に肯定的な見解として井上＝松尾277頁、審査等の実態を前提に定型約款該当性に否定的な見解として債権法研究会407頁〔浅田〕。

8) 衆議院法務委員会議事録第16号18頁〔小川秀樹政府参考人発言〕、一問一答246頁。

9) 衆議院法務委員会議事録第15号11頁〔小川政府参考人発言〕。

10) 一問一答245頁。

> **Q4** 不特定多数要件について、どのように考えればよいか。

解　説

　上記 **Q2** のとおり、不特定多数要件は、取引相手方の個性を重視せずに多数の取引を行う場合を意味する。したがって、契約締結に際して、相手方を選別するために実質的な審査が行われる類型の取引は、不特定多数要件を満たさない。これに対して、一応の契約審査が行われても、定型化された基準への適合性をいわば画一的・形式的に審査（スクリーニング）しているにとどまる場合は、なお不特定多数要件を満たすと考えられている[1]。

　もっとも、相手方審査の実質性の度合いは程度問題であり、判断の分かれ目はわかりにくい。そこで、判断に当たっての着眼点を試みに例示すれば**図表 2 - 5**のとおりである。

図表 2 - 5：相手方審査の実質性の度合いに関する着眼点

> ①　相手方の数：マスの消費者を相手方とする取引をはじめ相手方の数が多数にのぼる取引では、逐一相手方審査を行わないことになりやすく、不特定多数要件を満たしやすい。
> ②　契約締結までの時間：相手方との接触から契約締結までの時間が短い契約では、相手方審査のいとまがなく不特定多数要件を満たしやすい。
> ③　相手方の義務の履行時点・金額：契約締結と同時に相手方の義務履行が完了する契約では、不特定多数要件を満たしやすい。これに対して、相手方の義務が将来履行される場合は履行能力に関する相手方審査が慎重になりやすい。高額の取引では特にそうである。
> ④　相手方の義務の種類：例えば相手方の義務内容が金銭の支払であれば、履行の結果が義務主体によって異ならない。これに対し、労

---

1)　井上＝松尾 274 頁。

務を目的とする契約等相手方により履行の成果が異なる場合、相手方を選別する動機が働き、不特定多数要件を満たしにくい。

⑤　契約締結の方式：インターネット取引や書類郵送により完了する取引の場合は、対面の機会のある取引と比較して、不特定多数要件を満たしやすい。

⑥　契約締結資格の広狭：相手方の資格が厳格に設定されている場合、その資格に該当する者だけを選別している点で既に個性に着目していると判断されることがあり得る。

　上記 **Q3** の**図表2-2**に挙げた定型約款に該当する典型例の中には、上記の着眼点のほぼすべてで不特定多数要件充足の方向で積極となるものが多い。例えば一般の電気供給取引では、③（利用料金の支払が将来にわたる点）を除きすべて積極方向を向く。典型的な定型約款該当例とされるゆえんである。逆に、上記 **Q3** の**図表2-3**に挙げたものは、多くの着眼点で消極を向く。

　これらに対し、上記 **Q3** の**図表2-4**に挙げたものでは、着眼点次第で積極と消極に分かれる。

　例えば住宅ローン契約は、①、④では積極であるが、②、⑤では消極であり、特に借入金返済が将来長期にわたる点で③も消極である。同様のことは消費者ローン一般にも一部当てはまるが、②、③、⑤については、住宅ローンと比較して消費者ローン一般の方がより積極であると言えるように思われる。一般の消費者ローンについて定型約款該当性を肯定しつつ住宅ローンについて慎重な見解[2]があるのは、この点で理解できる。

　一般の労働契約は上記の着眼点のほぼすべてで通常消極を向く。やや問題なのは日雇い労働者を100人集めるという例であるが[3]、その場合でも、③（履行時点）、④、⑤を重視して不特定多数要件の充足

---

2)　債権法研究会407頁〔浅田隆〕。

3)　衆議院法務委員会議事録第15号11頁〔小川秀樹政府参考人発言、枝野幸男委員発言〕。

が否定されていると考えることができようか。

　証券保管振替機構の定める業務規程が不特定多数要件を満たさないとされているのは、⑥の着眼点がよほど重視された結果であろうと思われる。

30　第2章　契約の成立

> **Q5**　合理的画一性要件について、どのように考えればよいか。

解　説

　上記 **Q2** で述べたとおり、合理的画一性要件における中心的な問題は、取引内容が画一的であることが相手方にとっても合理的であると言えるか否かである[1]。この要件が充足されない典型例が事業者間契約書ひな型である。

　合理的画一性要件を満たす典型例は、保険契約等、契約の性質上その内容が画一性でなければならない場合である[2]。この場合、取引内容が画一化されることで相手方が商品・サービスの提供を受けられる点で、画一性が相手方にとっても合理的であると言える。

　もっとも、合理的画一性要件が満たされるのはこの場合だけではない。取引金額が少額で契約交渉コストを費やすことが相手方にとって見合わない取引や、迅速に成約することが相手方の期待であるような取引では、契約交渉を行わないことが相手方にとって合理的である。マスの消費者を相手方とする取引においては、このように言える場合が多い。

　さらに進んで、事業者がいかなる相手方との契約交渉にも応じない場合、すべての相手方にとって自己が他の相手方と比較して当該事業者から不利益には扱われないことになるが、そのような平等待遇の利益は合理性の根拠になるか[3]。これを肯定すると、契約条件が画一的である場合は常に同時に合理性も認められることになりかねず、合理性要件の充足を求めた法の趣旨が失われるという批判が当たるであろ

---

1)　その他、そもそも実態として取引内容が画一的であるか否かが問われる類型や（銀行取引約定書等）、「一部が画一的」と言えるための条件（重要部分のほとんどについて強い画一化の要請がある場合に限られる。一問一答243頁）等に関する問題がある。

2)　部会資料75B・10頁、一問一答245頁。

う[4]。

　同じことが、「対応コストの転嫁回避」の議論にも当てはまるかのようにも思える。すなわち、事業者が個別交渉に応じないことで交渉コスト・契約管理コストを削減でき、ひいては当該コストの転嫁を回避できることを相手方にとっての合理性の根拠とできるのであれば、画一性が認められる場合は同時に合理性要件も満たされることになってしまわないか（多少のコストは常に削減されるから）という問題である。しかし、賃貸借契約に関する国会答弁では、契約内容の画一化による事業者の管理コスト低減とそれによる相手方の利益が合理性の根拠とされている。これは、管理対象である契約が相当多数にのぼる場合に限っては、その内容を異ならせることによる管理コストが相応の水準に達することがあり得、その転嫁回避が合理性の根拠となり得る旨の説明であると理解すべきであろう。

　そうだとすると、例えばフランチャイズ契約に関しても検討の余地が残されているようにも感じられてくる。国会答弁においてはフランチャイズ契約の画一性は単なる交渉力格差の結果であり合理性が認められないとのみ説明されている。確かに、フランチャイジーが比較的

---

3)　河上正二「改正民法における『定型約款』規定における若干の問題点」瀬川信久先生・吉田克己先生古稀記念『社会の変容と民法の課題（上巻）』（成文堂、2018年）176頁が「平等待遇の要請」に言及するのは、その可能性を示唆する趣旨か。

4)　他の多数の相手方と同等の契約を締結できるとか、事業者にとってのコスト削減が対価の引下げにつながるという説明は、本来、事業者にとっての合理性の説明にはなっても相手方にとっての合理性の説明にはならないのではないかとしつつ、そのように言ってしまえばそもそも定型約款に該当するものはなくなってしまうとし、そこから、法文からは無理があるが、約款による取引の簡略化程度のメリットでも相手方にとっての合理性の説明になるとした上で、事業者間で少しでも交渉の可能性がある場合を定型約款から外すのが合理的画一性要件だと解するほかなく、交渉可能性があるかどうかは詰まるところ双方の当事者が定型約款と認める意思があるか否かに行き着くという説明もある（山下・定型約款139頁〜141頁）。割り切った整理として参考になるが、賃貸借契約について国会答弁で政府委員が行っている説明等とは整合しにくいと思われる。

少数である場合についてはその説明で足りるであろうが、フランチャイジーが相当多数にのぼる場合、契約内容を異ならせることによる管理コストが相応の水準になるという実態が認められるようであれば、そのコストの転嫁回避が合理性の根拠となり得ないわけではないように思われ、国会答弁はその可能性まで否定しているものではないとも考えられる。

第1節 定型約款 第2 定型約款の定義 33

> **Q6** 定型約款のその他の要件について、どのように考えればよいか。

解 説

定型約款は、定型取引において、「契約の内容とすることを目的として」準備された条項の総体と定義されている。

この文言の解釈として、相手方が契約内容を十分に吟味し内容を認識するのが通常である場合には定型約款に該当しないという説明がなされる（補充目的要件）[1]。この説明は、立案過程において定型約款の上記部分が「契約の内容を補充することを目的として」と定義されていたこと、その趣旨として上記見解と同様の説明がなされていたこと[2]、「契約の内容とすることを目的として」と文言が変更された理由は上記趣旨を変更しようとするものとは思われないこと[3]、立案担当者の解説においても定型約款に該当するのは「契約内容を補充する目的」のものに限るという説明が維持されていること[4]と整合的である。

もっとも、補充目的要件を欠くことが決め手となって定型約款該当性が否定される事例がどの程度あるかは明らかでない。例えば、住宅ローン契約書は通常それほど大部な契約書ではなく、また当該契約書に相手方が直接調印するが、法務省民事局長の国会答弁[5]は、そうであるからと言って補充目的要件を欠くとは考えていない。さらに、銀行取引約定書は、これに加えて相手方が事業者であり、一般的には吟味・検討を期待できそうであるようにも思われるが、法務省民事局長の国会答弁が銀行取引約定書の定型約款該当性に否定的な見解を示す

---

1) 山野目 171 頁。
2) 部会資料 83 - 2・38 頁、86 - 2・1 頁。
3) 法制審議会第 98 回議事録 21 頁〔村松秀樹幹事発言〕参照。
4) 一問一答 244 頁。
5) 衆議院法務委員会議事録第 15 号 19 頁〔小川秀樹政府参考人発言〕。

34　第2章　契約の成立

のは個別に交渉して修正されることもあるという取引実態を前提として合理的画一性要件を満たさないとするものであり、補充目的要件を欠くことを理由として定型約款該当性を否定するわけではない[6]。

　これらのことを考えると、不特定多数要件と合理的画一性要件を満たすが、補充目的要件を欠く、という理由で定型約款該当性が否定されるケースはかなり限定的にしか考えられないと捉えておくべきであろう。

6)　衆議院法務委員会議事録第15号19頁〔小川政府参考人発言〕。

第3　みなし合意の要件と表示義務・内容規制

> **Q7** みなし合意の要件は何か、合意でなく表示による場合の留意点は何か。

解　説

　新法第548条の2第1項は、「定型約款を契約の内容とする旨の合意をしたとき」（合意パターン）（同項第1号）又は「定型約款準備者があらかじめその定型約款を契約の内容とする旨を相手方に表示していたとき」（表示パターン）（同項第2号）を、みなし合意の要件としている。

　表示パターンがみなし合意の獲得方法として認められた趣旨は、定型約款を契約の内容とする旨の黙示の合意があるとも言えるケースについて、黙示の合意の認定が困難・不安定になることを回避するためであると説明され、その趣旨から、黙示の合意の認定につながるような表示の方法が求められる。具体的には、定型約款準備者のホームページのどこかに表示があるだけでは足りず、契約締結・申込画面に至るまでの間に画面上に定型約款を契約の内容とする旨が表れることが求められる[1]。

　このことから考えれば、ホームページ以外の契約締結フローによる場合でも、申込者が契約締結を申し込むまでの通常の過程で表示に接すると評価できる態様で表示が行われなければならない。例えば、郵送による契約締結の申込みを広告により募る場合、その広告上の申込要領に定型約款による旨の記載があれば、申込書面に同旨の記載がなくても、表示があったと認められる場合も少なくないと考えられるが、申込要領に記載がなく店頭に表示を設けているだけでは表示があった

---

1)　一問一答249頁。

36 第2章 契約の成立

と認められない場合があろう。

　なお、表示パターンによる場合に、「定型約款の内容を示した上での」定型約款による旨の表示が必要とする見解があるが[2]、新法第548条の2第1項第2号の法文からも、同規定の趣旨からも、そのように解する根拠は存しない[3]。もっとも、合意による場合には「当社が作成する約款が適用される」旨のみ合意すれば足りるのと異なり、表示による場合には、当該取引に適用される定型約款が具体的にどの約款であるのかが他と識別可能である必要があるとされている点には留意を要する[4]。

2)　潮見ほか403頁〔大澤彩〕。
3)　衆議院法務委員会議事録第13号19頁〔小川秀樹政府参考人発言〕。
4)　村松＝松尾69頁、71頁。

第 1 節　定型約款　第 3　みなし合意の要件と表示義務・内容規制　37

Q8
表示請求に対しホームページ上の掲載箇所を案内することで足りないのはどのような場合か、その場合の実務的な対応方法はどうか。

解　説

　定型約款準備者は、相手方から定型約款の表示請求を受けた場合には、相当な方法でその定型約款の内容を示さなければならない（新法第 548 条の 3 第 1 項）。その相当な方法としては、自社のホームページに定型約款を掲載しておき、表示請求があった場合にホームページを閲覧するよう促す方法が認められている。もっとも、表示請求者がインターネットでは閲覧することができないと述べているのに、ホームページの閲覧を促すこと以外の対応をしない場合には、契約の内容や相手方の属性によっては表示義務を履行しなかったと評価されることがあり得るとされる[1]。

　この説明は、インターネットで閲覧することができないと述べている相手方に対し、なおホームページの閲覧を促すことによって表示義務が尽くされる場合があることを前提としている。例えば、インターネット上のサービス提供を内容とする契約の申込者に対しホームページの閲覧を求めることは通常当然認められて然るべきであり、仮に申込者の中にインターネット閲覧ができないと述べる者があっても、そのことだけで異なる表示方法が求められるものではないと言ってよいであろう。

　他方で、例えばインターネットになじみのない者が申込者となることが類型的に想定される取引（例えば高齢者向けサービス提供取引）等においては、別途の表示方法を求められる場合もあろう。

　仮に、契約締結に際して定型約款の表示請求があったが契約締結前に表示を行うことが困難である場合、実務的にはどのような対応が考

1)　一問一答 255 頁。

えられるか。例えば、電話で契約申込みを受ける際に口頭で表示請求があり、あわせて通話時点ではインターネットを閲覧できる環境にない旨が述べられた場合、後日ホームページで定型約款を確認した後で改めて架電するよう伝えその場で契約申込みを受諾することは差し控えるほかないか（ホームページの閲覧を促すこと自体で表示方法として足りるケース以外を想定）。

　このようなケースでは、契約申込者から、契約成立後にホームページで確認するのでその場で定型約款の表示を受けることは不要である旨の了解が得られれば、表示請求が撤回されたと整理して、表示前に契約を成立させてもみなし合意の効力は否定されないと考えることも可能である[2]。

　これに対し、通話時点のみならず、そもそもインターネットを閲覧する手段がない旨が申し出られているような場合には、契約成立後にホームページで確認することでよいという了解が得られることも考えにくい。このような場合には、表示請求が別の理由で任意に撤回されない限り、郵送による表示等を検討せざるを得ない場合もあると考えられる。

---

2)　山下・保険法178頁、山下・民法（債権関係）と保険181頁。これら文献が、脱法を容易に認めるべきでなく、合理的な理由があり相手方が十分理解しているのでなければならない（強引に知る機会を妨害することが認められるわけではない）旨指摘することには留意を要する。

第 1 節　定型約款　第 3　みなし合意の要件と表示義務・内容規制　39

> ## Q9　表示義務不履行の効果は何か。

解　説

　定型約款を用いた契約締結の前に表示義務を怠った場合の効果として、新法第 548 条の 3 第 2 項は、みなし合意の効果が否定される旨を規定している。

　これに対し、取引後に表示義務を怠った場合の効果は法文上には定められていない。この点については、相手方は定型約款準備者に対し、表示の強制履行や損害賠償の請求ができると解説されている[1]。

　それでは、契約締結後の表示義務違反を理由とする契約の解除が認められるか。定型約款の開示義務は契約に付随する法定の義務であるが、付随的な義務の違反を理由とする解除は旧法下の判例上も一般に制限的に解釈されており[2]、新法第 541 条は、この趣旨を踏まえて軽微な債務不履行を解除原因から除外する旨を明文化している。

　債務不履行の軽微性は不履行の程度及び態様等も考慮して判断されると解されており[3]、定型約款の表示義務違反による解除も、表示義務の不履行がその程度及び態様において相当に悪性が高いと認められる場合であれば格別、そうでなければ認められないと解される[4]。例えば、事務的な過誤によって一時的に表示が遅れている間に解除の意思表示が行われたような場合、解除の効力は認められないと解される

---

1)　一問一答 256 頁。

2)　最判昭和 43 年 2 月 23 日民集 22 巻 2 号 281 頁、最判昭和 36 年 11 月 21 日民集 15 巻 10 号 2507 頁、大判昭和 13 年 9 月 30 日民集 17 巻 1775 頁。

3)　大村 = 道垣内 146 頁。

4)　参議院法務委員会における政府参考人答弁が、契約締結後の開示義務違反の効果について、強制履行や損害賠償請求と並び「民法第 541 条による解除が可能となるということがあり得る」旨の説明をするのは（参議院法務委員会議事録第 13 号 32 頁〔小川秀樹政府参考人発言〕）、このような趣旨で理解される。

ことが多いであろう。

　なお、契約締結後の表示義務不履行により、定型約款準備者は、自己に有利な定型約款条項の援用ができなくなるという解釈も主張されている[5]。もっとも、この解釈論による場合でも、事務的な過誤によって一時的に表示が遅れたことがあったからといってその後表示が行われた後も引き続き権利主張が制限されるという解釈にはならないであろう。

---

5)　沖野眞已「『定型約款』のいわゆる採用要件について」消費者法研究3号（2017年）150頁、山下・定型約款151頁。

第 1 節　定型約款　第 3　みなし合意の要件と表示義務・内容規制　41

> **Q10** 定型約款の内容規制と消費者契約法第 10 条との関係はどのようなものか。

解　説

　新法第 548 条の 2 第 2 項と消費者契約法第 10 条がそれぞれ規制対象とする契約条項を比較すると、以下のようになる（一部抜粋、下線は引用者）。

新法第 548 条の 2 第 2 項	消費者契約法第 10 条
相手方の権利を制限し、又は相手方の義務を加重する条項であって、<u>その定型取引の態様及びその実情並びに取引上の社会通念に照らして</u>第 1 条第 2 項に規定する基本原則に反して相手方の利益を一方的に害すると認められるもの	<u>法令中の公の秩序に関しない規定の適用による場合に比して</u>消費者の権利を制限し又は消費者の義務を加重する消費者契約の条項であって、民法第 1 条第 2 項に規定する基本原則に反して消費者の利益を一方的に害するもの

　文言上の主な相違点は、①消費者契約法第 10 条には「法令中の公の秩序に関しない規定の適用による場合に比して」の要素があるが、新法第 548 条の 2 第 2 項にはないこと、②同項には「その定型取引の態様及びその実情並びに取引上の社会通念に照らして」の要素があるが、消費者契約法第 10 条にはないこと、の 2 点である。

　このうち、①の点は実質的な解釈の相違に結びつかない[1]。これに対し、②の点は、次のような相違を反映したものと説明される。すなわち、消費者契約法第 10 条は事業者と消費者との間に情報格差・交渉力格差があることに起因して定められ得る不当条項の効力を排除することを主眼としているのに対し、新法第 548 条の 2 第 2 項は相手方

---

1)　法制審議会第 99 回議事録 10 頁以下〔山本和彦幹事発言、鎌田薫部会長発言、村松秀樹幹事発言〕。

42　第2章　契約の成立

が定型約款の個別の条項の内容を認識しないまま取引が行われること
に起因する不当条項を排除することに主眼があり、この差異から、信
義則違反の判断において重視される考慮要素が異なることから、導か
れる結論に違いが生ずることもあるとされる[2]。そして、特に定型約
款の内容規制において特徴的な要素として、不意打ち条項（売買約款
において本来の売買目的物以外の商品の購入も義務づけるなど、その条項
の存在を相手方が予測し難い条項）を規制する観点が挙げられる[3]。

　事業者にとっての関心事項は、理論的にはともかく実際問題として、
消費者契約に用いられる定型約款の条項のうち、消費者契約法第10
条によっては無効とならないが新法第548条の2第2項によってみな
し合意の対象外とされるものがどの程度考えられるかである。この点
については、消費者契約法第10条の適用においても判例上既に取引
態様やその実情等を含めた諸般の事情が総合考量されることとなって
おり[4]、定型約款の内容規制がそれとは別に新たに意味を持つ場面は
ないと解説されている[5]。これと同様の受け止め方が実務家において
も一般的であり[6]、これによれば、定型約款の内容規制が意味を持つ
のは事業者間取引で定型約款が用いられる場面であるということにな
る。

---

2)　参議院法務委員会議事録第13号34頁〔小川秀樹政府参考人発言〕、村松＝
　　松尾105頁。
3)　衆議院法務委員会議事録第12号11頁〔小川秀樹政府参考人発言〕、一問一
　　答252頁。特定の条項が不意打ち的であるとして内容規制の対象になるかどう
　　かの判断に当たっては、その条項の存在を知り得る措置が講じられていたかな
　　どの事情も勘案される。なお、他に定型約款の内容規制において特徴的な考慮
　　要素として、限定解釈（有効解釈）、条項使用者不利解釈、契約目的危殆化、
　　透明性原則の観点を指摘するものとして、大村＝道垣内385頁、山下・保険法
　　183頁。
4)　最判平成23年7月15日民集65巻5号2269頁、最判平成24年3月16日民
　　集66巻5号2216頁。
5)　山本敬三「民法（債権関係）の改正に関する要綱と保険実務への影響」生命
　　保険論集191号（2015年）49頁。
6)　井上＝松尾285頁、債権法研究会421頁〔浅田隆〕。

第4　変更要件

> **Q11**　定型約款変更の合理性を支える要素にはどのようなものがあるか。

解　説

　定型約款の変更の要件は、相手方の一般の利益に適合する内容であるか否かによって異なる。

　相手方の一般の利益に適合すると言えない場合に定型約款の変更を行うためには、「定型約款の変更が、契約をした目的に反せず、かつ、変更の必要性、変更後の内容の相当性、この条の規定により定型約款の変更をすることがある旨の定めの有無及びその内容その他の変更に係る事情に照らして合理的なものである」と言えることを要する（新法第548条の4第1項第2号）。

　この要件のうち、「変更の必要性、変更後の内容の相当性、この条の規定により定型約款の変更をすることがある旨の定めの有無及びその内容その他の変更に係る事情に照らして合理的なものである」の要件を満たす方向で斟酌される主な事情をまとめると、以下のとおりである。

図表2-5：合理性を高める方向に斟酌される事情

① 　変更の必要性
　・　個別同意を得ることが困難であること[1]
② 　変更後内容の相当性
　・　中心条項（価格や給付内容）の変更でなく、付随条項の変更に過ぎないこと[2]
③ 　約款変更条項の有無及びその内容

---

1)　一問一答260頁。

44　第2章　契約の成立

- ・　約款変更条項（変更の要件や手続を定める定型約款中の条項）が
  あり、その要件に従って変更を行うこと[3]
- ④　その他の事情[4]
  - ・　相手方の被る不利益の程度・性質が軽微であること
    - ・　不利益を被る相手方が限定されていること、不利益回避の方法
      があること[5]
    - ・　同業他業者が同様の場面で顧客に課している負担の水準と同程
      度の負担を相手方に求めるに過ぎないこと[6]
  - ・　不利益の軽減措置が講じられていること
    - ・　変更に不服のある相手方に契約離脱の機会があること[7]
    - ・　周知が、十分な期間、行われていること[8]

---

2)　中心条項について新法第548条の4による変更可能性を否定する学説も存する（潮見佳男『新債権総論I』（信山社、2017年）39頁）、立案担当者は肯定し（一問一答245頁）、多くの学説も同様に同条による変更可能性自体は否定しない（山下・定型約款170頁、山本豊「改正民法の定型約款に関する規律について」深谷格＝西内祐介編著『大改正時代の民法学』（成文堂、2018年）428頁）。

3)　単に変更があり得る旨だけを抽象的に規定するのでは合理性を高める要素として斟酌されない。一問一答260頁。

4)　一問一答260頁。

5)　反社会的勢力排除条項の追加の有効性を認めた、福岡高判平成28年10月4日金法2052号90頁、福岡地判平成28年3月4日金法2038号94頁、東京地判平成28年5月18日金法2050号77頁。窓口支払から自動振替等に支払方法を変更すれば手数料の支払いを免れ得ることを理由の一つとして新たに支払手数料の負担を求める約款変更の有効性を認めた東京地判平成27年1月16日公刊物未登載（2015 WLJPCA 01168013）。

6)　マイル移行手数料の引上げを内容とする約款変更の有効性を認めた、東京高判平成29年2月22日公刊物未登載（2017 WLJPCA 02226015）、東京地判平成28年10月7日公刊物未登載（2016 WLJPCA 10078011）。

7)　解除に伴う違約金が高額で実質的に離脱の自由がない場合は合理性を高める要素として斟酌されにくい。一問一答261頁。

8)　前掲注6）東京高判平成29年2月22日、東京地判平成28年10月7日等。軽微な変更であれば数日で足りるであろうが、そうでなければ数週間の掲載が必要になることもあると述べるものとして、村松＝松尾138頁。

第1節　定型約款　第4　変更要件　45

> Q12　定型約款における参照規定の参照先の内容の変更について、どのように考えればよいか。

解　説

1　参照規定の例

　定型約款中の条項として、約款外で定められる内容を参照する規定が設けられることが考えられる。例えば、**図表2-6**の規定がその具体例である。

　このような場合、当該定型約款を用いた取引の開始後に、約款条項による参照先（**図表2-6**の例では、利率、手数料額、プライバシーポリシー、個人情報保護法）の内容が変更される場合、新法第548条の4の定める要件・手続による必要があるか。

図表2-6：約款条項において約款外で定められる内容を参照する例

	分類	約款の種類	規定の概要
①	支払金額や金額算出上用いる指標に関する例	預金約款	この預金の利息は、○月と○月の最終営業日に、<u>当行所定の利率</u>によって計算の上この預金に組み入れる。
②		住宅ローン契約	借入利率は基準金利に基づくものとし、基準金利は市場金利等を元に<u>当行が定める店頭表示の変動金利</u>とする。
③		通信サービス約款	名義変更の場合、加入者は当社にその旨を文書により申し出、<u>当社所定の名義変更料</u>を支払う。
④	上記以外の当事者の権利義務に関	オフィス賃貸借契約	賃借人は、この契約に定めるほか、本建物全体に関する<u>賃貸人所定の○○ビル館内細則</u>に従う。

46　第2章　契約の成立

		する例	
⑤		各種サービス約款	当社は、取得する顧客情報を、<u>当社所定のプライバシーポリシー</u>に従って取り扱います。
⑥		同上	当社は、取得する顧客情報を、<u>個人情報保護法及び当社の加入する○○事業者団体の定める個人情報保護指針</u>に従って取り扱います。

　なお、上記「約款の種類」列の約款が定型約款に該当するか否かには議論があり得るが、以下の検討の目的上は定型約款に該当する前提とする。

2　「定型約款」に該当するか

　まず、参照先の内容が定型約款の一部を構成していないのであれば、参照先の内容の変更は「定型約款の変更」に該当せず、その変更には新法第548条の4の適用がない。

　この点で、**図表2-6**の⑥の例では、参照先である「個人情報保護法及び当社の加入する○○事業者団体の定める個人情報保護指針」の内容が定型約款の一部であるとは解されないであろう。定型約款は「定型取引において、契約の内容とすることを目的としてその特定の者（定型約款準備者）により準備された条項の総体」と定義されているところ（新法第548条の2第1項柱書）、「個人情報保護法及び当社の加入する○○事業者団体の定める個人情報保護指針」は定型約款準備者により準備されるものではないからである[1]。

　これに対し、⑤の例では、参照先の内容を決定する者が定型約款準備者であるから、⑥と同じ理由で定型約款該当性を否定することは困難であろう[2]。

3　定型約款・契約内容の「変更」であるか否か

　次に、例えば①や②の例で利率が時により変動することが、定型約款・契約内容の「変更」であるのかも問題である。これらの例におけ

る利率は、契約締結段階では将来の金利動向が定まらないことから将来適用分の利率の決定が留保されたに過ぎず、後日その利率が決定されること（その結果当初の利率とは異なる利率に変動すること）は、当初の契約が予定した枠内における契約内容の具体化であり、契約内容の変更ではないと見ることもできる[3]。この場合、具体化の仕方が不当であった場合の効力・責任の問題は生じ得るが、それは契約の内容の変更の問題ではなく、したがって新法第548条の4の適用はないことになる[4]。これに対し、③については、①や②と同様の説明は当てはまりにくいであろう[5]。

4 新法第548条の4が適用されるか

さらに、例えば④の例で、「○○ビル館内細則」の内容を変更する

1) 村松＝松尾41頁は、第三者作成文書が参照・引用される形態を二分類し、①参照先条項が個別具体的に合意されている（たとえば参照先条項に基づく強制執行が想定されている）ケースでは第三者作成文書も定型約款と扱われるが新法第548条の4の適用はないとし、②参照先条項が基準として抽象的に合意されている（例えば参照先条項の不履行の場合に当該条項に基づく強制執行でなく契約解除等が想定されるに過ぎない）ケースでは第三者作成文書の定型約款該当性自体が否定されるとする。第三者作成文書の変更について同条の適用がないとする結論は本書と同様であるが、二分類の基準や、二分論の枠組み自体の合理性（例えば第二の分類に関し、参照先条項の違反が契約解除原因になることを想定しつつ、参照先条項は契約内容とする目的で準備されたものに当たらないとすることの整合性等）について、なお検討の余地が大きいように感じられる。
2) 文脈は異なるが、「賃金規程」「安全衛生規程」等が就業規則と別の規則とされていても就業規則の一部であることには変わりがないことについて、菅野和夫『労働法〔第11版補正版〕』（弘文堂、2017年）191頁。
3) 契約内容の具体化が契約内容の変更とは区別されることについて、中田裕康『契約法』（有斐閣、2017年）248頁。
4) 村松＝松尾44頁は、②と同様のケースで、金利変更には定型約款の変更の手続を要するとし、この場合には変更の合理性は認められやすいとする。このように解する場合には、事前の周知手続を要する点が実務的な支障になるケースがないかが、変更の合理性とは別途問題となる。
5) 村松＝松尾43頁も、この場合には新法第548条の4に従った定型約款の変更の手続を要するとする。

48 第2章 契約の成立

場合には、常に新法第548条の4の定める要件・手続による必要があるか。

ここで、定型約款によらない一般の契約において同種の条項がどのように取り扱われているかを考えると、一般的な建物賃貸借契約で、対象建物のビル館内細則の変更について常に賃貸人が賃借人の同意を個別に求めているわけではないと思われる。特に細目的な事項を若干修正する程度の変更の場合、そのような変更がビル管理の必要に応じて行われ得ることへの同意は当初合意の内容に含まれており、当該合意をした賃借人が当初から予測し得る程度の変更は当初合意に基づいて効力を生じ借入人を拘束する事柄であると考えられているのではないか。もっとも、賃借人の義務内容を予測外に加重するような重要な変更は、当初合意により賄われる範疇に含まれず、改めて賃借人の合意を得ない限り賃借人を拘束しないという判断がなされる可能性はある[6]。

以上と同様のことは、定型約款を用いた契約に関しても基本的に同様に当てはまるのではないか。すなわち、一般の契約においても当初合意の範疇内で賄われるような変更は、当初合意に基づいて効力を生じ、改めて新法第548条の4の定める要件・手続により契約変更へのみなし合意の効果を得る必要がない。もっとも、そのような予測を超え当初合意の範疇で賄うことに無理のある変更を有効に行うためには、一般の契約であれば相手方の個別合意を要するところ、定型約款の変更ではこれに代えて、同条の定める要件・手続により変更へのみなし合意によることができる。

5 まとめ

以上のように考えれば、定型約款により参照される先の内容が変更される都度、常に新法第548条の4に従った周知手続等をとる必要が

---

6) ①や②の例に関して考えても、変動金利による事業者間の一般的なローン契約で、金利変動の都度、貸付人が借入人の合意を求めることはない。

第 1 節 定型約款 第 4 変更要件 49

あると考える必要はないことになる。もっとも、変更の位置づけや内
容によって同条の手続によることが必要な場合があることは上記 3 の
とおりであり、また、相手方を不当に拘束しようとするような合理性
のない変更の効力が認められない可能性があることは、同条第 1 項第
2 号の適用の有無にかかわらず民法第 1 条第 2 項の趣旨からも当然で
ある[7]。

---

7) 井上 = 松尾 301 頁も、定型約款による参照先の変更に関し性質上限界がある
旨や新法第 548 条の 4 第 2 項に従った周知手続を要する場合があることを指摘
する。

本論に対するコメント（鎌田薫）

●「第2　定型約款の定義」について

■Q4について

　本論の述べるとおり、実務において行われている契約審査には実質性の程度において段階があると考えられ、相手方の選別機能が一定程度以上実質的に働いている場合にのみ、不特定多数要件の充足が否定される。どのような審査であれば不特定多数要件の充足が否定されるかは程度問題であり、一律な判断基準を設定することは難しい。本論が契約審査の実質性の程度を測るための着眼点にブレークダウンして論じているのはこのためであり、主要な考慮要素が論理的に挙げられていると評価してよいであろう。

　本論で挙げられている考慮要素のうちいくつかは、合理的画一性要件を判断する際に考慮される要素と重なり合っている。例えば、少額の契約では、相手方の履行能力を懸念する度合いが小さいから実質的な審査が行われにくいのと同時に、契約交渉コストを費やすことが相手方にとって見合わないために合理的画一性要件を満たすことになりやすい。その他、相手方が多数であること、契約締結までの時間が短いこと、対面の機会なく契約締結に至ること等は、合理的画一性要件を満たしやすくする要素でもある。

　不特定多数要件と合理的画一性要件は別個独立に判断される建前であるが、共通の考慮が当てはまる面はある。上に挙げたような両要件に共通の考慮要素は、改正法が想定する典型的な定型約款の特徴を示すものと言ってよい。

　なお、証券保管振替機構の定める業務規程が定型約款に該当しないと解説されているのは、契約締結資格が狭い点をよほど重視した結果と理解するほかないが、不特定多数要件の一般論から見ると論理必然の結論ではないようにも思われる。

■Q5について

合理的画一性要件について、法制審議会における審議過程や国会答弁における説明との整合性に配慮しながら論理的に整理するとすれば、本論のようになるであろう。

国会答弁では、賃貸借契約のひな型について、大手不動産会社が複数の大規模居住用建物を賃貸する事例について定型約款に該当し得るとしている。これを前提にして考える限り、本論に述べるとおり、画一的な内容のフランチャイズ契約で大規模に展開しているフランチャイズチェーンで用いられるフランチャイズ契約が定型約款に該当しないとする根拠はなく、国会答弁もこのような解釈の余地を否定するものではないと解することになろう。仮にこれを否定し、賃貸借契約の場合との結論の相違を事実関係の相違に基づいて説明しようとすれば、フランチャイズ契約が事業者間でのみ締結される契約であることを強調し、そのような契約は常に交渉可能性があるから合理的画一性要件を欠くという命題を持ち出すほかないと思われる。確かに事業者間契約は原則として合理的画一性要件を欠くが、上記のようなフランチャイズ契約でもなおそのように言うことができるかは、若干の疑問の余地が残る。

なお、本論の脚注に引用されている山下友信論文は、論者自身が認めるとおり法文からは距離があり、国会答弁との整合性にも課題はあるが、その実質においては、改正法立案過程において多くの関係者が念頭に置いていた内容と重なる部分が大きく、その意味で今後も参考になるまとめである。

■Q6について

本論の述べるとおり、補充目的要件は立案過程で放棄されたわけではなく、改正法の下でも定型約款の要件の一つとなっている。もっとも、補充目的要件が決め手となって定型約款該当性が否定される事例が特に具体的に想定されているわけではない。その意味で、あまり補充目的要件に重きを置いて解釈することは適当ではなく、不特定多数

52　第2章　契約の成立

要件と合理的画一性要件が定型約款の定義の中心であると理解してお
くべきであろう。

●「第3　組入れ要件と表示義務・内容規制」について

■Q7について

　表示によるみなし合意を得ようとする場合、申込みまでの通常の過
程で表示に接すると評価できる態様でなければならないのは、本論の
述べるとおりである。もっとも、申込者が申込前に必ず表示に接する
システムが構築されているとまで言えなくとも、通常の申込者が通常
の申込行為をする過程で表示に接する機会が確保されていれば足りる
と解するのが実際的であり、解釈論としても穏当なところであろう。

　とは言え、①明示的又は黙示的に「定型約款を契約の内容とする旨
の合意」がなされたか否かの認定には、個々の契約における具体的な
事情が考慮される可能性があるのに対し、「表示」の場合には個別的
な事情は捨象されて画一的な処理になること、②本論では定型約款準
備者の「広告」に応じて契約を申し込む場合が想定されているところ、
このような場合には友人の誘いや世間の評判に乗って申込要領等を参
照しないまま申込みをしてしまうなど、申込条件・契約条件に対する
関心の度合いが低い場合もあり得ること等を勘案すると、「表示」の
認定を過度に緩やかに解することには慎重にならざるを得ないであろ
う。

　郵送による契約締結を広告により募る事例で広告上の申込要領に定
型約款による旨の表示があるという本論の設例で言えば、例えば郵送
されてきた広告文書の中に定型約款を契約内容とする旨を含む申込要
領が記載されており、それらとともに送付された申込書面を利用して
申込みをする場合のように、申込者が契約条件を確認することが容易
であり、また現に大多数の申込者は申込要領を確認した上で申込みを
行っていると認められるような場合には、申込要領を実際には見てい
ない者が申込みを行う可能性が完全には排除されておらず、現にその

ような申込者の存在が認められるとしても、そのような申込者も含めて申込要領を確認する機会が広く一般に保障されている以上は、みなし合意の前提としての表示の要件を満たすと考えてよいであろう。

なお、みなし合意の前提としての表示に際して、定型約款の内容まで示す必要がないことは、本論の指摘するとおりで、法文からも明らかである。

■Q 8 について

定型約款の表示請求に対してホームページ上の掲載箇所を案内することだけで足りないケースがあるのは、本論の指摘するとおりである。もっとも、そのようなケースを広く解し、多くの場合に事業者に印刷物の準備を求めるような解釈は、今日的でなく実際的でもない。そのようなケースはごく限定的にのみ認められ、せいぜい、本論が挙げるとおり、インターネットになじみのない高齢者が自ら申込者となることが類型的に想定される取引程度に限られると考えてよいであろう。

■Q 9 について

表示義務不履行の結果、契約解除が認められる場合があり得ること自体は理論的には否定されないが、実際に解除が認められるのは事業者側の悪性がよほど高い場合に限られる。善良な事業者の通常の事業過程で偶々表示が遅れてしまった程度の事情では、契約解除が認められることはないと言ってよい。

■Q 10 について

本論とその引用文献が述べるとおり、消費者契約については既に消費者契約法が内容規制を課しており、それに加えて新法第548条の2第2項が適用されることで新たに規制対象となるものは、実際問題としては想定されないと言ってよい。不意打ちの要素がある不当条項については消費者契約法よりも新法第548条の2第2項を根拠とする主張を行った方がなじむなど、事案ごとのなじみのよさには違いがあり

54　第2章　契約の成立

得るが、そのことが結論に相違を生じさせることは考えにくいと言ってよい。

●「第4　変更要件」について

■Q 12について

　定型約款が参照する参照先の内容が変更される場合の新法の適用のあり方は、審議の過程では必ずしも明示的に論じられなかったが、実務的には重要性の高い論点であろう。

　本論は、①問題となる参照先の内容が定型約款の一部であるか、②定型約款の一部であるとして問題となる事象がその変更であるか、③定型約款の変更であるとして新法第548条の4が適用されるか（新法第548条の4を適用する必要があるか）の三段階に分けて検討している。その検討内容のいずれも、新法の観点から特段無理なく説明として成り立っており、この整理によって実務を進めることに問題はないと考えられる。

　例えば、第三者作成文書の定型約款該当性について、第三者が作成したような外形を作出しつつ実態は定型約款準備者がその内容を左右できるような場合には別として、そうでない場合には、定型約款の定義上、本論の述べるとおり、その部分は定型約款に該当しないと解してよいのではないか。このように解すると参照先の内容が表示請求の対象にならないことが懸念されるかもしれないが、表示請求があったにもかかわらず正当な理由なく表示を拒んだ場合にその内容が契約内容とならないことは、必ずしも直接新法第548条の3によらなくとも、信義則等を根拠としても導き得る結論である。

　また、定型約款が参照する金融機関所定の金利に変動があった場合に常に定型約款の変更の手続によらなければならないかについては、いくつかの考え方が示されているが、本論の言うように、このような場合の金利の変動は当初の契約が予定した枠内における契約内容の具体化であり、契約内容の変更ではなく、したがって新法第548条の4

が適用されるわけではない（同条の定める事前の周知手続も要しない）と解することができる。

　契約内容が事後的に具体化される例としては、いわゆる「金約款」が典型であり、その場合に金価格が異常に値上がりした結果契約上の対価が高騰したとしても、それは（事情変更の原則が適用になるような場合を除いては）契約当事者が最初から引き受けていたリスクであり正当な対価の定め方であることが古くから認められている。これに対し、変動金利の場合には、金利の変動幅を結局は約款策定者が任意に定めることができるので、限りなく「変更」に近いと言うこともできる。とは言え、銀行その他の信頼できる金融機関においては、市場金利の動向等の客観的指標に基づいて変動幅が定められるものとしており、当事者はその範囲内での利率変動のリスクを合理的（総合的に考えて自らにとってメリットの大きいもの）なものとして引き受けて契約を締結しているのであるから、なお当初の契約内容の「具体化」であると言うべきものと考える。

　ただし、そうであるからと言って、不当な金利への変動が許容されるわけではない。具体的な当事者にとっても通常の取引人にとっても予測の範囲を超えた不相当な金利水準を適用しようとするような場合には、もはや契約内容の「具体化」と言うことができないだけでなく、変更の必要性、変更後の内容の相当性、合理性といった要件を満たさず、新法548条の4による「変更」もできない可能性が高い。

56　第2章　契約の成立

第2節　意思表示

> Q1　申込みにおいて承諾発信時に契約が成立すると定めた場合の効果について、どのように考えればよいか。

解　説

　新法では、旧法第526条第1項（契約成立時期を承諾発信時とする）が削除される結果、契約は承諾の意思表示が申込者に到達した時に成立するのが原則となる（新法第97条）。

　他方、例えば保険契約においては、契約成立時点を保険者が確実に知る必要性が高いことや、契約を早期に成立させることが申込者の通常の希望にも合致することから、承諾の発信時に契約が成立したものとして取り扱うニーズが存する。

　そこで、申込者が申込みの意思表示において承諾発信時に契約が成立すると定めた場合に、そのとおり承諾の発信時に契約成立の効果が認められるかが問題となる。

　この点については、申込者がそのような意思を明らかにしている場合には、その意思に従ってよいと解され、審議過程において一時はその旨を明示的に規定することも検討されていた[1]。最終的にその旨の明文化には至らなかったが、解釈論の実質は異論なく支持されており[2]、新法の解釈として、申込者が申込みの意思表示において承諾発信時に契約が成立すると定めた場合には、そのとおりの効果が認められると解される。

---

1)　部会資料41・61頁。
2)　法制審議会第49回議事録40頁〔沖野眞已幹事発言〕。

第2節　意思表示　57

> **Q2** 第526条の改正と被保険者の承諾前死亡の関係について、どのように考えればよいか。

解　説

　生命保険の実務において、承諾前死亡という問題がある[1]。生命保険の保険期間は第1回保険料支払時に開始する、保険者の承諾が第1回保険料支払後になされたときも同じである（保険者が承諾したときは、承諾時点すなわち保険契約成立時点より前の時点から保険期間が開始する）という約款条項（責任遡及条項）がある場合で、被保険者の申込及び第1回保険料支払後かつ保険者の承諾前に被保険者が死亡したとき、被保険者の死亡を知った保険者は、被保険者が死亡したことのみを理由として承諾しないこと（したがって、保険期間の開始時点を問題とするまでもなく保険者の責任が発生しないものとして取り扱うこと）が許されるか、という問題である。

　この問題について、学説は信義則ないし責任遡及条項の解釈を通じて保険者に承諾義務を認めており、裁判例も一般論としてこれを認めている。そして、保険会社の通常の実務上も、承諾前死亡の場合、承諾を拒絶する合理的理由がない限り、承諾した上で保険金の支払いに応じていると言われる。

　以上を踏まえ、問題は、新法第526条が、申込者が申込通知発信後に死亡した場合において相手方が承諾前にその事実を知ったときは、申込みが効力を有しないと規定したことにより、上記の実務が維持できなくなるか否かである（旧法第525条は新法第526条と類似の規定であるが、申込み到達後の死亡には適用がないと解釈する余地があったのに対し、同条についてはそのような解釈の余地が乏しくなった）。

　確かに新法第526条をそのまま適用すれば、保険者の承諾義務の有

---

1)　本問全体につき、山下・保険法330頁以下参照。

58　第2章　契約の成立

無を問題とするまでもなく、保険者が申込者の死亡を知った時点で申込みの効力は失われ、保険契約成立の余地はなくなりそうである。しかし、そのように解することは、こと承諾前死亡の局面に限っては、申込者及び保険者のいずれの意思にも利益にも合致しない。そこで、結論として、このような場合は申込みの効力は失われないと解すべきである。理由づけとして、同条は申込者が申込みの意思表示において反対の意思を表示している場合には適用されないと解し、かつ、責任遡及条項のある生命保険の申込みの意思表示を合理的に解釈すれば反対の意思表示を認めることができると説明することが考えられる（その他、保険法第39条第1項を新法第526条の特則と見ることができることも指摘されている）。

本論に対するコメント（鎌田薫）

■Q1について

　意思表示の効力はその到達時に発生するものとする民法第97条の規定が任意規定であることについては、異論がない。

　すなわち、契約の成立について到達主義をとったのは、主として承諾が到達しないのに契約に拘束されることがないようにするという意味で申込者を保護するためであるが、申込者自身が承諾発信時に契約が成立することに利益を見出し、承諾不到達の場合にも契約が成立することを受け入れているときに、その意向を無視する必然性はないからである。

　こうした考え方に基づけば、申込者が申込みの意思表示において承諾発信時に契約が成立すると定め、相手方がこれに応じて承諾を発信した場合にも、そのとおりの効果を認めるのが妥当である。

　もっとも、伝統的な学説においては、意思表示を受領すべき当事者があらかじめ発信主義に「合意」していることを要求するもの[1]があること、改正法において特則が設けられなかったこと等から、一方的な意思表示で到達主義を発信主義に変えることはできない（厳密に言えば、承諾が申込者に到達するまで、発信主義に変更する旨の合意は成立しない）との見解も成り立つ余地がある。しかし、仮にこのような見解が採用されたとしても、（やや技巧的ではあるが）保険契約の締結過程においては、保険会社が、申込書の交付等を通じて、保険契約の申込みを誘引するのと併せて、「保険契約申込みに対する保険会社の承諾の発信時に保険契約が成立する旨の合意」を申し込んでおり、顧客が保険契約を申し込むと同時に、「保険契約申込みに対する保険会社の承諾の発信時に保険契約が成立する旨の合意」を承諾していることにより、当該合意に基づいて、保険会社による承諾発信の時点で保険

1)　例えば、幾代通『民法総則』（青林書院新社、1969年）290頁。

契約が成立する（保険会社の承諾が申込者に不到達であっても保険契約は成立する）と解することができる。なお、保険契約の申込みが保険会社に到達しないときには、「保険契約申込みに対する保険会社の承諾の発信時に保険契約が成立する旨の合意」が成立しないことになるが、そのような場合に保険会社が保険契約について承諾することはあり得ないので、特段の不都合はないであろう。

■Q2について

　保険会社が現在行っているいわゆる承諾前死亡の事例の取扱いは、申込者の利益にも配慮した合理的なものであり、新法第526条の解釈論として、承諾前死亡の実務に変更を迫るような考え方をとる必要はないものと考える。

　新法第526条と承諾前死亡の実務とのおり合いのつけ方については色々に説明の仕方が考えられるであろうが、本論とその引用文献の述べる考え方に従って従前の実務を維持する方向で解釈することで、異論が生ずることはないであろう。

第3章

債権債務関係の展開

第 1 節　債権譲渡

第 1　総論

> Q1　債権譲渡について、どのような改正がされたか。

解　説

　債権譲渡の主要な改正内容は、①譲渡制限特約違反の譲渡を原則として有効とする改正、②「異議をとどめない承諾」の廃止、③将来債権譲渡に関する規律の明文化、④債権譲受人に対して主張できる相殺の抗弁の範囲拡張に大別される。④については、**第 4 章第 1 節第 2 の**相殺に関する解説でまとめて論じるため、以下では①から③までについて概説する。

1　譲渡制限特約に関する改正

　旧法の債権譲渡禁止特約（旧法第 466 条第 2 項）は、物権的な効力を有し、特約違反の債権譲渡の効力は原則として無効と解されていた[1]。これに対し、新法は「当事者が債権の譲渡を禁止し、又は制限する旨の意思表示」（譲渡制限の意思表示）すなわち譲渡制限特約に違反してなされた債権譲渡も原則として有効であるとして（新法第 466 条第 2 項）、原則と例外を逆転させる。

　他方、旧法の判例法理[2]の枠組みを踏まえ、債務者の弁済の相手方を固定する利益（弁済先変更に伴う事務負担回避、過誤払の危険回避等）

---

1)　最判平成 9 年 6 月 5 日民集 51 巻 5 号 2053 頁、最判昭和 52 年 3 月 17 日民集 31 巻 2 号 308 頁、大判大正 4 年 4 月 1 日民録 21 輯 422 頁等。

2)　最判昭和 48 年 7 月 19 日民集 27 巻 2 号 823 頁。

64 第3章 債権債務関係の展開

を保護する観点から、債務者は、譲渡人と合意した譲渡制限特約を、悪意又は重過失の譲受人に対抗できるとされた（新法第466条第3項）。これは、債務者が、あくまでも悪意又は重過失の譲受人からの履行請求を拒絶し、譲渡人に対する弁済・相殺を対抗できるとするものであり、譲渡自体の効力そのものを否定するわけではない。つまり、譲受人が悪意又は重過失の場合であっても、債権は譲受人に帰属し、譲受人の責任財産を構成する。なお、新法は、債務者において、譲受人が特約の存在について悪意又は重過失であるかどうか判断がつかない場合に備えて、新たな供託の制度も設けた（新法第466条の2第3項）。

　新法は、譲渡制限特約付債権の譲受人が悪意又は重過失であったとしても、債務者が特約の効果を主張できない場合を定める。1点目は、履行遅滞時の催告である（新法第466条第4項）。悪意又は重過失の譲受人は、債務の履行をしない債務者に対して、譲渡人に対する支払を行うよう相当期間を定めて催告することができる。この催告にもかかわらず債務者による履行がない場合、譲受人は、債務者に対して直接支払を請求することができる。2点目は、譲渡人に破産手続が開始した場合であり、譲受人は、債務者に供託を請求することができるとされた（新法第466条の3）。この供託がされた場合、譲受人は、供託金還付請求権を有することとなる（新法第466条の2第3項）。

　新法は、旧法における判例法理[3]を踏まえ、債務者は、譲渡制限特約付債権に強制執行をした差押債権者に対して、特約の効力を主張することができないとする（新法第466条の4第1項）。また、譲渡制限特約違反の債権譲渡も有効とされたことを踏まえ、譲受人の保有する譲渡制限特約付債権が強制執行の対象となったときの条文も設けられた。債務者は、悪意又は重過失の譲受人の債権を差し押さえた債権者に対しても、特約の効力を主張することができる（新法第466条の4第2項）。

　以上に対し、「預金口座又は貯金口座に係る預金又は貯金に係る債

---

3)　最判昭和45年4月10日民集24巻4号240頁。

権」（預貯金債権）については、旧法と同様の規律が維持される（新法第466条の5）。すなわち、預貯金債権が特約について悪意又は重過失の譲受人に譲渡された場合、当該譲渡は無効となる。

2 「異議をとどめない承諾」の廃止

旧法は、債務者が、異議をとどめないで債権譲渡を承諾したときは、譲渡人に主張できた抗弁を譲受人に対抗できなくなるとする（旧法第468条第1項）。新法は、この「異議をとどめない承諾」による抗弁切断の制度を廃止する（新法第468条）。その結果、債権譲渡に際して抗弁を切断するためには、意思表示の一般的なルールに従い債務者が「抗弁放棄の意思表示」をしなければならないこととなった。

3 将来債権譲渡に関する規律の明文化

判例は、既発生の債権だけでなく、将来発生する債権についても債権譲渡の対象とすることを認めている[4]。そのため、新法は、将来債権も譲渡できること、当該譲渡について既発生債権の譲渡と同じ方法で対抗要件を具備できることを明文化する（新法第466条の6第1項、第467条）。また、将来債権の譲受人は、具体的に発生する債権を当然に取得するとする判例法理[5]を明文化する規律も設けられた（新法第466条の6第2項）。

4 債権譲渡の対抗要件に関する規律の維持

債権譲渡の対抗要件制度については、上記で述べた将来債権譲渡についても既発生債権と同じ規律が適用される点を明記したほかは、旧法の規律と変わらない。したがって、債権譲渡の債務者対抗要件は、債務者への通知又は債務者の承諾である（新法第467条第1項）。また、

---

4) 最判平成13年11月22日民集55巻6号1056頁、最判平成11年1月29日民集53巻1号151頁等。
5) 最判平成19年2月15日民集61巻1号243頁。

66　第3章　債権債務関係の展開

債権譲渡の第三者対抗要件については、確定日付のある書面による通知・承諾と債権譲渡登記という二つの制度が並存する状況に変更はない（民法第467条第2項、動産及び債権の譲渡の対抗要件に関する民法の特例等に関する法律第4条）。

第 1 節　債権譲渡　第 2　譲渡制限特約付債権の譲渡・担保取引　67

第 2　譲渡制限特約付債権の譲渡・担保取引

Q2 債権の自由譲渡性について、どのような改正がされたか。預貯金債権等の例外的な取扱いを認める規律の適用対象について、どのように考えるべきか。

解　説

1　債権の自由譲渡性に関する例外

(1)　債権の自由譲渡性と譲渡制限特約

　債権は、原則として、債権者により自由に譲渡することができる。もっとも、例外として、債権の性質が譲渡を許さない場合には、債権譲渡はできないとされており（民法第 466 条第 1 項）、また、他の法令等において譲渡禁止が定められている場合もある（例えば、民法第 881 条に基づく扶養請求権等）。これらの点は、改正法によっても変更されていない。

　旧法下では、当事者による反対の意思表示つまり譲渡禁止特約により、債権の自由譲渡性を排除できるものとされていた（旧法第 466 条第 2 項）。すなわち、旧法における譲渡禁止特約違反の債権譲渡の効果は無効と解されており[1]、例外として、譲受人が善意・無重過失であった場合のみ、債務者は特約の効果を主張できず、債権譲渡は有効とされていた[2]。

　新法では、譲渡制限特約（当事者が債権の譲渡を禁止し、又は制限する旨の意思表示）に違反してなされた債権譲渡は有効とされた（新法第 466 条第 2 項）。債務者は、悪意又は重過失の譲受人に対し、履行請

---

1)　最判平成 9 年 6 月 5 日民集 51 巻 5 号 2053 頁、最判昭和 52 年 3 月 17 日民集 31 巻 2 号 308 頁、大判大正 4 年 4 月 1 日民録 21 輯 422 頁等。
2)　旧法第 466 条第 2 項ただし書、最判昭和 48 年 7 月 19 日民集 27 巻 2 号 823 頁。

求を拒絶し、譲渡人に対する弁済・相殺を対抗できる地位を有するが（同条第3項）、この場合であっても債権譲渡自体は有効であり、譲渡制限特約付債権は譲受人の責任財産を構成することになる（図表3-1参照）。改正法の目的は、中小企業等が債権譲渡（譲渡担保）を活用した資金調達を行いやすくするためと説明されている[3]。

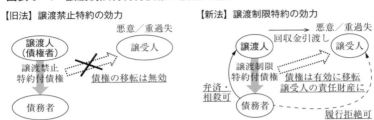

図表 3-1：譲渡制限特約付債権の譲渡の効力

(2) 譲渡制限特約違反の債権譲渡が無効とされる場合

新法の譲渡制限特約に関する新しい規律の例外として、預貯金債権に関する規律が定められており、「預金口座又は貯金口座に係る預金又は貯金に係る債権……について当事者がした譲渡制限の意思表示は、第466条第2項の規定にかかわらず、その譲渡制限の意思表示がされたことを知り、又は重大な過失によって知らなかった譲受人その他の第三者に対抗することができる」とされた（新法第466条の5第1項）。これは、預貯金債権について旧法の規律を維持し、悪意又は重過失の譲受人に対する債権譲渡を無効とするものである。預金に譲渡禁止特約が付されていることは広く知られているため[4]、旧法下と同様、譲受人に重過失すら認められない場合は基本的に想定されないと言えよう。

---

3) 衆議院法務委員会議事録第12号3～4頁〔小川秀樹政府参考人発言〕、参議院法務委員会議事録第12号5頁〔小川秀樹政府参考人発言〕、部会資料74A・3頁、一問一答164頁。

4) 最判昭和48年7月19日民集27巻7号823頁。

第1節　債権譲渡　第2　譲渡制限特約付債権の譲渡・担保取引　69

　預貯金債権についてこのような特別な取扱いが認められた理由としては、預貯金債権についてはその金額が増減することが想定されるという特殊性があるため、譲渡の有効性を認めると、譲渡後の出入金があった場合に法律関係が複雑化し、債務者である金融機関が円滑に払戻しをできなくなるのみならず、差押債権者等の第三者との関係が不明確になるなど金融システムの円滑に支障が生じ得ることや、預貯金債権は直ちに資金化できるため、債権譲渡による資金調達の円滑化を図る必要性に乏しいこと等が挙げられている[5]。なお、この「預貯金債権」は、普通預金や当座預金といった流動性預金だけでなく、定期預金も含まれると解されている[6]。

　預貯金債権のほかにも、整備法による改正後の信託法第93条第2項は、「受益権の譲渡を禁止し、又は制限する旨の信託行為の定め……は、その譲渡制限の定めがされたことを知り、又は重大な過失によって知らなかった譲受人その他の第三者に対抗することができる」とする。この条項は、預貯金債権に関する新法第466条の5第1項と同様のものであり、また、整備法は、譲渡制限特約に違反する譲渡を有効とする新法第466条第2項に対応する規定を信託法に設けていない。そのため、譲渡禁止特約付の信託受益権について、悪意又は重過失の譲受人に対する譲渡は無効と解される。信託受益権は、受託者に対して金銭その他の財産の給付を求める債権（受益債権）のみならず、これを確保するための受託者の監督に関する権限を含む様々な権利の束である（信託法第2条第7項）という特殊性を踏まえた取扱いであると推測される[7]。

5)　参議院法務委員会議事録第12号7頁〔小川政府参考人発言〕、一問一答172頁、部会資料81-3・2頁～4頁、法制審議会民法（債権関係）部会第93回会議において提供された中原利明委員「債権譲渡制限特約に関する意見（預金実務の観点から）」。
6)　法制審議会第93回議事録39頁〔松尾博憲関係官発言〕、中田ほか211頁〔沖野眞已〕、井上＝松尾349頁。
7)　大村＝道垣内284頁〔加毛明〕。

70　第 3 章　債権債務関係の展開

2　解釈により債権の自由譲渡性が否定される場合を拡張できるか

　これまで述べてきたところを踏まえ、新法において債権の譲渡性が
否定される場合をまとめると、①債権の性質が譲渡を許さない場合及
び法が譲渡を禁止する場合、並びに、②法が特別に定める債権（預貯
金債権・信託受益権）について、悪意又は重過失の譲受人に対し、譲
渡制限特約に違反して債権譲渡がされた場合となる。もっとも、その
外延は必ずしも明確と言い切れない。

(1)　預貯金債権の例外に関する類推適用の可能性
　新法第 466 条の 5 第 1 項の文言は、「預金口座又は貯金口座に係る
預金又は貯金に係る債権」を対象にする。もっとも、立案担当者によ
れば、「その趣旨に照らしてこれと同様に取り扱うべき他の種類の金
融機関に対する債権に類推適用される余地があるものと解される」と
されており[8]、解釈によって、債権の自由譲渡性が否定される場合が
拡張され得ることが示唆されている。
　しかしながら、預貯金債権について特別な取扱いが認められている
のは、上記 1 (2)のように、金融機関が取り扱う預貯金債権の様々な特
徴を踏まえたものである以上、預貯金債権に関する例外の類推適用は
やすやすと認められないと解されるべきであろう。例えば、銀行が取
り扱う定期積金に係る債権等であれば、その性質はほとんど定期預金
と変わらず、預貯金債権に準じるものと見て民法第 466 条の 5 を類推
適用する余地はあると解されよう[9]。しかし、このようなものを超え
て、単に残高が日々変動する債権である（種類物の倉庫寄託契約等も該
当するかもしれない）、あるいは金融機関が取り扱う債権であるといっ
た理由だけで、同条の規律を類推適用することは無理があると言わざ
るを得ない[10]。

8)　一問一答 173 頁注 3。
9)　山野目 131 頁。

第1節　債権譲渡　第2　譲渡制限特約付債権の譲渡・担保取引　71

　同様に、整備法による改正後の信託法第93条第2項についても、民法上の債権とは異なる性質を有する信託受益権に限定して認められた規律であると解するのが穏当であろう。

(2)　債権の自由譲渡性に関する解釈論——シンジケートローン債
　　権に関する議論を例として

　譲渡制限特約付債権の無断譲渡について、改正法により原則・例外が逆転し、債権譲渡が原則として有効とされたことを受けて、無断譲渡時における契約当事者の権利関係が意識されて論じられることとなった。例えば、シンジケートローンにおける貸付債権について、あらかじめ認められた要件を充足しない債権譲渡がなされた場合に関する議論も一例である[11]。

　シンジケートローンは、複数の貸付人が借入人にそれぞれ貸付けを行うと同時に、貸付人・エージェント間において一定の協調行動を合意する点に特徴がある。一般的なシンジケートローン契約書においては、債権譲渡を許容するための一定の要件を規定し、当該要件を満たさない貸付債権の譲渡を禁止又は制限しており、こうした合意も新法における譲渡制限特約の一つと解される。このような譲渡制限特約に違反した譲渡がされた場合、シンジケートローンにおいて本来想定される多数決等による与信管理に支障が生じかねない。そのため、シンジケートローンの特殊性に鑑み、シンジケートローンにおける貸付債権については、「債権の性質が譲渡を許さない場合」（エージェントや他の貸付人との関係も含めた契約上の貸付人たる地位全体の移転と同時でなければ「性質」上譲渡できない債権）（民法第466条第1項ただし書）に該当するとの議論がある[12]。

　しかし、これまで「性質」上譲渡が許されない債権とは、給付の性

10)　潮見417頁参照。
11)　井上＝松尾198頁以下。
12)　樋口孝夫ほか「シンジケートローン債権の譲渡の基礎理論と電子記録債権制
　　度への適用（上）」金法1848号（2008年）22頁注27。

72　第3章　債権債務関係の展開

質上、原債権者だけに給付するべきものと認められる債権(例えば、特定の人が教授を受けることを内容とする債権、自分の肖像を描かせる債権等)や、特定の債権者に給付すること又は特定の債権者が債権を行使することに重要な意義が存する債権(例えば、雇用における使用者の債権、賃借人の債権等)等が該当するものと解されていた[13]。貸付債権のような金銭債権はこのような類型には該当しないものと解されており、また、改正法において民法第466条第1項ただし書の「性質」上譲渡が許されない債権に関する改正はなされていない。上記のとおり、全体として債権の譲渡性を高める改正がされており、その例外は預貯金債権等に限定されていることを踏まえると、シンジケートローンにおける貸付債権の譲渡は、「債権の性質が譲渡を許さない場合」には該当しないと解される。シンジケートローンにおける貸付債権の無断譲渡時における規律は、意思結集に関する条項の解釈等により解決すべき問題と言えよう。

---

13) 我妻榮ほか『我妻・有泉コンメンタール民法——総則・物権・債権〔第5版〕』(日本評論社、2017年)905頁等。

第 1 節　債権譲渡　第 2　譲渡制限特約付債権の譲渡・担保取引　73

> **Q3**　譲渡制限特約付債権が譲渡された場合に、譲受人の取立権限はどのように保護されるか。また、譲渡人に取立権限を付与することはできるか。

解　説

1　履行遅滞時の譲受人による催告

　新法は、譲渡制限特約付債権の譲渡も原則として有効とした上で、債務者の弁済先固定の利益を保護し、債務者は、悪意又は重過失の譲受人に対し、履行請求を拒絶し、譲渡人に対する弁済及び相殺を対抗できるとする（新法第 466 条第 2 項・第 3 項）。このように、特約違反の債権譲渡を有効としつつ、弁済の相手方を譲渡人に固定する限度で特約の効力を認める場合、債務者が履行を遅滞しても、債権者ではなくなった譲渡人及び悪意・重過失の譲受人のいずれもが、債務者に対して履行を請求することができないという事態（デッドロック状態）が生じかねない[1]。他方で、このような場合にまで、譲受人の債権回収の必要性を犠牲に、履行を遅滞している債務者の利益を保護する必要はない[2]。そこで、同条第 4 項は、譲受人が譲渡制限特約について悪意又は重過失であったとしても、債務者が履行をしない場合には、債務者に対し、譲渡人への履行をすることを催告することができるとする譲受人の催告権を定めた（同項）。相当期間経過後に履行がなかったときは、その時点で譲渡制限特約がない譲渡がされたものと扱われ、債務者は、譲受人に直接履行を行わなければならず、また、相当期間の経過時以降に譲渡人に対して生じた事由（抗弁）を譲受人に対抗することはできない（新法第 469 条第 3 項）[3]。

---

1)　部会資料 74 A・4 頁。
2)　部会資料 74 A・5 頁。
3)　一問一答 163 頁注 8。

74　第3章　債権債務関係の展開

　譲受人のこの催告権は、債務者に対して直接の請求を可能とするものであり、言い換えると、譲受人の債務者に対する債権回収の権利行使のための条件となるものと言えよう。そのため、例えば、譲受人が譲渡制限特約付債権について執行手続を行おうとする場合[4]や、譲渡制限特約付債権に随伴して譲受人が取得するに至った担保権を実行しようとする場合、新法第466条第4項に基づく催告権を先行させ、譲受人が直接の債権回収を可能とする地位を得ておく必要があると考えられる。

2　譲渡人の取立権限

　上記のとおり、債務者が既に債務不履行に陥っている場合、譲受人には債務者に対する催告権が認められ、自ら債権回収を行う権利を確保することができる。これに対し、譲渡制限特約が付された債権が期限の定めのない債権である場合、当該債権を遅滞させるために債務者に対する請求が必要となるところ、譲渡人及び悪意・重過失の譲受人のいずれもこのような請求ができず、また、遅滞に至っていないため新法第466条第4項の催告権も利用できないという不都合が生じることになる。このような問題意識に基づき、立案過程で、譲渡制限特約付債権が悪意又は重過失の譲受人に譲渡された場合に、譲渡人に同債権の取立権限を付与する旨の改正提案がなされたことがあった[5]。しかし、問題への対応方法として過大であるとの批判等を考慮して、新法には含まれないこととされた[6]。譲渡人に取立権限がないことによる不都合については、譲渡当事者間の合意等により対応することとなる[7]。

　この点について、譲渡人に取立権限を付与する譲渡当事者間の合意があったとしても、債務者は、悪意又は重過失の譲受人からの履行請

----

　4)　強制執行につき、一問一答163頁注7。
　5)　部会資料78B・5頁～9頁。
　6)　部会資料81-3・1頁。
　7)　部会資料81-3・1頁。

第1節　債権譲渡　第2　譲渡制限特約付債権の譲渡・担保取引　75

求を拒絶できる以上、そのような地位の譲受人から与えられた約定の
取立権限に基づく譲渡人からの履行請求も拒絶することができ、履行
を拒んだとしても履行遅滞に陥らないとする見解がある[8]。しかし、
譲受人が譲渡制限特約について悪意又は重過失である場合に、債務者
の譲渡人に対する弁済の効力が認められるとする以上（新法第466条
第3項）、これに対応する形で譲渡人に債権の弁済受領権限を授権す
る場合、当該受領権限には、弁済受領権者として最低限の権限が内在
すると解すべきであり、期限の定めのない債務について催告を行う権
限も含むと解するのが相当であろう[9]。売掛債権等の譲渡担保を利用
した資金調達が行われる場合、実務上、譲渡人（担保権設定者）であ
る資金調達者は、平時の間は譲受人（担保権者）から一定の取立権限
（受領権限）を付与された上で債権の弁済金を受領し、自らの運転資
金に用いることを許容されることが多い。譲渡人に債権の弁済受領権
限が認められる場合に、当該権限を過度に限定して解釈することは、
上記のような資金調達の便宜を害するおそれもある。ただし、譲渡人
が行使可能な権限についてある程度実質的な解釈が認められるとして
も、あくまでも債権者は譲受人であることから、例えば、強制執行等
や担保権実行の権限まで与えられるわけではないと考えられる[10]。

8)　潮見398頁〜399頁。この見解は、履行遅滞に陥らせる手段として、新法第
　466条第4項に基づく催告を用いることができると解しているようである。し
　かし、譲受人において付遅滞のための催告が可能であるとすれば、譲受人から
　譲渡人に対する授権の内容として付遅滞のための催告権限も含むことができる
　と解することになり、譲渡人からの催告を不可とする理由がなくなるのではな
　かろうか。
9)　債権法研究会224頁注26〔小野傑〕は、「弁済受領権といっても請求書の発
　送から場合によっては弁済条件の変更などあたかも債権者として行動すべき事
　項はそれなりにあり、この点も悪意重過失の譲受人から譲渡人に対する明示・
　黙示の権限の付与によると考えることになろう」とする。
10)　民法の議論からはそれるが、譲渡人に対する取立権限を過度に認めると、他
　人の債権について法律事務を処理することを禁止する弁護士法第72条の抵触
　も問題となり得る。

76　第3章　債権債務関係の展開

> **Q4**　譲渡制限特約付債権が譲渡された場合において譲渡債権の債務者に認められる供託の要件・効果は何か。

解　説

1　譲渡制限特約付債権の債務者に認められる供託制度の趣旨

　新法は、譲渡制限特約付債権の譲渡も原則として有効とした上で、債務者が、悪意又は重過失の譲受人に対し、履行請求を拒絶し、譲渡人に対して弁済することを認める（新法第466条第2項・第3項）。一方で、譲受人の悪意又は重過失の主張・立証責任は債務者側であると解されるところ[1]、債務者としては、譲受人の主観が必ずしも把握できない場合もあると考えられる。とりわけ「重過失」については、一般論としては故意に比肩すべき重大な過失であると解されているものの、旧法の譲渡禁止特約に関する下級審裁判例においては、譲受人が金融機関である場合に事実上調査義務を課すものも存在し[2]、その解釈は幅があると言わざるを得ない。そして、債務者が、譲受人が善意又は無重過失であるにもかかわらず譲渡人に弁済を行った場合、当該弁済は原則として無効であると解され（新法第479条・債権者がこれによって利益を受けた限度でのみ効力を有する）、受領権者としての外観を有する者に対する弁済により救済される場合（新法第478条）を除き、債務者は免責されないことになる。

　以上の債務者の利益状況に鑑み、新法は、譲渡制限特約付の金銭債権が譲渡された場合における債務者に供託を認める新たな規定を設けた（新法第466条の2）。旧法下においても債権者不確知の権利供託は

---

1)　参議院法務委員会議事録第12号6頁〔小川秀樹政府参考人発言〕、潮見401頁、旧法下の判例として、大判明治38年2月28日民録11輯278頁。

2)　浅井弘章「売掛債権譲渡に関する譲受金融機関の注意義務——民法466条2項に関する最近の裁判例と実務上の留意点」金法1712号（2004年）8頁以下。

認められているが（旧法第494条）、譲受人が常に債権者と扱われることから必ずしも「債権者不確知」と言えないこともあり、別の権利供託の制度を設けるものである[3]。

2　譲渡制限特約付債権の債務者に認められる供託の要件・効果

　譲渡制限特約付の金銭債権が譲渡された場合、債務者は、当然に、供託をすることができる（新法第466条の2第1項）。債権者不確知の権利供託には弁済者の過失の不存在が要件とされていること（新法第494条第2項ただし書）と異なり、債務者の主観は問題とされない。債務者は、供託後遅滞なく譲渡人・譲受人に通知をしなければならないとされているのみである（新法第466条の2第2項）。なお、旧法第494条の供託については、弁済の効力はあくまで供託自体により生じ、その後の通知や供託受領証書の交付を怠っても供託の効果に影響を与えないと解されている[4]。同様に、新法第466条の2第2項に基づく譲渡人・譲受人に対する通知を怠ったとしても、供託の効果そのものが覆されることはなく、損害賠償等の問題になると考えるべきであろう。

　また、譲渡制限特約付債権の譲渡は有効であり、債権者は譲受人が常に債権者と扱われることから、還付請求権は譲受人にのみ認められるものとされた（新法第466条の2第3項）。

---

3)　衆議院法務委員会議事録第16号2頁〔小川秀樹政府参考人発言〕、一問一答166頁～167頁。
4)　供託受領証書不交付の事案について、最判昭和29年2月11日民集8巻2号401頁。

78　第 3 章　債権債務関係の展開

> **Q5** 譲渡制限特約付債権について特約に反する譲渡をした場合、譲渡人は譲渡債権の債務者に対して契約違反に基づく責任を負うか。譲受人についてはどうか。

解　説

1　問題の所在[1]

　新法では譲渡制限特約付債権の譲渡も有効となるため、債権者は、債務者の承諾を得ることなく有効に譲渡制限特約付債権を譲渡したり、譲渡担保に供することができるようになる。しかし、譲渡の効力それ自体とは別の問題として、そのような特約違反の譲渡が、譲渡人の債務者に対する契約の違反を構成し、これによる損害賠償や契約解除のリスクが存しないかが問題となる。

　また、譲受人（譲渡人に資金を提供する金融機関等）においても、そのような契約違反を伴う債権の譲受や譲渡担保の取得がコンプライアンス上の懸念を生じさせないかという点も指摘されている。

2　損害賠償・解除リスク

　新法の譲渡制限特約付債権の譲渡を有効とする改正は、そのような債権の譲渡を通じた資金調達（とりわけ中小企業の資金調達）を促すことを目的とする。このような新法の趣旨に照らし、資金調達を目的とする譲渡制限特約付債権の譲渡が譲渡人による損害賠償責任や契約解除事由を構成するかという点については、これを否定的ないし限定的に解する解釈論が有力である。

　悪意又は重過失の譲受人[2]に対して譲渡制限特約付債権が譲渡され

---

1)　特約違反による損害賠償・解除リスクやコンプライアンスリスクについては、例えば、井上 = 松尾 155 頁以下、事業再生研究機構 75 頁以下、堀内秀晃「民法改正と譲渡制限特約——ABL レンダーの視点より」金法 2031 号（2015 年）15 頁以下参照。

たり、譲渡担保に供されたとしても、基本的に、債務者は譲渡人に対して引き続き債務を弁済することができるし、譲受人・譲渡担保権者からの履行請求も拒絶できる立場にある（新法第466条第3項）。このような債務者の弁済先固定の利益確保という特約の趣旨・目的に影響がない以上、そもそも特約の違反（債務不履行）に該当しないというような制限的な解釈が可能である場合も多いと考えられる[3]。また、債務者にとって具体的な損害を観念することはできないため、譲渡人が損害賠償責任を負うことにはならないとの指摘もされている[4]。加えて、特段の不利益がないにもかかわらず、債権譲渡を行ったことをもって契約解除や取引関係の打切りを行うことは、極めて合理性に乏しく、権利濫用等に当たり得ると考えられ、特に立案担当者からこの点は繰り返し強調されている[5]。

譲受人・譲渡担保権者についても、少なくとも譲渡人においてリスクを理解しているようなケースにおいて、譲渡制限特約付債権の譲受や担保提供を受けたことにより、譲渡人や債務者に対して、不法行為に基づく損害賠償責任等の責任を負担することはないものと考えられている[6]。

3 コンプライアンスリスク

以上のような解釈論の方向性にかかわらず、実務的な観点から、資

2) 資金調達を目的とする譲渡制限特約付債権の譲渡・譲渡担保提供の相手方である金融機関は、資金調達が必要な企業に対して要請することにより対象債権に関する情報を比較的容易に取得できる立場にあり、通常、悪意又は重過失の譲受人に該当すると考えられる。
3) 衆議院法務委員会議事録第12号4頁〔小川秀樹政府参考人発言〕、参議院法務委員会議事録第12号5頁〔小川秀樹政府参考人発言〕。
4) 一問一答164頁。
5) 衆議院法務委員会議事録第12号4頁〔小川政府参考人発言〕、参議院法務委員会議事録第12号5頁〔小川政府参考人発言〕、一問一答165頁、法務省民事局「民法（債権関係）の改正に関する説明資料——主な改正事項」法務省のウェブサイト（2017年）28頁等。
6) 井上＝松尾159頁、170頁。

80 第3章 債権債務関係の展開

金調達を行う企業が契約違反リスクを冒してまで譲渡制限特約付債権を譲渡・担保提供することは躊躇される[7]、譲受人側も契約違反を生じさせることを承知で担保契約を締結することにはコンプライアンス上の問題があり得る、といった懸念が示されている[8]。これらの問題については、理論的に明確な解決方法があるわけではなく、譲渡人・譲受人それぞれにおいて実務上対応していくべき課題である。譲渡制限特約付債権の譲渡・担保提供が社会に普及し、上記の懸念を生じさせない程度に実務慣行として定着することを待つほかないが、政策レベルでこれを強く後押しする動きが見られる。

　例えば、下請中小企業振興法第3条第1項の規定に基づく振興基準（昭和46年通商産業省告示第82号）において、親事業者と下請事業者の間で譲渡禁止特約を締結する場合であっても、金融機関等に対する債権譲渡を禁じない内容とするよう努めるものとする努力義務が規定された。また、政府が2018年6月に公表した規制改革実施計画においては、譲渡制限特約付債権の譲渡・担保提供を通じた資金調達の推進に関し、より踏み込んだ内容の規制改革への取組みが明記されている[9]。同計画には、資金調達目的での譲渡制限特約付債権の譲渡がされた場合における契約解除・損害賠償を認めない解釈の周知徹底、事業者が用いる契約において金融機関等に対する債権譲渡を禁じない実務の推進等資金調達目的での債権譲渡を許容する実務慣行形成に関する取組みや、金融機関におけるコンプライアンス上の懸念を払拭するために金融庁が見解を公表すること等が含まれている。これらが具体的に実現されれば、資金調達目的での譲渡制限特約付債権の譲渡・担保提供に伴う契約違反リスクやコンプライアンスリスク等はかなり軽減されることになろう。

---

7)　譲渡制限特約を要請する債務者は、大企業であり交渉力が強いことが多く、債権者（中小企業）からすると契約解除や取引の打切りが死活問題となる。

8)　前掲注1）の文献参照。

9)　規制改革実施計画（2018年6月15日閣議決定）45頁〜47頁。

4　取引の態様に応じた検討の必要性

　これまで述べてきた譲渡制限特約付債権の譲渡に関する議論は、譲受人が金融機関であり、資金調達目的で譲渡取引又は譲渡担保取引が行われることが念頭に置かれている。しかし、今回の譲渡制限特約に関する改正は、（金銭債権以外を含む）債権の譲渡一般に及ぶものであり、また、債権譲渡は必ずしも資金調達目的で行われるとは限らない。そのため、取引の実態に応じて、債務者の保護という観点から譲渡制限特約の効力を考えるべきとの指摘もされている[10]。

　例えば、反社会的勢力に対する債権譲渡を禁止する譲渡制限特約を付した場合、債務者が特約によって得ようとする利益は単なる弁済先固定の利益にとどまらないし、債権者による資金調達を不合理に阻害するものでもないと考えられる。そのため、当該特約違反を理由に債務者が契約解除等の手段に出たとしても、これを権利濫用と評価するのは妥当でないと言えよう。また、上記**Q2・2**(2)で検討したシンジケートローンにおける貸付債権の譲渡要件のように、譲渡制限特約の目的として、弁済先固定の利益という債務者の保護以外の目的、すなわちエージェントや複数の貸付人の協調行動（多数決の意思決定による与信管理を含む）を確保する目的が含まれることもある。このような場合に、特約違反の効果として、当該目的に即した取扱い（例えば、特約違反の譲渡人・譲受人に、多数決の意思決定手続において投票権を認めない取扱い等）をすることも、否定されるべきではないだろう。

　このように、特約違反の効果については、譲渡制限特約で確保しようとしている利益及びその合理性、債権譲渡取引の性質（資金調達目的かどうかなど）を踏まえ、慎重に検討すべきと考えられる。

---

10)　山野目＝深山＝井上74頁～75頁。

82 第3章 債権債務関係の展開

Q6 譲渡制限特約付債権が譲渡された後に譲渡人について法的倒産手続が開始された場合、譲受人による譲渡債権の回収はどのように確保されるか。

解　説

1　問題の所在

　譲渡制限特約付債権の譲渡を有効とする改正の目的は、中小企業等が譲渡制限特約付債権の債権による資金調達を行いやすくするためであると説明されている。譲渡制限特約付債権を引当てとした資金調達において、資金提供者である譲受人の重大な関心事の一つとして、譲渡人の信用状態が悪化した場合においても、譲受債権の回収（優先弁済）を確保できるか否かという点が挙げられよう。

　そこで以下では、資金調達者である譲渡人に法的倒産手続が開始された場合に、譲受人による譲受債権の回収がどのように取り扱われるかについて、特約が付されていない債権（以下「無特約債権」という）と比較しつつ検討する。なお、検討に当たっては、①譲渡制限特約付債権がファクタリング等によって真正譲渡された場合と、②譲受人が金融機関であって、譲渡人に対する貸付債権の担保として譲渡制限特約付債権の譲渡担保の提供を受けた場合の双方が問題となり得る。また、譲受人は、悪意又は重過失にあり、譲渡制限特約付債権の債務者は、譲受人からの履行を拒絶できる地位にあることを前提とする（新法第466条第3項）。

2　破産手続の場合

　無特約債権の場合、譲渡制限特約付債権を真正譲渡された譲受人は、債権者として、当然に債務者に当該債権を取り立て、回収することができる。そのため、譲渡人に破産手続が開始した場合であっても譲受人の回収に影響はない。また、譲渡担保の場合、譲渡担保権者は破産

手続において別除権者として取り扱われるため、譲渡担保権設定者に破産手続が開始した後でも、譲渡担保権を手続外で行使することができる（破産法第2条第9号、第65条）。したがって、譲渡担保に供された無特約債権についても、譲渡担保権者が担保権を実行して当該債権を第三債務者から直接回収することは、破産手続により制限されない。

　これに対し、譲渡制限特約付債権については、真正譲渡・譲渡担保の別を問わず、債務者は、譲受人からの履行請求を拒絶することができるため、譲受人・譲渡担保権者は、債務者から直接取立てを行うことで譲受債権の回収を図ることができない。仮に譲渡人・担保権設定者に破産手続が開始された場合でもこの規律が貫徹されると、円滑な資金調達の弊害になりかねないことから、新法は譲受人・譲渡担保権者のリスクを排除するため、新たな供託制度を設けた[1]。すなわち、譲渡人・担保権設定者に破産手続開始の決定があった場合、譲渡制限特約付金銭債権の全額を譲り受け、第三者対抗要件を備えた譲受人・譲渡担保権者は、悪意又は重過失であっても、第三債務者に対して債権全額の供託を求めることができ、譲受人は、供託金から当該債権の回収を行うことができる（新法第466条の3）。したがって、譲受人・譲渡担保権者は、この供託請求を行うことによって、譲渡人・担保権設定者の破産手続に巻き込まれることなく、債務者からの直接回収に準じた優先弁済が可能と言える。

　仮に譲受人・譲渡担保権者による供託請求が行われず、破産管財人が債務者から弁済金を受領した場合、譲受人・譲渡担保権者が有する弁済金の引渡請求権は財団債権[2]に該当すると解される（破産法第148条第5号）。財団債権は破産手続によらないで随時弁済を受けることが許されるが（破産法第2条第7項）、破産財団が財団債権の総額に満たない場合、各財団債権は割合的な弁済を受けるにとどまる（破産法

---

1)　一問一答168頁。
2)　山野目＝深山＝井上70頁〜71頁、事業再生研究機構17頁〜18頁〔笠間宏之報告〕、岡本雅弘ほか「〈パネルディスカッション〉債権法改正と金融実務への影響」金法2008号（2014年）27頁〔三上徹発言〕参照。

84　第3章　債権債務関係の展開

第 152 条第 1 項本文）。そのため、譲受人・譲渡担保権者は額面に満た
ない金額しか回収できないリスクが残ることになる。しかし、無特約
債権の譲渡取引であっても平時において譲渡人・担保権設定者に取立
権限が付与されることは実務上多く見られるところ[3]、譲受人・譲渡
担保権者が権利行使をしないままに破産管財人が債権を回収した場合
も同じような問題は生じるため[4]、上記のリスクは譲渡制限特約付債
権に特有の問題ではないとの見方もあり得よう。

図表 3 - 2 ：破産手続開始後の無特約債権・譲渡制限特約付債権

	真正譲渡	譲渡担保
無特約債権	・　譲受人は債権者として、債務者から直接取立て可能	・　譲渡担保権者は別除権者として、担保権実行により債務者から直接取立て可能
譲渡制限特約付債権	・　悪意又は重過失の譲受人・譲渡担保権者は、債務者から直接取立てできない ・　**一定の場合、第三債務者に供託請求可能（義務供託）** ・　破産手続開始後の弁済金引渡請求権は、財団債権	

3　民事再生手続の場合

　譲渡人に民事再生手続が開始された場合、無特約債権に関する規律
は破産の場合と同様である。真正譲渡の譲受人は無特約債権を債務者
に対して直接行使できるし、譲渡担保権者も別除権者として手続外で
担保権を実行し、債権を債務者から直接回収することができる（民事
再生法第 53 条）。

---

3)　法的倒産手続開始申立てをもって貸付債権の期限の利益が喪失し、譲渡担保
　　権設定者は取立権限を失う旨の一般的な規定を念頭に置いているが、再建型倒
　　産手続を中心に係る規定の有効性について議論がある点には留意が必要である
　　（藤原総一郎監修・森・濱田松本法律事務所 = KPMG FAS 編著『倒産法全書
　　（上）〔第 2 版〕』（商事法務、2014 年）639 頁）。
4)　東京地判平成 20 年 1 月 29 日判時 2000 号 50 頁参照。

第 1 節　債権譲渡　第 2　譲渡制限特約付債権の譲渡・担保取引　85

　一方、譲渡制限特約付債権について、新法は破産手続の場合のような供託制度を設けていない。債務者は、原則どおり譲受人・譲渡担保権者からの履行請求を拒絶できる地位にあるため、無特約債権に比べて直接回収ができる場面は限定される。しかし、再生債務者である譲渡人・担保権設定者が債務者から弁済金を受領した場合、弁済金の引渡請求権は共益債権として保護される（民事再生法第 119 条第 6 号）[5]。共益債権は再生手続によらないで随時弁済を受けることが許されるため（民事再生法第 121 条）、譲受人・譲渡担保権者の利益は、譲渡人・担保権設定者の一般債権者に比べて保護されることになる。したがって、譲受人・譲渡担保権者による直接回収が認められないからと言って、必ずしも譲受人・譲渡担保権者の優先弁済確保機能が弱められているわけではない。

図表 3 - 3：民事再生手続開始後の無特約債権・譲渡制限特約付債権

	真正譲渡	譲渡担保
無特約債権	・　譲受人は債権者として、債務者から直接取立て可能	・　譲渡担保権者は別除権者として、担保権実行により債務者から直接取立て可能
譲渡制限特約付債権	・　悪意又は重過失の譲受人・譲渡担保権者は、債務者から直接取立てできない ・　**破産手続の場合のような供託の制度は存在しない** ・　民事再生手続開始後の弁済金引渡請求権は、共益債権	

4　会社更生手続の場合

　会社更生手続の場合は、真正譲渡と譲渡担保取引で異なる帰結となる。

　真正譲渡取引において、譲渡人に会社更生手続が開始された場合、無特約債権・譲渡制限特約付債権のいずれも、民事再生手続の場合と

---

5)　一問一答 168 頁注。

86 第3章 債権債務関係の展開

同様である。譲渡制限特約付債権の譲受人は、無特約債権の場合に比べて債務者から直接回収を行うことができる場面は限定されるが、更生会社・管財人に支払われた弁済金の引渡請求権は共益債権に該当するため（会社更生法第127条）、譲受人の利益は保護されていると言える。

　これに対し、譲渡担保の場合、会社更生手続において譲渡担保権者は更生担保権者として扱われ[6]、担保権の実行を禁止される（会社更生法第2条第10号、第50条第1項）。譲渡担保権者は、担保目的物が無特約債権であろうと譲渡制限特約付債権であろうと、いずれにせよ直接債権を取り立てることはできず、当該債権が更生会社・管財人に弁済されたとしても弁済金を手続外で被担保債権に充当することはできない。さらに、譲渡担保権者は、更生手続開始時点での担保目的物の時価をもって更生手続に参加することになるが、譲渡制限特約の有無は債権の経済的価値に直接的に影響しないと考えられ、この点でも特約の有無で差異は生じないものと考えられる。したがって、譲渡担保権の優先弁済確保という観点においては、譲渡制限特約の有無に差はないと評価することができよう。

図表3-4：会社更生手続開始後の無特約債権・譲渡制限特約付債権

	真正譲渡	譲渡担保
無特約債権	・　譲受人は債権者として、債務者から直接取立て可能	・　譲渡担保権者は、更生担保権者として、会社更生手続の制約に服する
譲渡制限特約付債権	・　悪意又は重過失の譲受人・譲渡担保権者は、債務者から直接取立てできない	・　担保権を実行して、債務者から直接取立てを行うことはできない ・　担保目的物の時価により、更生手続に参加

6)　最判昭和57年3月30日民集36巻3号484頁。

| | ・ <u>**破産手続の場合のような供託の制度は存在しない**</u>
・ 会社更生手続開始後の弁済金引渡請求権は、共益債権 | |

88　第3章　債権債務関係の展開

> **Q7**　譲渡制限特約付債権が譲渡され、譲渡人に対して弁済がされた後に譲渡人について法的倒産手続が開始された場合、譲受人の譲渡人に対する回収金引渡請求権はどのように扱われるか。

解　説

1　問題の所在

　無特約債権の真正譲渡・譲渡担保については、平時において取立権限が譲渡人に付与されているようなケースであっても、譲渡人・担保権設定者の信用状態が悪化した場合、譲受人・譲渡担保権者は、法的倒産手続に至る前の段階で、譲渡契約や担保契約の定めにより、譲渡人・担保権設定者の取立権限を喪失させ、債権者・担保権者としての権利行使（直接回収）が認められる。これに対し、新法における譲渡制限特約付債権の場合は、譲渡人・担保権設定者の信用状態がいかに悪化しようとも、新法第466条第4項に基づく催告の場合等一定の場合を除き、譲受人・譲渡担保権者は譲渡対象の債権を原則として直接取り立てることはできず、譲渡人・担保権設定者に対する弁済がされ続けることを甘受しなければならない[1]。

---

1)　上記Q6と同様、譲受人は、悪意又は重過失にあり、譲渡制限特約付債権の債務者は、譲受人からの履行を拒絶できる地位にあることを前提とする（新法第466条第3項）。

図表3-5：譲渡制限特約付債権の譲渡・譲渡担保取引

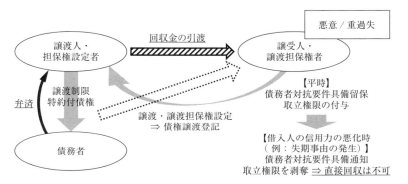

　譲受人・譲渡担保権者における譲渡制限特約付債権からの優先弁済確保の要請が脅かされる最も典型的な場面は、譲渡人・担保権設定者が弁済を受領した後、回収金を引き渡す前に法的倒産手続が開始されたときである。このような場面において、譲受人・譲渡担保権者の譲渡人・担保権設定者に対する回収金引渡請求権は、法的倒産手続において一般債権として取り扱われ、譲受人・譲渡担保権者は他の一般債権者に先んじて優先弁済を主張することはできないと解されている[2]。これはコミングリングリスクと呼ばれる問題であるが、このようなリスクをいかに軽減するか、また、どのように評価すべきかが、実務上の課題となる。

2　預金取扱金融機関における対応策

　金融機関が、売掛債権・在庫等の流動資産を譲渡担保にとって貸付を行い、その担保評価やモニタリングを通じて融資先企業の事業価値を把握しつつ与信管理を行う融資形態をABL（Asset Based Lending）

---

2)　井上聡「金銭の分別管理による責任財産からの分離」ジュリ1456号（2013年）119頁、青山善充＝小川万里絵「債権流動化におけるサービサー・リスクについて」金融研究15巻2号（1996年）45頁～77頁。

90 第3章 債権債務関係の展開

という。ABL において売掛債権譲渡担保は主要な債権保全手段であり、また、平時においては債権の取立権限を融資先企業すなわち担保権設定者にとどめておく取扱いが通常であるため、無特約債権の譲渡担保取引であっても、コミングリングリスクは存在する。

　そのため、現在の ABL 実務においては、担保権実行以外の方法により、コミングリングリスクを回避することを目指している。例えば、担保権設定者は、売掛債権の回収金を担保権設定者名義の預金口座で管理する場合、譲渡担保権者である金融機関に開設された特定の預金口座（自行預金）において入金・管理することが義務づけられることが多く、当該口座の預金債権に質権が設定されることもある[3]。これらの手当てにより、質権による保全のほか、預金債権を受働債権、貸付債権（又は回収金引渡請求権）を自働債権とする相殺による保全が期待できることになる。このような対応は、対象債権が譲渡制限特約付債権である場合でも、同様に用いることができると考えられる。

　上記の相殺に関しては、弁済金の入金時期すなわち預金債権の成立時期によっては、倒産法における相殺禁止規定との関係で問題が生じ得る。例えば、支払の停止があった後に債務（預金債務）を負担した場合であって、破産債権者（譲渡担保権者である金融機関）が支払停止を知っていた場合、原則として当該債権者による相殺権の行使は禁止される（破産法第 71 条第 1 項第 3 号）。しかし、この禁止には例外規定があり、破産債権者が支払停止を知った時よりも「前に生じた原因」による債務負担である場合、債権者の相殺期待は保護され、相殺は許容される（同条第 2 項第 2 号）。そして、振込指定の合意がこのような「原因」に該当するためには、単なる預金契約だけでは不十分であり、

---

3)　経済産業省「平成 24 年度産業金融システムの構築及び整備調査委託事業『動産・債権担保融資（Asset-based Lending：ABL）』普及のためのモデル契約等の作成と制度的課題等の調査」（2013 年 2 月（受託者：株式会社三菱総合研究所））所収の「債権譲渡担保権設定契約書（参考例）解説書」7 頁、日本銀行金融機構局「リスク管理と金融機関経営に関する調査論文 ABL を活用するためのリスク管理」（2012 年）19 頁参照。

金融機関・融資先・融資先の債務者の三者が、債務者による支払先を金融機関に開設された融資先名義の口座のみとし、それ以外の方法では支払わない旨、及びこの振込指定は金融機関の同意がなければ撤回できない旨を合意すること（いわゆる「強い振込指定」であること）を要すると解されている[4]。

　譲渡制限特約付債権の譲渡担保取引について、担保対象債権の債務者を巻き込む形で三者間の契約により「強い振込指定」をすることは、実務上難しいかもしれない。しかし、「強い振込指定」は単一の契約による必要はなく、融資先企業と債務者との原因契約において債権の支払先を融資先企業が指定することになっている場合に、譲渡担保権設定契約において、譲渡担保権者である金融機関に開設された口座を当該支払先に指定することが融資先企業に義務づけられている場合、融資先企業・債務者のいずれも支払先口座を変更することができず、一体として「強い振込指定」が成立すると解することは可能との指摘がある[5]。

　破産法等の相殺禁止の例外要件である「前に生じた原因」については、破産債権者の相殺への合理的な期待を直接かつ具体的に基礎づける程度の事由の存在が必要であると解されており[6]、裁判例は、個別事案ごとに相殺期待が保護に値するかを検討していると見受けられる[7]。譲渡制限特約付債権の弁済先口座に関しては、当該債権の原因契約等において債務者を直接拘束するような形をとることができず、「強い振込指定」の典型例ほど相殺の確実性が確保できていないと見られる場合も存するかもしれない。しかし、もともと譲渡制限特約付債権には譲渡担保権が設定されており、回収金は、担保目的物が形を変えたに過ぎないものである。そのため、「強い振込指定」の典型例

---

4)　伊藤ほか 561 頁、名古屋高判昭和 58 年 3 月 31 日判時 1077 号 79 頁。
5)　井上＝松尾 186 頁、事業再生研究機構 62 頁〔井上聡〕。
6)　伊藤ほか 560 頁。
7)　新法第 511 条を含む「前の原因」の解釈については、**第 4 章第 1 節第 2 Q 7 ・ Q 8** 参照。

92　第3章　債権債務関係の展開

ほど強固なアレンジメントをとることができないとしても、当該債権の弁済金が譲渡担保権者において開設された預金口座に支払われる場合には、相殺による事実上の担保的機能への合理的な期待を認めるべきと言えよう。このような場合、相殺禁止規定の例外要件により、譲渡担保権者である金融機関は、被担保債権である貸付債権と当該口座の預金債権とを相殺することができると解される。

3　預金取扱金融機関以外の譲受人における対応策

　譲渡制限特約付債権の譲受人・譲渡担保権者がファクタリング会社であったり、ノンバンクによる譲渡担保付融資の場合、譲受人・譲渡担保権者が預金開設金融機関である場合と異なり、預金債権との相殺という回収手段をとることはできず、また、振込先預金（流動性預金）の預金債権に対する質権設定も実務上難しい。そのため、コミングリングリスクを回避するために用いることができる方法は限定的であり、債務者に対して、自発的に譲受人・譲渡担保権者に対する弁済[8]や新法第466条の3の供託を促す、といった不確実な方法によるほかないと考えられる。

　コミングリングリスク対応については、流動化・証券化の文脈において、回収金の保管口座に係る預金債権や回収金（金銭）自体に自己信託を設定する可能性が議論されている[9]。将来回収分を含む回収金自体に対する自己信託設定の可否については理論的な課題も多いが、預金債権に対する自己信託については、旧法の下でも、（主に売掛債権ではあるが）譲渡禁止特約付債権の自己信託による資金調達の実例が一定程度積み重なっており、一つの選択肢になり得る。

　また、自己信託の設定という手段までとらずとも、解釈上、譲受

---

8)　新法においても、債務者の判断により、特約の効果を主張せず、譲受人・譲渡担保権者に弁済をすることは可能である（一問一答161頁）。

9)　金融取引における預かり資産を巡る法律問題研究会「顧客保護の観点からの預かり資産を巡る法制度のあり方」金融研究32巻4号（2013年）56頁～65頁参照。

第1節　債権譲渡　第2　譲渡制限特約付債権の譲渡・担保取引　93

人・譲渡担保権者に信託等の法理による保護が及ぶ余地がないか探ることも検討に値するのではないか。コミングリングリスクは、金銭の所有と占有が原則として一致するという法理[10]から導かれるものであるが、近時、他人に帰属する財産の管理者が金銭を占有しているときに、実質的な利益享受主体を保護すべきではないかという点について、注目される判例[11]が相次いで出されている。これらの裁判例においては、実質的な利益享受主体を保護するための要件・効果が明確に整理されているとまでは言い難いが、少なくとも対象となる金銭の分別管理が重要な要素とされている。そのため、譲渡制限特約付債権の回収金が譲渡人・担保権設定者において専用口座などで分別管理されている場合に、解釈により譲受人・譲渡担保権者が保護される可能性がないか、今後の議論が期待される。

4　譲渡制限特約付債権を用いた資金調達の評価

　譲渡制限特約付債権を用いた真正譲渡や譲渡担保取引により資金調達を行う場合、与信や担保評価に当たっては、当該債権回収の確実性が一要素になる。そのため、上記で述べてきた対象債権の優先回収に対するリスクをどのように評価すべきかが今後の実務における課題と言える。しかし、旧法の下では、譲渡禁止特約付債権は、特約違反の譲渡が無効と解されていたため、必ず譲渡・担保評価の対象から除外しなければならなかった。これに対し、新法では、これまで無効とされていたものが有効となり、譲渡・担保対象とすることが可能になったのであり、この点は積極的に評価されるべきである。与信・担保評価に当たり、譲渡人・担保権設定者の信用状態が悪化した段階（かつ倒産手続に至らない段階）であっても、譲渡人・担保権設定者に回収を委ねなければならないとする部分のみを取り出して否定的に評価す

---

10)　最判昭和 39 年 1 月 24 日判時 365 号 26 頁。
11)　公共工事前払金について信託の成立を認めた最判平成 14 年 1 月 17 日民集 56 巻 1 号 20 頁、商事留置権が及ぶ手形の取立金について留置を認めた最判平成 23 年 12 月 15 日民集 65 巻 9 号 3511 頁等。

94　第3章　債権債務関係の展開

るのではなく、上記2や3のようなリスク軽減措置等も併せて考慮すべきであろう。場合によっては、法的倒産手続に至る前の段階における譲受人・担保権者の権利行使や担保権実行の実効性の制約を、与信や担保評価に当たって必要以上に問題視しなくてもよいと言えることもあるものと考えられる[12]。

---

12)　規制改革実施計画（2018年6月15日閣議決定）47頁では「金融検査マニュアル及びその付属書類は、改正債権法施行前の平成30年度終了後を目途に廃止されるため、担保価値の評価は、譲渡制限特約の有無による形式的判断ではなく、担保の経済的価値や法的な障害の有無などを勘案した実質的な回収可能性に基づき総合的に判断すべきであることを、金融機関から照会があれば、ホームページ等において公表する」とされている。

第1節　債権譲渡　第2　譲渡制限特約付債権の譲渡・担保取引　95

> **Q8**　譲渡制限特約付債権を譲渡担保に供する場合と質権を設定する場合で、どのような差異があるか。

解　説

1　譲渡制限特約付債権の質入

　債権に質権が設定された場合、質権者は質入債権を直接取り立て、被担保債権に充当できるとするのが民法の原則である（民法第366条第2項）。それにもかかわらず、質入債権の債務者（第三債務者）が質権設定者に対して質入債権を弁済した場合、当該弁済は原則として質権者に対抗できないと解される（新法第481条の類推適用）[1]。質入債権の弁済期が被担保債権の弁済期前に到来したときは、質権者は、第三債務者に対し質入債権の弁済すべき金額を供託させることができ、この場合、質権は、質権設定者が有する供託金還付請求権の上に存することとなる（民法第366条第3項）。以上の点を踏まえて、以下、譲渡制限特約付債権について質権が設定された場合の規律を検討する。

　債権質の規律について債権譲渡の規律と同様に解する民法の立場を踏まえると、質権者が悪意又は重過失の場合、譲渡制限特約付債権の譲受人からの請求を当該債権の債務者が拒絶できるのと同様に、質入債権の債務者（第三債務者）は、質権者からの直接請求を拒絶でき、質権設定者に対する弁済を質権者に対抗することができる[2]。譲渡制限特約を差押債権者に対抗することができない旨を定める新法第466条の4第1項は、担保権実行としての差押えには適用がないと解されているため[3]、質権実行の場面においても、第三債務者は、譲渡制限特約の効力を主張し、質権設定者に対する質入債権の弁済を質権者に

---

1)　道垣内117頁。
2)　道垣内110頁。

96　第３章　債権債務関係の展開

対抗することができる。第三債務者としては、質権者による直接取立て（質権実行）の場面において、質権者が善意又は無重過失であることにより質権設定者への弁済が認められないリスクを避けるためには、（譲渡制限特約の利益を主張せずに）質権者に自発的に弁済するか、又は、新法第466条の２に基づく供託をすることが考えられる。

　以上は質権実行の局面に関する取扱いであるが、譲渡制限特約付債権に質権が設定され、質入債権の弁済期が被担保債権の弁済期よりも前に到来したときは、質権者が譲渡制限特約について悪意又は重過失であるか明らかでない場合であっても、新法第466条の２に基づく供託ではなく、民法第366条第３項に基づく供託のみが認められると解すべきである。被担保債権の弁済期が到来していない以上、質権者が質入債権の弁済金を自己の債権に充当する権限を有していないことから、新法第466条の２に基づく供託により質権者に直接の供託還付金請求権を認める必要はなく、質権設定者が有する供託金還付請求権上の質権のみ認めると解するのが合理的である。

　債権の譲渡担保と質権は、譲渡担保権が倒産手続上別除権として扱われていることもあり、担保の機能として大きな差異はない。しかし、譲渡担保については、民法第366条第３項のような規定はなく、譲渡債権の弁済期が被担保債権の弁済期前に到来したときであっても、譲受人は原則として当該譲渡債権の弁済金を収受できると考えられるため、譲渡債権の債務者としては、譲受人の主観が明らかでない場合、新法第466条の２に基づく供託を行うことになると考えられる。この場合、供託還付請求権は譲受人（担保権者）に帰属することになり、質権の場合と異なる帰結になる。もっとも、債権担保の実務においては、被担保債権の弁済期が到来するまでの間（被担保債権について期

---

3)　部会資料74Ｂ・15頁。ただし、以下でも述べるとおり、債権者代位権の行使が可能である場合、質権者は、質権設定者に対する被担保債権を被保全債権とすることで、質入債権を代位行使し、第三債務者から直接取り立てることが可能であるし、譲渡制限特約付債権に仮差押えをすることもできると解されている（部会資料74Ｂ・15頁、潮見410頁）。

第1節　債権譲渡　第2　譲渡制限特約付債権の譲渡・担保取引　97

限の利益がある間）は、担保対象債権の取立権限を担保権設定者に付
与する場合も多く、この場合、当事者の合意により、当該債権の債務
者は、担保権設定者に対して弁済をすれば足りる。そのため、このよ
うな合意がある限りにおいて、譲渡担保権と質権の差異はほとんど生
じないことになろう。

2　質権設定者が倒産したときの取扱い

　法的倒産手続において譲渡担保権は別除権又は更生担保権として取
り扱われ、質権等の約定担保権と同様の取扱いを受ける。したがって、
譲渡制限特約付債権に質権が設定された場合において、質権設定者に
法的倒産手続が開始したときの取扱いは、上記 Q 6 や Q 7 の譲渡担保
権に関する検討がほぼそのまま当てはまる。

　しかしながら、破産手続における供託請求権（新法第 466 条の 3）は、
その文言上は、金銭債権全額を譲り受けた者にのみ適用され、質権者
に認められていないように読める[4]。また、上記 1 のとおり、新法第
466 条の 4 第 1 項は、質権実行に伴う差押えには適用されないと解さ
れている。そのため、条文を形式的に適用すると、質権者は、質権設
定者に破産手続が開始された場合において、直接回収（又は供託請求）
による担保権の優先弁済確保機能を実現する途がなく、譲渡担保権者
よりも弱い立場に置かれることになる。もっとも、このような差異を
もたらす帰結が合理的と言えるか疑問と言わざるを得ない。

　なお、質権者については、債権者代位権の制度に依拠することで、
質権設定者に対する債権を被保全債権として、譲渡制限特約付債権を
代位行使することができ、これにより直接取立てによる事実上の優先
弁済を実現できると解されている[5]。しかし、破産等の法的倒産手続
開始後においては、破産債権を被保全債権とする債権者代位権は行使
できないと解されているため[6]、この方法による優先回収も不可能で

---

4)　部会資料 81 - 3・2 頁。
5)　部会資料 74 B・15 頁、潮見 410 頁。

98　第 3 章　債権債務関係の展開

ある。

---

6)　東京地判平成 14 年 3 月 13 日判時 1792 号 78 頁、伊藤ほか 744 頁。

第1節 債権譲渡 第3 異議なき承諾の廃止 99

第3 異議なき承諾の廃止

Q9 「異議をとどめない承諾」の制度を廃止する趣旨は何か。新法下で抗弁権を切断するためにどのような方法があるべきか。

解　説

　新法は、債権譲渡に際して債務者の譲渡人に対する抗弁を切断する「異議をとどめない承諾」の制度を廃止し（新法第468条）、抗弁切断は、抗弁権を放棄する旨の意思表示によることになる。

　旧法の異議をとどめない承諾は、特に「異議」がない旨を明示する必要はなく、無留保で承諾することでよいと解されている[1]。しかし、単に債権が譲渡されたことを認識した旨を債務者が通知しただけで、抗弁喪失という債務者にとって予期し得ない効果が生じ得ることについては、債務者の保護の観点から妥当ではないとの批判があった[2]。そのため、新法においては、公平で合理的な制度とするために、「異議をとどめない承諾」による抗弁切断の制度は廃止され、抗弁を対抗できなくなるのは債務者の意思に基づき抗弁が放棄された場合に限るとされた[3]。

　旧法下における判例は、異議をとどめない承諾の抗弁切断効を「債権譲受人の利益を保護し一般債権取引の安全を保証するため法律が附与した法律上の効果」[4]とする。この趣旨から、悪意又は有過失の譲受人については、抗弁の切断による保護を要しないと解されていた[5]。

1) 内田貴『民法Ⅲ　債権総論・担保物権〔第3版〕』（東京大学出版会、2005年）235頁等。
2) 衆議院法務委員会議事録第14号26頁〔小川秀樹政府参考人発言〕、部会資料74A・11頁。
3) 衆議院法務委員会議事録第14号26頁〔小川政府参考人発言〕、一問一答177頁。
4) 最判昭和42年10月27日民集21巻8号2161頁、部会資料74A・10頁。

100 第3章 債権債務関係の展開

新法においては、抗弁権の放棄は意思表示に関する一般の規律に服することになり、当該意思表示は、譲受人の主観に関係なく効力を生じると解される[6]。また、この意思表示は、譲渡人又は譲受人のいずれに対して行っても差し支えないと考えられる[7]。

5) 最判平成 27 年 6 月 1 日民集 69 巻 4 号 672 頁。
6) 衆議院法務委員会議事録第 14 号 27 頁〔小川政府参考人発言〕、潮見 459 頁、中田ほか 228 頁〔沖野眞已〕。ただし、譲受人の主観が、抗弁放棄の意思表示に関する解釈の要素として取り込まれる可能性が指摘されている（松岡久和＝高須順一「連載 債権法改正と実務上の課題第 9 回 将来債権譲渡と抗弁の対抗」ジュリ 1523 号（2018 年）104 頁〜105 頁、潮見佳男ほか編著『Before/After 民法改正』（弘文堂、2017 年）273 頁〔和田勝行〕）。
7) 潮見 459 頁。

第1節　債権譲渡　第3　異議なき承諾の廃止　101

Q10 抗弁の内容を具体的に特定せずにする、包括的な抗弁放棄の意思表示は有効か。

解　説

1　問題の所在

　新法においては、抗弁権の放棄が意思表示の一般的な規律に委ねられたことから、抗弁放棄の態様や内容に応じて、その意思表示の効力や解釈が問題となり得ると考えられる。

　この文脈で議論が多いのは、包括的な抗弁放棄の意思表示の有効性である。旧法下で「異議をとどめない承諾」がされる場合、承諾書等において、放棄の対象となる抗弁権を具体的に特定しないことも多かったと思われる。この点について、新法の下で、「一切の抗弁を放棄します」というように、具体的な抗弁の内容を明示しないでする包括的な抗弁放棄の意思表示が認められるか否かは、解釈論に委ねられている[1]。この問題の背景として、将来債権譲渡の場合を中心に、「抗弁」の範囲が必ずしも明確でないことが挙げられよう。旧法下の判例は、切断され得る「抗弁」を抗弁事由発生の基礎にまで広げているようであり、請負契約に基づく未完成工事部分に関する報酬請求権の譲渡事例[2]で、仕事完成義務不履行に基づく解除も抗弁切断の対象としていた。他方で、当該判例では、譲受人において仕事未完成の事実を知っていれば悪意とされたため、実際に抗弁切断が認められる範囲は解釈により実質的に限定されており、旧法下でも放棄可能な抗弁の外延は不透明であったと言える。

　また、包括的な抗弁放棄か、抗弁の内容を具体的に特定する抗弁放

---

1)　部会資料74A・12頁。
2)　最判昭和42年10月27日民集21巻8号2161頁。

102　第3章　債権債務関係の展開

棄かを問わず、その意思表示の効力が争われる場合も想定される。例えば、抗弁の放棄のためには、当該抗弁・放棄対象を有することを債務者が知っている必要があり、債務者がおよそ知り得なかった抗弁まで放棄の意思表示の効果を認められるかという点が問題となるとの指摘がされている[3]。また、相殺の抗弁権や同時履行の抗弁権等のように譲渡対象債権の存在自体は前提となっている場合と比べて、弁済の抗弁や債権自体の取消し・無効の抗弁等、譲渡対象債権の存否自体が争われている場合においては、抗弁放棄の承諾書等が提出されていたとしても、債務者が真意に基づき抗弁を放棄したか否かが争われやすいと考えられる[4]。このような場合、抗弁放棄の意思表示が、事後的に錯誤によって取り消される可能性もあると言わざるを得ない。

2　抗弁放棄の意思表示の効力

　「異議をとどめない承諾」の廃止に伴う上記のような問題意識について、抗弁放棄の意思表示の瑕疵が事後的に主張される可能性や、抗弁放棄の意思表示の内容を限定的に解釈される可能性を否定することはできない。また、消費者契約法（債務者が消費者である場合）や定型約款の不当条項規制（新法第548条の2第2項）等の適用により、抗弁放棄の意思表示の効力が制限されることもあろう。しかし、抗弁放棄もあくまで意思表示と整理される以上、個別の事案に応じて、意思表示の効力や取引当事者の合理的な意思を解釈すべきである。そのため、包括的な抗弁放棄の意思表示については一律無効である、債権の存否に関する抗弁の放棄については常に効力に問題がある、といった硬直的な解釈をする必要まではないと言える。

　抗弁の放棄がされない場合、放棄される場合に比べると、債権の譲

---

3)　中田ほか229頁〔沖野眞已〕、潮見ほか272頁〔石田剛〕。

4)　道垣内弘人「債権譲渡における債務者による抗弁の放棄」（廣瀬久和先生古稀記念『人間の尊厳と法の役割——民法・消費者法を超えて』（信山社、2018年）133頁～142頁所収）は、「抗弁の放棄」の対象となる事由の範囲を限定することについて試論を展開する。

受人は額面どおりの債権回収ができないリスクが増えることになる。このようなリスクについては、譲渡人と譲受人の間で、譲渡価格や担保責任（新法第562条以下）により調整することになると考えられる。他方で、抗弁放棄がされる場合、その分、債権の譲受人は債務者から額面どおりの債権回収ができる可能性が増すことになる。そして実際に抗弁が存在した場合、債務者としては、譲受人に抗弁を対抗できない以上、元の債権者である譲渡人に対して権利主張（不当利得請求権の行使等を含む）をすることにより、譲渡人・債務者間で調整が図られることになろう。これらを踏まえると、抗弁放棄それ自体は、当該抗弁に関するリスク分担を譲渡人・譲受人間で行うべきか、譲渡人・債務者間で行うべきかの選択の問題であるとも言い得るものであり、抗弁放棄という意思表示それ自体に不当性等の問題が内在しているとは限らない。例えば、資金調達目的で債権の流動性を高めたいといった要請がある場合に、債務者が抗弁を放棄し、抗弁に関するリスク分担を譲渡人・譲受人の間で行わせないとの選択をすることも不合理とは言えないだろう。実際に、三者間のファクタリング等においては、買取前に債務者が請求金額を確認するプロセスが入ることで、譲渡人と譲受人のみのファクタリングよりも債務者においてリスクをコントロールできる余地が広がるとともに、異議をとどめない承諾があることで譲渡人（資金調達者）が負担する手数料等が安くなり、ひいては資金調達に資する（これは譲渡人の取引先である債務者にとっても有益な側面があると言える）といった事例も見られる。したがって、抗弁放棄の法的意義を理解するだけの知識・経験がある債務者が、真意に基づき抗弁放棄を行う場合には、その抗弁放棄が包括的なものであるか否か、抗弁を現に有していることを知っているか否かなどにかかわらず、その効力を否定的に解する必要はないと考えられる。

3　実務対応

　上記2のとおり、抗弁放棄の意思表示の効力については解釈論に委ねられる部分が多く、抗弁が放棄の対象に入っていたかどうかや、抗

104 第3章 債権債務関係の展開

弁放棄の意思表示が事後的に錯誤によって取り消されるリスク等は否
定できない。そのため、実務対応としては、想定され得る抗弁権の内
容について、なるべく具体的に特定することが望ましいと言えよう。
例えば、相殺の抗弁権のように個別具体的に想定されるものを列挙し
た上で、最後に「その他一切の抗弁権」という形で包括的な放棄文言
を加える形が志向されるのではないかと予想される。

第4 将来債権譲渡

Q11 将来債権の譲渡について、どのような改正がされたか。

解 説

　新法第466条の6第1項は、債権譲渡について、その意思表示の時点で債権が現に発生していることを要しないとし、将来債権の譲渡も可能であることを明文で認めた。対抗要件の具備についても、既発生債権の譲渡と同じ規律に服することが明文化されている（新法第467条第1項）。これらは、将来債権についても譲渡の対象とすることができるとする判例法理[1]を明文化するものであり[2]、基本的に実務に対する影響はないと考えられる。

　また、将来債権譲渡に関する効果についても判例法理[3]が明文化され、将来債権の譲受人は、具体的に発生する債権を当然に取得するとされた（新法第466条の6第2項）。なお、発生した債権が譲渡人に帰属した上で譲受人に移転するか、譲受人の下で発生するかという点については解釈に委ねられている[4]。

　加えて、新法は、将来債権譲渡と譲渡制限特約の関係について新しい規律を設けているが、この点は下記 Q12 において詳述する。

　これらに対し、将来債権譲渡の効力の限界について、譲渡人以外の第三者が当事者となった契約上の地位に基づく債権には及ばないが、当該第三者が譲渡人から承継した契約から発生した債権には及ぶとい

---

1)　最判平成13年11月22日民集55巻6号1056頁、最判平成11年1月29日民集53巻1号151頁等。
2)　衆議院法務委員会議事録第12号3頁〔小川秀樹政府参考人発言〕等、一問一答174頁。
3)　最判平成19年2月15日民集61巻1号243頁、部会資料74A・8頁。
4)　部会資料74A・8頁。

106 第3章 債権債務関係の展開

う規律が提案されたこともあったが[5]、明文化は見送られた。また、将来債権の譲渡後に法的倒産手続が開始された場合における、管財人等の下で具体的に発生する債権の取扱いについても、倒産法の議論も関係するため、引き続き解釈に委ねられている。

5) 中間試案第18・4(4)。

第 1 節 債権譲渡 第 4 将来債権譲渡 107

> **Q12** 将来債権の譲渡後に譲渡制限特約が付された場合の規律はどのようなものか。

解　説

　旧法下において、将来債権が譲渡された時点では譲渡禁止特約が付されていなかったが、譲渡された後に特約が合意された場合に、債務者が特約を譲受人に対抗することができるか否かについて、明文に規定はなく、必ずしも統一的な解釈は存在しなかった。有力な解釈として、債権発生時点で譲渡禁止特約が合意されていた以上そもそも当該債権は譲渡性がないものとして発生し、また、譲渡時点で譲渡禁止特約がない場合は特約に関する善意を問題とする余地もないとして、譲渡禁止特約の効力を優先し債権移転の効力は生じないと考えるものがあり[1]、同様の立場に立つと見られる下級審裁判例[2]もあった。

　新法は、債権譲渡について債務者対抗要件が具備される時点[3]までに譲渡制限特約が合意されたときには、譲受人が実際に特約の存在を知っているかどうかを問わず、譲受人を悪意とみなし、債務者は特約を譲受人に対抗できるものとした（新法第 466 条の 6 第 3 項、第 466 条第 3 項、預貯金債権について新法第 466 条の 5 第 1 項）。譲渡制限特約に関する債務者の利益保護と、譲受人の債権譲渡に関する利益保護のバランスをとる趣旨である。

　なお、新法第 466 条の 6 第 3 項は、あくまで将来債権（譲渡の時点

---

1)　植垣勝裕＝小川秀樹編著『一問一答　動産・債権譲渡特例法〔三訂版増補〕』（商事法務、2010 年）53 頁。

2)　東京地判平成 24 年 10 月 4 日判時 2180 号 63 頁。

3)　新法第 466 条の 6 第 3 項では、譲渡人が新法第 467 条による債務者への通知を行い、又は債務者が同条による承諾をしたことを「対抗要件具備時」と定義し、新法第 466 条の 6 第 3 項の規律が、債務者対抗要件具備時点を基準とすることを示す（一問一答 175 頁注）。なお、債権譲渡の対抗要件の具備方法は、旧法と異ならない。

では発生していなかった債権）に関する規律であり、譲渡制限特約の合意時点と将来債権譲渡の債務者対抗要件具備時点との先後を比べるものであることに留意が必要である。そのため、譲渡時点において既発生の債権の譲渡について債務者対抗要件の具備が留保されている場合に、譲渡後に当該債権について新たに譲渡制限特約が付されたとき[4]に適用されるものではない。

---

4) 譲渡に一定の条件を要する特約が付されていた場合に、譲渡時点において当該条件を充足していたものの、事後的に当該要件を充足しなくなった場合を含む。

本論に対するコメント（内田貴）

●「第2　譲渡制限特約付債権の譲渡・担保取引」について

■Q2について

　預貯金債権に関する新法第466条の5の規律は、譲渡制限特約に違反した譲渡がされた場合について旧法の取扱いを踏襲するものである。これは「預貯金債権」に限り認められる例外的な取扱いであり、本論においても指摘されているとおり、日々残高が変動する債権や金融機関が多数の者に対して有する債権一般に対して類推適用されることが想定されている規定ではない。およそ「預貯金債権」の範疇に入らないものについては適用されない。また、本論では信託法における受益権の取扱いについて論じているが、整備法で新法第466条第2項に合わせる手当てをしていないことからもわかるように、旧法の取扱いが維持されている。民法上の債権と信託法上の受益権は法的に異なるものとして位置づけられており、整備法による改正後の信託法第93条第2項は、信託受益権に特有の規定と解することになる。

　他方、シンジケートローン契約における貸付債権は、民法上の債権として扱われるので、シンジケートローン契約上の地位の移転ではなく、通常の債権譲渡として譲渡されれば、シンジケートローン契約で譲渡が制限されていたとしても、有効に譲渡される（新法第466条第2項）。本論の説明のとおり、新法第466条第1項ただし書は旧法を維持しており、このような貸付債権はこれまでも「性質」上譲渡が許されない債権に該当するとは考えられてこなかった。新法の下でも同様に解される。

　では、シンジケートローン契約に置かれている、複数の貸付人・エージェント間の協調行動に関する合意はどうなるのか。それら各契約条項の趣旨・内容次第ではあるものの、例えば、過半数の貸付人による意思決定がなければ権利行使をできない旨の契約条項や、エー

110　第3章　債権債務関係の展開

ジェントについての支払・分配に関する契約条項等は、貸付債権の権利行使の態様を定めるものであり、債権の弁済期や弁済方法についての定めと同列に論ずべき約定とも言える。そのように考えると、これらの条項は、譲渡対象の債権に内在する制約として、債権とともに譲渡され、譲受人を拘束するという考え方は十分成り立つ。譲渡債権の内容を調べれば、そのような制約があることは容易に判明するから、譲受人にとって隠れたリスクというわけでもない。このような解釈を通じて、複数の貸付人・エージェントによる協調行動や与信管理は一定程度維持され得るものと考えられる。

■Q3について

　本論において、期限の定めのない債権が譲渡された場合の問題が論じられている。その債権に譲渡制限特約が付いていた場合、譲受人が譲渡人に対して取立権限を付与しても、債務者は、もともと悪意又は重過失の譲受人からの履行請求を拒絶できる以上、そのような地位の譲受人から与えられた取立権限に基づく譲渡人からの履行請求も拒絶することができるとする見解がある。この立場によると、期限の定めのない債権の場合は、履行遅滞に陥ることがないように見える。しかし、このような見解は新法の解釈論として疑問であると言わざるを得ない。

　債務者対抗要件及び第三者対抗要件が具備されていることを前提とした場合、悪意又は重過失の譲受人であっても、当該債権の債権者になるというのが新法の規律である。譲渡制限特約が付されていても、譲渡対象となった債権の内容自体が変容するわけではなく、譲受人は取立権限を有する債権者となる。ただし、特約を付していた債務者との関係で権利の行使方法が一定の制限に服するに過ぎない。このため、合意により譲受人から譲渡人に対して取立権限が付与された場合には、譲渡人との関係においてまで、債務者に対する付遅滞の請求権限がないと解する必要はない。「自分が有していない権限を付与できない」という議論が妥当する局面ではないからである。それに、このような

最低限の請求権限すら認められないとすると、譲渡担保の設定後も譲渡人の事業活動が問題なく継続している間は譲渡人が直接債権の弁済を受け続けるという典型的な ABL 等の場面において支障が生じかねず、資金調達の円滑化という法改正の趣旨が損なわれかねない。

■Q5について

新法下の譲渡制限特約の新しい規律では、債務者の弁済先固定の利益を保護するために必要な効力を法律で定めている。したがって、譲渡制限特約に違反する債権譲渡があっても基本的に債務者には不利益が及ばない。それにもかかわらず違約金の支払や契約解除等のサンクションを課す特約をする場合、不当な条項として公序良俗（新法第90条）違反を理由に効力が制限されることはあり得る。また、特約違反を理由として債務不履行に基づく解除権の行使をすることが、権利濫用の法理により認められないこともあろう。

もっとも、新法においても、譲渡制限特約の効力そのものが無効とされるわけではないため、特約違反の債権譲渡に特別なサンクションを課す合意であっても、それが合理的な理由に基づくものであるならば、必ずしも常にその効力が認められないと解する必要はない。合意がされた目的や合意により保護しようとする当事者の利益等を踏まえ、個別事例ごとに判断されることになろう。

すなわち、新法下で保護される債務者の利益は、弁済先を固定する利益（弁済先が変わることによる二重払の防止、事務手間の回避や、相殺権の確保）である。そのため、譲渡人及び債務者の間で、このような利益とは別の利益を保護する目的をもって特約が定められ、特約違反に対する特別なサンクションが合意された場合において、それに合理性が認められるときは、合意自体の効力を否定的に解する必要はない。本論では、反社会的勢力排除のために設定された特約の違反時に債務不履行に基づく解除権を行使することや、シンジケートローンの融資契約において特約違反時にエージェント・複数の貸付人間の協調行動を維持するための合意の例が挙げられている。これらは、特約に弁済

112　第3章　債権債務関係の展開

先固定の利益以外の利益保護を含める趣旨と言えるため、原則として
サンクションの行使が可能と考えられるが、シンジケートローンの場
合は、譲渡債権に内在する制約として合意が譲受人を拘束するという
処理が可能ではないかと思われる。いずれにせよ、具体的にどのよう
な場合にどのような合意が有効とされるかは、取引の態様に応じ、今
後議論が深められることが期待される。

■Q7について
　本論では、いわゆるコミングリングリスクに対する実務対応が検討
されている。まず、譲渡担保権者が金融機関である場合に、担保権設
定者名義の弁済金回収口座の預金債権と被担保債権(又は回収金引渡
請求権)とを相殺することについて、倒産法上の相殺禁止の例外との
関係が検討されている。
　譲渡担保に供された譲渡制限特約付債権の債務者が、弁済金を譲渡
人名義の預金口座に振込入金した場合、譲渡対象である債権自体はそ
の金額の限度で消滅するが、弁済金が同一性・特定性をもって預金口
座に残ることになる。当該預金口座が譲渡担保権者である金融機関に
開設されているのであれば、その預金債権を受働債権、被担保債権を
自働債権とする相殺について、譲渡担保権者が有する相殺への期待は、
合理的なものとして保護されると解される。
　この場合に、相殺が保護される要件として、担保権設定者及び債務
者が事前に(譲渡担保権設定時までに)弁済先口座を決め、自由に変更
できないように合意しておくこと(「強い振込み指定」)まで必要とは
考えなくともよいだろう。弁済先口座の指定がどのようにされたかに
かかわらず、譲渡制限特約付債権の弁済として譲渡担保権者に開設さ
れた預金口座に入金があり、当該債権の弁済金としての同一性・特定
性がトレース可能であるならば、譲渡担保権者の相殺への期待は保護
されると考えるべきである。
　譲渡制限特約付債権の譲受人や譲渡担保権者が預金開設金融機関で
はない場合は、以上のような相殺による回収を図ることができない。

そこで本論は、コミングリングリスクに対する実務対応が、自己信託の設定等手段が限定される旨を述べた上で、公共工事前払金に信託の成立を認めた最判平成14年1月17日民集56巻1号20頁等の判例を念頭に、解釈により譲受人・譲渡担保権者を保護する可能性に言及する。

　上記平成14年最判等の事例では、信託の効力が及ぶとされた金銭が専用口座により保管され、実質的利益帰属主体（受益者）による同意がない限り使用も禁止されるような厳格な分別管理がされている。他方、譲渡制限特約が付された売掛債権等が譲渡担保に供される一つの典型例としてABLが考えられるが、ABLでは、担保権設定者の信用状態が悪化するまでの間、担保権設定者自身が当該債権の回収金を用いて事業運営をすることが想定される。そのため、譲渡担保に供された債権の弁済金を管理する専用口座が特定されたとしても、必ずしも平成14年最判等の事例と同水準の分別管理が認められるとは言えない場合もあろう。

　このように、担保権設定者の信用状態が悪化したものの法的倒産には至っていない段階で担保権設定者が弁済金を受領し、その後引渡前に法的倒産手続が開始された場合には、一定の限度でコミングリングリスクが残る可能性はある。しかし、そのリスクを最小化する実務対応も不可能ではないし、このリスクをもって、譲渡制限特約付債権の担保としての機能が著しく害されるという評価をする必要はないように思われる。

■Q8について

　譲渡制限特約付債権を目的とする質権が設定された場合、その質権実行の場面では、新法第466条の4第1項の適用はないことから、新法第466条第2項以下が適用される点は本論記載のとおりである。新法第466条第3項に従い、当該債権の債務者は、特約の効力を主張して質権者からの履行請求を拒絶することができ、質権設定者に対する弁済及び相殺を対抗することができる。これに対し、質権の目的と

114　第 3 章　債権債務関係の展開

なった債権の弁済期が被担保債権の弁済期よりも先に到来した場合の条文の適用関係についても、本論記載のとおり、新法第 466 条の 2 ではなく、民法第 366 条第 3 項が適用されると考えられる。当該債権の債務者は、同項に基づく供託をすることになり、質権者は、供託還付金請求権を目的とする質権を有することになる。その結果、譲渡担保権を設定した場合と若干異なる帰結となるが、質権か譲渡担保権かを問わず、平時においては担保権設定者が担保対象債権の弁済金を受領することが多いという実務を前提にすると、この差異を問題視する必要はないものと考えられる。

　本論では続いて、質権設定者が破産した場合に、条文の文言上は新法第 466 条の 3 を質権者に適用できないことに言及する。これが新法立案過程の議論に忠実な解釈である。しかし、質権と譲渡担保権は、担保権としての機能や法律上の位置づけ（倒産法上の取扱いを含む）に大きな違いはなく、また、担保権実行の局面においてもほとんど差異は生じない。それにもかかわらず、新法第 466 条の 3 という担保権者の回収局面で機能する条文の適用関係に差異が生じるのは合理的ではなく、また、そのような区別をする政策的な理由も存在しない。法制審議会民法（債権関係）部会においては、質権の場合は後順位者が存在し得るため権利関係が複雑化するとの指摘もされたが、もともと債権質で後順位の質権者が存在すること自体、稀なケースであり、それを理由に上記のような差を設けるのは十分説得的ではない。したがって、金銭債権の全額を目的とする質権が設定された場合には、新法第 466 条の 3 を類推適用し、質権者による別除権行使時において、同条に基づく供託請求を認めるべきではないかと思われる。

●「第 3　異議なき承諾の廃止」について

　旧法第 468 条第 1 項の異議をとどめない承諾は、特段の異議を留保せずに債務者が債権譲渡を承諾しただけで、抗弁切断効を有すると解されていた。そのため、このような効果を意識しないまま債権譲渡を

第 1 節　債権譲渡　本論に対するコメント（内田貴）　115

承諾した債務者にとっては酷な結果となることから、新法では異議を
とどめない承諾の制度を廃止し、抗弁放棄の意思表示がない限り、抗
弁切断効は生じないこととした。新法の下では、承諾書等の中に抗弁
放棄の条項があるような場合、その効果を明確に意識せずに承諾がさ
れた可能性があると、有効性に疑義が生じる。まして、包括的な抗弁
放棄や債権の存否に関する抗弁放棄の意思表示については、この点が
争いになるおそれが大きい。

　他方で、包括的な抗弁放棄や債権の存否に関する抗弁放棄であるか
らと言って、それだけで常に意思表示の効力が否定されるとまで解す
る必要はないと本論では指摘されているが、問題は真意に基づくか否
かであるから、理論的には、指摘のとおりである。

　本論では、抗弁放棄の法的意義を理解するだけの知識・経験のある
債務者が、真意に基づき抗弁放棄を行う場合には、抗弁放棄の効力を
否定的に解する必要はないと指摘されている。包括的な抗弁放棄に
よって債権譲渡のリスクを低減することが債務者にとっても有利な取
引は存在するから、その合理性の有無については、抗弁放棄の意思表
示を行う目的、取引態様や当事者間の関係等を踏まえて判断されるこ
とになろう。本論ではファクタリングの事例等も紹介され、広く抗弁
の放棄をすることが合理的な場合もあることが示唆されている。

　ただし、抗弁放棄の意思表示の効力や放棄される抗弁の範囲につい
て、慎重な判断が要請されることは当然で、例えば消費者が包括的な
抗弁放棄の意思表示を事業者から求められるような場合には、一層慎
重な判断が求められよう（消費者契約法の適用も問題となる）。

116 第3章 債権債務関係の展開

第2節 保証

第1 総論

> Q1 保証について、どのような改正がされたか。

解 説

保証に関する改正は多岐にわたるが、実務に大きな影響を与えると思われる事項としては、①事業性借入れを対象とする個人（根）保証について、保証意思を公正証書（保証意思宣明公正証書）により確認しなければならないとする制度の新設、②保証人保護のための情報提供義務の新設、③個人根保証に関する規律の適用対象の拡大、④連帯保証人に対する履行請求の相対効化が挙げられる。加えて、保証の基本的な内容に関する事項の明文化や、保証人と主債務者の関係（求償権・通知義務等）に関する事項についても一定の改正が行われている。

1 保証意思宣明公正証書の制度新設

新法では、事業のために負担した貸金等債務を対象とする個人保証・個人根保証は、保証契約の締結前1か月以内に、公正証書で「保証債務を履行する意思」を確認しなければ、原則として無効とされた（新法第465条の6）。ただし、個人保証人が主債務者の経営者である場合等新法第465条の9で定める適用除外に該当する場合は、このような保証意思宣明公正証書の作成は不要である。

個人による保証契約は、親族や知人等に依頼され、個人的情義により安易に締結されることが多い一方、保証人が予想外に多額の債務を負担させられ、生活が破綻するような事例も見られる[1]。とりわけ保証人にとって過酷な結果を招くのは、主債務が多額になることが多い

事業性借入れである。他方で、過度な個人保証人の保護は、かえって中小企業が融資を受けにくくなるなどの指摘もされたことから、このような資金調達者側の要請と個人保証に依存し過ぎない融資慣行の確立とのバランスをとることが求められた[2]。そこで新法は、個人保証を全面的に禁止するような規律にはせず、公的な機関である公証人が関与して、保証人になろうとする者にリスクを認識させる手続を設けることにした。

2 保証人に対する情報提供義務の新設

旧法において、保証人に対する情報提供に関する規定は存在せず、情報提供義務や違反時の保証の効力については、信義則等の一般条項や錯誤等の意思表示に関する規律の解釈に委ねられていた。

新法では、主に保証人保護の観点から、①保証契約締結時の主債務者の情報提供義務（新法第465条の10）、②主債務の履行状況に関する債権者の情報提供義務（新法第458条の2）、③主債務者が期限の利益を失った場合の債権者の情報提供義務（新法第458条の3）の三つの情報提供義務を新設している。これらの義務の対象や時点等については、概要**図表3-6**のとおりである。

図表3-6：保証人に対する情報提供義務

	主債務者の 情報提供義務	債権者の 情報提供義務①	債権者の 情報提供義務②
時点	契約締結時	保証人の請求時	主債務の期限の利益喪失から2か月以内

---

1) 本段落全体について、一問一答140頁。
2) 衆議院法務委員会議事録第9号2頁〔小川秀樹政府参考人発言〕、20頁〔盛山正仁法務副大臣発言〕、衆議院法務委員会議事録第11号12頁〔金田勝年法務大臣発言〕、参議院法務委員会議事録第9号17頁・22頁〔小川秀樹政府参考人発言〕、18頁・22頁〔金田勝年法務大臣発言〕等。

	事業のために負担する債務について委託を受けた保証人（個人のみ）	委託を受けた保証人（個人・法人）	保証人（個人のみ、委託の有無を問わない）
保証人の範囲	事業のために負担する債務について委託を受けた保証人（個人のみ）	委託を受けた保証人（個人・法人）	保証人（個人のみ、委託の有無を問わない）
情報の内容	主債務者の財産・収支・負債の状況等	主債務（元本・利息等）の不履行の有無・残額等	主債務の期限の利益喪失
違反時の効果	債権者が悪意又は有過失である場合に、保証人による保証契約の取消しが可能	規定なし	通知時までの遅延損害金相当額の保証履行の請求不可

3　個人根保証に関する規律の適用対象の拡大

　旧法は、根保証のうち、主債務の範囲に貸金等債務（金銭の貸渡し又は手形の割引を受けることによって負担する債務）を含む個人による根保証契約を「貸金等根保証契約」と定義して、極度額や元本確定に関する規律を置く（旧法第465条の2～第465条の5）。

　新法は、個人根保証人の保護の観点から、旧法における貸金等根保証契約の規律の一部を、貸金等根保証契約以外の根保証契約にも及ぼすこととした。具体的には、旧法第465条の2の適用対象を個人根保証一般に拡大し、「一定の範囲に属する不特定の債務」を主債務とする個人根保証について、極度額の定めがない限り無効とした（新法第465条の2）。また、新法は、貸金等根保証契約の元本確定事由として定められていた事由のうち、①保証人の財産についての強制執行等の申立て、②保証人についての破産手続開始の決定、③主債務者又は保証人の死亡[3]を、個人根保証一般の元本確定事由としている（新法第465条の4第1項）。他方、④主債務者の財産についての強制執行等の申立て、⑤主債務者についての破産手続開始の決定については、引続き貸金等根保証契約のみの元本確定事由とし（同条第2項）、個人根保

証一般の元本確定事由とはされていない。例えば不動産の賃借人の債務を根保証の対象とする場合、主債務者である賃借人についてこれらの事由が生じても、引き続き賃貸が維持される場合が想定され、このような場合の保証契約継続の必要性を踏まえたものと説明されている[4]。

なお、旧法における貸金等根保証契約の規律のうち、元本確定期日を最大5年後とする規律等を定める旧法第465条の3の規定は、貸金等根保証契約以外の根保証には拡大されておらず、旧法の規律は変更されていない（新法第465条の3）。

4 連帯保証人に対する履行請求の相対効化

連帯債務者の一人に生じた事由の効力に関する規定、すなわち連帯債務者の一人に生じた事由の効力が他の連帯債務者にも及ぶかという絶対的効力・相対的効力に関する規律は、連帯保証の場合に準用される（新法第458条）。この点は旧法と同じであるが、準用されるルール（連帯債務の絶対的効力・相対的効力に関する規律）の内容が改正されることに伴い、連帯保証についても帰結が変わることになる。

具体的には、新法の下では、連帯債務者の一人に対する履行請求は原則として他の連帯債務者に及ばないとされたため（相対的効力の原則、新法第441条）、連帯保証人に対する履行請求の効力も、主債務に及ばないことになる。その結果、旧法では連帯保証人に対する履行請求により主債務についても時効中断（新法では更新）の効果が生じていたが、新法では当然にそのような効果が認められなくなるという違いが生じる。もっとも、この点は債権者と主債務者の間の合意により

---

3) 保証人が死亡した場合、既発生の保証債務のみが相続の対象になり、その後の根保証は発生しないことになり、不動産賃貸借に関する継続的保証の相続を認めた判例（大判昭和9年1月30日民集13巻103頁）の立場を変えるものと考えられる。中田ほか192頁〔沖野眞已〕。
4) 衆議院法務委員会議事録第11号19頁〔小川秀樹政府参考人発言〕、参議院法務委員会第13号26頁〔小川秀樹政府参考人発言〕、一問一答138頁。

120 第3章 債権債務関係の展開

絶対的効力に変更することも可能とされているため（同条ただし書）、このような合意をする限り、債権者の債権管理の実務に影響は生じない。

5 その他の改正

新法は、保証の基本的な内容に関する事項について、旧法化で一般的とされていた解釈を明文化する。具体的には、主債務の目的又は態様が保証契約の締結後に加重されたときでも、保証人の負担は加重されない旨を明文で定めた（新法第448条第2項）。また、保証人が、主債務者が主張できる抗弁を債権者に対抗できる旨を明記した（新法第457条第2項）。旧法の規定上は相殺の抗弁のみが挙げられていたが、相殺以外の抗弁についても保証債務の附従性に基づき主張可能と解されていたことに基づく[5]。加えて、主債務者が債権者に対して相殺権、取消権又は解除権を有するときは、これらの権利行使により主債務者が主債務の履行を免れる限度で、保証人は、債権者に対して保証債務の履行を拒絶できるとした（同条第3項）。

以上のほかには、保証人が主債務者に対して有する求償権の規律等、保証人と主債務者の関係に関する事項についても、従来の解釈論や判例を明文化するものを中心に、一定の改正がなされている。

5）最判昭和40年9月21日民集19巻6号1542頁。

第2　保証意思宣明公正証書の制度の新設

Q2
保証意思宣明公正証書の作成を要する事業性借入れの範囲について、どのように考えればよいか。

解　説

1　問題の所在

　新法は、「事業のために負担した貸金等債務」を主債務とする個人保証及び主債務の範囲に「事業のために負担する貸金等債務」が含まれる個人根保証について、公正証書により保証意思を確認しない限り無効とする保証意思宣明公正証書に関する規律を新設した（新法第465条の6）。新しい規律の適用については、主債務の貸金等債務が「事業」のために負担した（負担する）ものであるか否かが重要なポイントとなる。

2　「事業」の範囲

　「事業」は、一般に、一定の目的をもってされる同種の行為の反復継続的遂行を言い、例えば、製造業を営む企業が工場の建設や原材料の購入を使途として借入れを行う場合等が典型例と考えられている[1]。営利の要素は必要ないと解されているため[2]、非営利目的の団体（医療法人、公益法人やNPO等の非営利法人、団体等）がその活動のために借入れを行う場合も「事業」性の借入れに該当するものと言える。

　これに対し、子供の奨学金や居住用不動産の購入・建築資金、冠婚葬祭のための資金等を使途とする借入れは、「事業」のためにするも

1)　一問一答147頁。
2)　一問一答147頁、部会資料78A・20頁。

122 第3章 債権債務関係の展開

のではないと考えられる[3]。これらが該当しない理論的な根拠を、「事業」の対概念である「消費」[4]のために負担した債務であることに求め、自己利用を目的とする物やサービスの購入は「消費」であると説明する見解がある[5]。他方、消費者契約法における「事業」と民法における「事業」は文脈を異にするものであり、改正法において事業と消費が対概念であることまで想定されていないとの指摘もある[6]。後者の立場からは株式投資や競馬・競輪を反復継続の意思で行う場合（結果的に単発の取引で終わった場合を含む）も「事業」に該当するとされているようであり[7]、「事業」の外延は必ずしも明確ではない。改正法の趣旨が個人保証人の保護にあるため、「消費」というような概念に当たるかどうかを問わず、反復継続することにより過大な債務を負いかねない性質のものについては、保証意思宣明公正証書の作成を要する「事業」性の借入れに該当すると解される可能性は否定できないように思われる。判例や解釈の蓄積があるまでは、保守的な実務運用が志向されるのではないかと予想される。

　「事業」性の有無が問題となる場合として、個人の相続税対策等に伴うアパートローンが議論されることが多い。しかし、アパートローンは賃貸用不動産の建築又は購入資金の借入れであり、少なくとも賃貸については反復継続性が認められるため、「事業」のために負担する借入れに該当するものと解される[8]。この点については、所得税法の不動産所得の「事業」性の判断基準（貸間・アパートは独立した室数概ね10室以上、独立家屋は概ね5棟以上）を参考にすべきでないかとの

---

3)　衆議院法務委員会議事録第9号17頁〔金田勝年法務大臣発言〕、一問一答147頁。
4)　消費者契約法第2条第1項・第2項参照。
5)　井上＝松尾137頁〜138頁。
6)　潮見＝岡＝黒木84頁〔潮見佳男発言〕。
7)　潮見＝岡＝黒木85頁。これに対し、衆議院法務委員会議事録第9号17頁〜18頁〔金田法務大臣発言〕では、「ギャンブルでお金を借りる場合」について事業性を否定する趣旨の答弁もされている。
8)　一問一答147頁〜148頁注、井上＝松尾138頁。

指摘もされている[9]。しかし、条文上はこのような規模や量的な要素を「事業」性の判断において考慮する手がかりがなく、現実に基準を設定することが難しい場合も多いと考えられるため、とり難い解釈論であろう。また、店舗兼居住用不動産の建築・購入資金を使途とする借入れを主債務とする保証のように、「事業」と非「事業」の両方が含まれる場合であっても、店舗部分の割合にかかわらず、保証契約全体について保証意思宣明公正証書が必要になるものと考えられる。これは、根保証について、主債務の範囲に事業性借入れが「含まれる」ものに保証意思宣明公正証書が必要とされている新法第465条の6第1項の取扱いとも整合する。したがって、保証意思宣明公正証書を欠いた場合に、店舗部分に対応する保証のみが一部無効になるわけではなく、保証契約全体が無効になると解されよう。

3 判断の基準時点

判断の基準時について、立案担当者は、事業性借入れの該当性は、借主がその貸金等債務を負担した時点を基準時として、貸主と借主との間でその貸付け等の基礎とされた事情に基づいて客観的に定まると説明する[10]。そのため、借入れ時に事業資金を資金使途とする貸付けが行われた場合、貸付け後に事業以外に当該資金が用いられたとしても、「事業のために負担した（負担する）貸金等債務」の該当性は否定されない[11]。逆に、借入れ時には非事業用のものとして貸付けが行われたにもかかわらず、貸付け後に事業資金に流用されたような場合、保証意思宣明公正証書が作成されていなくても、当該貸付けの個人保証が無効とされることはないとされる[12]。なお、借入れ時において、借主が事業資金であることを明らかにせず、貸主も事業資金であるこ

---

9) 足立格監修・相木辰夫著『民法改正と金融取引における対応ポイント（銀法2017年9月増刊号（819号））』（経済法令研究会、2017年）30頁～31頁。
10) 一問一答147頁。
11) 一問一答147頁。
12) 一問一答149頁、法制審議会第88回議事録50頁〔脇村真治関係官発言〕。

124　第3章　債権債務関係の展開

とを認識していないで行われた貸付けは、現に当該資金が事業資金に流用されたとしても「事業」性の要件は充足しないと説明されている[13]。しかし他方で、資金使途が特定されておらず、その債務が事業のために負担するものである可能性が排除されない場合の根保証（例えば、使途が特定されていないキャッシングカードを用いた借入れの根保証）は、保証意思宣明公正証書の作成を要するとされており[14]、実務的には、資金使途の明確化やこれを裏づける資料の授受等の運用がされることが予想される[15]。

　上記の立案担当者による説明は、借主が貸金等債務を負担する際に（根）保証契約も締結されることを前提としているようであるが、（根）保証契約の締結は必ずしも貸金等債務の負担時点とは限らないため、これらの時点が異なる場合、（根）保証契約の締結時点にも着目すべきであろう[16]。例えば、非事業用の借入金が事業に流用された後に当該貸金等債務について（根）保証契約を締結する場合、保証契約締結時点で主債務は事業性借入れである以上、保証意思宣明公正証書の作成を要すると解すべきである。一方、根保証については、実際に借入れが行われる前に根保証契約の締結がされる場合もあり得ると思われるが、主債務に事業性借入れが含まれる可能性を排除できない場合、（結果的に事業性借入れが含まれないことになるとしても）根保証契約締結に際して保証意思宣明公正証書の作成を要することになると考えられる。

13)　一問一答147頁。
14)　部会資料78A・20頁。
15)　債権法研究会165頁〔松嶋一重〕。
16)　法制審議会第88回議事録50頁〔脇村関係官発言〕。本文で述べた立案担当者の説明は、貸金等債務を負担する時点と保証人が（根）保証契約を締結する時点が同一であることが（暗黙の）前提となっているようにも見受けられるため、必ずしも異なる考え方とは言えない。

第2節　保証　第2　保証意思宣明公正証書の制度の新設　125

> **Q3** 保証意思宣明公正証書の作成を要する保証人から除外される経営者等の範囲について、どのような者が該当するか。

解　説

1　経営者保証の例外

　事業性借入れを対象とする個人（根）保証であっても、当該保証人が新法第465条の9に定める経営者（具体的には**図表3-7**参照）に該当する場合、保証意思宣明公正証書の作成は不要である。主債務者の事業の状況を把握できる立場にあり、保証のリスクを十分に認識せずに（根）保証契約を締結するおそれが類型的に低いと考えられることによるものと説明されている[1]。

図表3-7：保証意思宣明公正証書作成を要しない個人保証人の範囲

＜主債務者が法人の場合＞
・　　主債務者の理事、取締役、執行役又はこれらに準ずる者
・　　次に掲げる者
　①　主債務者の総株主の議決権（株主総会において決議をすることができる事項の全部につき議決権を行使することができない株式についての議決権を除く。以下同じ）の過半数を有する者
　②　主債務者の総株主の議決権の過半数を他の株式会社が有する場合における当該他の株式会社の総株主の議決権の過半数を有する者
　③　主債務者の総株主の議決権の過半数を他の株式会社及び当該他の株式会社の総株主の議決権の過半数を有する者が有する場合における当該他の株式会社の総株主の議決権の過半数を有する者

---

1)　衆議院法務委員会議事録第11号5頁、11頁、16頁〔小川秀樹政府参考人発言〕、参議院法務委員会議事録第9号17頁〔小川秀樹政府参考人発言〕等、一問一答151頁。

126 第3章 債権債務関係の展開

④ 株式会社以外の法人が主債務者である場合における上記①、②又は③に掲げる者に準ずる者

＜主債務者が個人の場合＞

・ 主たる債務者（法人であるものを除く。以下同じ）と共同して事業を行う者又は主たる債務者が行う事業に現に従事している主たる債務者の配偶者

2 法人の場合

(1) 理事、取締役、執行役又はこれらに準ずる者

　主債務者が法人である場合において、個人保証人が当該法人の「理事、取締役、執行役又はこれらに準ずる者」であるときには、保証意思宣明公正証書の作成を要しない（新法第465条の9第1号）。

　「理事、取締役、執行役又はこれらに準ずる者」は、法律上正式に法人の重要な業務執行を決定する機関又はその構成員の地位にある者を言うと解されている[2]。必ずしも代表権を有する必要はなく、また社外取締役も含まれる[3]。「準ずる者」とあるが、これも法律上正式に法人の業務執行権限に関与することが認められる者[4]であり、株式会社の監査役や一般社団・財団法人の監事・評議員等は該当しないとされる[5]。

　立案過程において、「理事、取締役、執行役又はこれらに準ずる者」と「同等以上の支配力を有する者」も列挙されていたが、不明確であ

---

2) 参議院法務委員会議事録第9号2頁〔小川政府参考人発言〕、一問一答153頁。

3) 衆議院法務委員会議事録第11号11頁〔小川政府参考人発言〕、一問一答153頁、部会資料78A・21頁。

4) 宗教法人における責任役員、持分会社における業務執行社員等が該当する（参議院法務委員会議事録第9号2頁〔小川政府参考人発言〕）。また、いわゆる「執行役員」と呼ばれている者であっても、正式に理事、取締役又は執行役の地位になく従業員に過ぎないのであれば当たらない（一問一答153頁、参議院法務委員会議事録第9号2頁〔小川政府参考人発言〕）。

5) 一問一答153頁。

るとの批判を受けて削除された[6]。このような経緯に鑑みると、実質的に経営に関与していること等を理由として解釈によって例外の範囲を拡張することは難しいと考えられる。例えば、引退後の役員は、いかに経営に関する影響力・支配力を有していても、現に上記の役職に就いていない限り例外の適用を受けず、同様に、事業承継候補者等将来的に経営参加が見込まれる者も、保証契約締結時点で上記の役職に就いていなければ、やはり保証意思宣明公正証書を作成が求められると解される。名前を貸しているだけの名目取締役については、実質解釈により例外の適用対象外とする立論もあり得るとの指摘があるが[7]、上記のとおり、新法第465条の9第1号の例外は形式的・客観的な明確性を重視して立案されており、この点だけ実質的な解釈論を展開することはできないと考えられる。

(2) 支配株主等

主債務者が法人である場合において、個人保証人が当該法人の過半数の議決権を直接又は間接に有する場合も例外に該当し、保証意思宣明公正証書の作成は不要である（新法第465条の9第2号）。上記(1)と同様、実質的な解釈を許すものではなく[8]、例えば少数株主が強い影響力・支配力を有しているとしても、この例外の適用を受けるものではない。

「議決権」からは「株主総会において決議をすることができる事項の全部につき議決権を行使することができない株式についての議決権を除く」ものとされているため、議決権制限種類株式を有する株主は例外の対象者ではない。同様に、制度上、出資者について議決権が認められない法人（一般社団法人、医療法人等）に関しては、出資者がこの例外の適用を受けることはないと解されよう。

---

6) 部会資料76A・8頁。
7) 潮見＝岡＝黒木88頁〔潮見佳男発言・黒木知彰発言〕。
8) 一問一答151頁。

128 第3章 債権債務関係の展開

3 主債務者が法人以外の場合

(1) 共同事業者

主債務者が個人の場合（新法第465条の9第3号の文言上は「法人であるものを除く」とされている）における経営者保証の例外は、法人の場合と異なり、実質的な解釈を要するものである。

例外の一つ目の類型は、主債務者と「共同して事業を行う者」である（新法第465条の9第3号）。「共同して事業を行う」の意味は、組合契約（民法第667条第1項）の「共同の事業」と同様に、いずれの当事者も、業務執行の権限や代表権限、業務執行に対する監督権限等、事業の遂行に関与する権利を有するとともに、その事業によって生じた利益の分配がされるなど事業の成功・失敗に直接的な利害関係が認められる場合を指すとされる[9]。例えば、共同して事業を遂行するため当該事業に出資をするとともに事業の遂行の一部を担っているなど、いわゆる共同事業者である場合には主債務者と「共同して事業を行う者」に該当すると説明されている[10]。

民法上の組合契約は原則として各組合員が債務（無限責任）を負担することから、組合の事業に関する貸金等債務について組合員の保証が必要となるケースは多くないように思われる。この例外の適用対象は民法上の組合契約に限定されるものではないが、要件該当性の判断は難しく判断に迷う場合は公正証書の作成を行うことになるとの指摘もされている[11]。

(2) 事業従事配偶者

例外の二つ目の類型は、主債務者が行う事業に現に従事している主債務者の配偶者である（新法第465条の9第3号）。「配偶者」は形式的

---

9) 一問一答154頁、部会資料78A・20頁。
10) 参議院法務委員会議事録第14号21頁〔小川秀樹政府参考人発言〕。
11) 井上＝松尾96頁。

第2節　保証　第2　保証意思宣明公正証書の制度の新設　129

に判断され、法律上の配偶者であることを要し、事実婚の配偶者は対象外である[12]。このような例外が認められた理由としては、個人事業主に関しては経営と家計が未分離で配偶者を保証人として金融機関から融資を受ける事例も少なくない、事業に従事している配偶者は事業の状況を知り得る立場にあり保証のリスクを認識し得る、配偶者間では事業の損益を実質的に共有する立場にある、などと説明されている[13]。

　しかし、主債務者の配偶者を経営者保証の例外に含めることについては、配偶者こそ個人的な情義に基づき安易に保証をしてしまう場合の典型例であるため、保証意思宣明公正証書による個人保証人保護の趣旨が損なわれるとの懸念があり、立案過程を含め、反対する意見も多い[14]。衆参両院の法務委員会の附帯決議でも、経営者保証の例外である「主たる債務者が行う事業に現に従事している主たる債務者の配偶者」については、新法施行後の状況を勘案し、必要に応じ対応を検討する旨が明記された。このような背景があるため、「事業に現に従事している」の要件は厳格に解釈され、他の例外と同等すなわち主債務者の業務の執行や決定に主体的に関与する実態が必須とされることが想定されよう[15]。例えば、書類上事業に従事しているだけの場合、清掃や顧客対応等の事務作業のみを行い会社の経営に実質的に関わらない場合や保証契約締結時に一時的に従事しているだけでは足りないと指摘されている[16]。

12)　衆議院法務委員会議事録第15号5頁〔小川秀樹政府参考人発言〕、一問一答156頁。
13)　衆議院法務委員会議事録第12号2〜3頁〔小川秀樹政府参考人発言〕、参議院法務委員会議事録第14号19頁〜20頁〔金田勝年法務大臣発言〕・21頁〔小川政府参考人発言〕等、一問一答155頁。
14)　衆議院法務委員会議事録第11号5頁〜6頁〔山尾志桜里委員発言〕、参議院法務委員会議事録第14号19頁〜22頁〔仁比聡平委員発言〕、37頁〔東徹委員発言〕等、一問一答155頁、潮見774頁注337等。
15)　潮見＝岡＝黒木89頁〔潮見発言〕、中田ほか199頁〔沖野眞已〕。

130　第 3 章　債権債務関係の展開

4　経営者保証の例外に該当しなかった場合

　経営者保証の例外に該当すると判断して保証意思宣明公正証書を作成せずに（根）保証契約を締結したものの、実際は例外事由に該当しなかった場合、原則どおり当該（根）保証契約は効力を有しない（新法第 465 条の 6 第 1 項)[17]。そのため、経営者保証の例外に依拠する場合、債権者としては、十分な根拠資料の提出を受けるなどの実務対応が必要となる。

　経営者保証の例外に該当しないことが後から判明した場合であっても、保証人に対して一定の責任追及は可能と考えられ、例えば、保証人が真実に反する申告を行い経営者保証の例外に該当しないにもかかわらず債権者を誤信させた場合等は、少なくとも不法行為に基づく損害賠償請求（民法第 709 条）による救済が考えられよう[18]。しかし、この場合の損害は、経営者保証の例外が得られなかったことにより債権者が被った損害であるため、保証額そのものとは限らず、他の要件（故意・過失や因果関係）とともに、その主張・立証には困難を伴う可能性がある。また、権利外観法理（表見法理）により保証無効を否定する主張も考えられなくはないが、個人（根）保証人を類型的に保護するという保証意思宣明公正証書の制度趣旨に鑑み、取引安全の保護に基づく権利外観法理による救済の対象となり得るか議論の余地があるように思われる。

　なお、実務上の対応策として、経営者保証の例外に該当することを保証人に表明保証させ、違反があった場合には補償責任を負担させる方法があり得ることが指摘されている[19]。他方で、そのような表明保

---

16)　衆議院法務委員会議事録第 12 号 3 頁〔小川政府参考人発言〕、参議院法務委員会議事録第 14 号 20 頁〔小川政府参考人発言〕、一問一答 155 頁〜 156 頁、潮見＝岡＝黒木 89 頁〔潮見発言〕、中田ほか 198 頁〔沖野〕。

17)　衆議院法務委員会議事録第 15 号 8 頁〔小川政府参考人発言〕、参議院法務委員会議事録第 9 号 23 頁〔小川政府参考人発言〕。

18)　衆議院法務委員会議事録第 15 号 8 頁〔小川政府参考人発言〕。

証に基づく損害賠償責任は新法第465条の6の強行法規性や消費者契約法第10条に照らし無効であるとの見解も主張されている[20]。上記のとおり保証人に対する損害賠償請求も認められ得るため、このような責任規定を一律に無効と解する必要はないと考えられる。しかし、表明保証に基づく損害補償の内容が、保証履行事由が生じた場合における保証額の支払義務を保証人に課すものであり、実質的に保証意思宣明公正証書を作成せずに保証契約を締結したのと異ならない場合等は、そのような責任規定の効力に疑義が生じるものと思われる。

19) 井上＝松尾97頁〜98頁。衆議院法務委員会議事録第15号10頁〔小川政府参考人発言〕でも、保証人と債権者との間で、保証人が債権者に対して自らが配偶者であることを確約して、それが事実に反し保証契約が無効である場合には一定の損害賠償金を支払う旨の特約を締結して債権者を保護するということは可能との答弁がされている。
20) 潮見＝岡＝黒木89頁〔潮見発言、黒木発言〕。

132 第3章 債権債務関係の展開

> **Q4** 保証意思宣明公正証書の作成手続はどのようなものか。保証意思宣明公正証書の作成後、主債務や保証の内容に変更が生じた場合に、保証の効力をどのように考えればよいか。

解 説

1 保証意思宣明公正証書の作成手続

　保証意思宣明公正証書は、（根）保証契約の締結に先立って、締結前1か月以内に、作成される必要がある。代理嘱託は認められず[1]、保証人が公証役場に赴き、公証人の前で保証意思を示して、公正証書を作成するという手続を踏むことが必要である（具体的な手続については**図表3-8**参照）。

　保証契約を公正証書で作成するのではなく、公正証書で確認されるのはあくまで保証人予定者の保証意思である。衆参両院の法務委員会における附帯決議でも確認されているとおり、保証意思宣明公正証書に執行認諾文言を付し、執行証書とすることはできない。

　公証人においては、保証意思を確認する際に、保証人予定者が保証しようとしている主債務の具体的な内容を認識していることや、保証のリスクを十分に理解していることを見極め、保証意思が確認できない場合には公正証書の作成を拒絶することが求められている（公証人法第26条）[2]。もっとも、債権者が事前に準備した書面を保証人予定者に棒読みさせるだけなどの場合には制度趣旨が形骸化するおそれがあるとの懸念も示されており[3]、制度の実効性を確保するためにどのような実務運用が適切か、今後模索されることになろう。

---

1) 衆議院法務委員会議事録第12号9頁、18頁～19頁〔小川秀樹政府参考人発言〕、一問一答142頁。
2) 一問一答145頁～146頁。
3) 衆議院法務委員会議事録第14号4頁〔新里宏二参考人発言〕、参議院法務委員会議事録第12号19～20頁〔佐々木さやか委員発言〕等、白石37頁～38頁。

第 2 節　保証　第 2　保証意思宣明公正証書の制度の新設　133

図表 3-8：保証意思宣明公正証書の作成手続

```
┌─────────────────────────────────────────────┐
│      保証意思の確認方法（新法第 465 条の 6 第 2 項）     │
└─────────────────────────────────────────────┘
┌─────────────────────────────────────────────────────────┐
│ 保証人になろうとする者が、以下の内容を公証人に口授                  │
│ 普通保証の場合： ◆主たる債務の債権者及び債務者、主たる債務の元本、主たる │
│                  債務に関する利息、違約金、損害賠償その他その債務に従たる │
│                  すべてのものの定めの有無及びその内容                    │
│                ◆主たる債務者がその債務を履行しないときには、その債務の全 │
│                  額について履行する意思※を有していること                  │
│                ※保証人になろうとする者が主たる債務者と連帯して債務を負担 │
│                  しようとするものである場合には、債権者が主たる債務者に対 │
│                  して催告をしたかどうか、主たる債務者がその債務を履行する │
│                  ことができるかどうか、又は他に保証人があるかどうかにかか │
│                  わらず、その全額について履行する意思                      │
│                                                                         │
│ 根保証の場合： ◆主たる債務の債権者及び債務者、主たる債務の範囲、根保証 │
│                  契約における極度額、元本確定期日の定めの有無及びその内容 │
│                ◆主たる債務者がその債務を履行しないときには、極度額の限度 │
│                  において元本確定期日又は元本確定事由が生ずる時までに生ず │
│                  べき主たる債務の元本及び主たる債務に関する利息、違約金、 │
│                  損害賠償その他その債務に従たる全てのものの全額について履 │
│                  行する意思※を有していること                              │
│                ※保証人になろうとする者が主たる債務者と連帯して債務を負担 │
│                  しようとするものである場合には、債権者が主たる債務者に対 │
│                  して催告をしたかどうか、主たる債務者がその債務を履行する │
│                  ことができるかどうか、又は他に保証人があるかどうかにかか │
│                  わらず、その全額について履行する意思                      │
└─────────────────────────────────────────────────────────┘
```

┌───┐
│ 公証人が、保証人になろうとする者の口述を筆記し、これを保証人になろうとする者に読み聞かせ、又は閲覧させる。 │
└───┘

┌───┐
│ 保証人になろうとする者が、筆記の正確なことを承認した後、署名し、印を押す。ただし、保証人になろうとする者が署名することができない場合は、公証人がその事由を付記して、署名に代えることができる。 │
└───┘

※保証人になろうとする者が口をきけない者である場合、耳が聞こえない者である場合の例外あり（新法第 465 条の 7）

2　保証意思宣明公正証書作成後の内容変更

　保証意思宣明公正証書は（根）保証契約の締結に先立って作成しなければならないことから、主債務の借入れに関する利率等公正証書に記載すべき事項がその作成時点で確定していない可能性がある。この点については、立案段階において、想定されている範囲の最大値によって公証人に対する口授が行われ、その範囲内で実際の内容が定められていれば、保証人は自己のリスクの内容を認識し得るため、要件を充足するとの説明がされており[4]、実務においてもこのような最大

---

4)　法制審議会第 95 回議事録 20 頁〔筒井健夫幹事発言〕、法制審議会第 92 回議事録 37 頁以下における議論。

134　第3章　債権債務関係の展開

値を定める運用がされることが予想される。もっとも、当該最大値と実際の保証契約の内容の乖離が著しい結果、保証意思宣明公正証書と実際の保証契約との同一性に疑義が生じるといった事態に陥る場合には、必要な要件を充足していないと解されるおそれも否定できない[5]。

　保証意思宣明公正証書が作成され、保証契約が締結された後に、主債務や保証の内容が変更される場合に、保証意思宣明公正証書を再度作成する必要があるか否かも問題となる。

　この点、変更内容が、公証人に口授されるべき事項である場合には、原則として保証意思宣明公正証書を再度作成する必要があるが、そのような事項に該当しない場合、保証意思宣明公正証書を再度作成することは要しない[6]。そのため、例えば、主債務の利率が増加する場合等においては保証意思宣明公正証書の作成をしない限り保証変更の効力が生じない一方で、主債務の弁済期の変更については保証意思宣明公正証書の作成なく、直ちに合意どおりの効力を生じさせることができる[7]。また、保証意思宣明公正証書は保証人保護のための制度であり、公証人に対する口授の対象となっている事項を変更する場合でも、主債務の利率の減少等、その変更内容が保証人にとって有利なものについては、新たに保証意思宣明公正証書を作成するまでの必要はないと解されている[8]。これらに対し、固定金利と変動金利の変更等、保証人にとって有利か不利か判然としない場合も存在し、その場合は保証意思宣明公正証書の再度の作成が必要になり得るとの指摘もされている[9]。

　保証契約の対象となった貸付債権が譲渡されたに過ぎない場合、債権の同一性は保たれているし、保証も随伴性によって譲受人に移転す

---

　5)　債権法研究会171頁〔松嶋一重〕、法制審議会第92回会議議事録37頁〔脇村真治関係官発言〕。
　6)　衆議院法務委員会議事録第13号5頁〔小川秀樹政府参考人発言〕。
　7)　衆議院法務委員会議事録第13号5頁〔小川政府参考人発言〕。
　8)　衆議院法務委員会議事録第13号5頁〔小川政府参考人発言〕、白石39頁、債権法研究会175頁〔松嶋〕。
　9)　井上＝松尾101頁、白石39頁。

るため、新たに保証意思宣明公正証書の作成は不要と考えられる。一方で、主債務である借入れが更改や借換え（リファイナンス）の対象になった場合には、元の主債務は消滅し、附従性により保証債務も消滅することになる。保証意思宣明公正証書においては当初の保証に関する保証意思しか確認されておらず、また、更改又は借換え後の主債務について保証を提供するためには新たな保証契約を締結する必要があることから、主債務や保証の内容が保証人に有利になる場合でも、当初の保証意思宣明公正証書を流用することは許されないと解されよう。ただし、根保証契約については、（主債務の範囲の合意内容次第ではあるものの、）更改又は借換え後の主債務もカバーされ得る。

136 第3章 債権債務関係の展開

> **Q5** 個人が事業性借入れについて、物上保証や併存的債務引受を行った場合、保証意思宣明公正証書の作成を要するか。

解　説

　新法は、個人保証人の保護を目的として、新たに保証意思宣明公正証書の制度や主債務者による情報提供義務等の制度を設けた。条文上、これらの規律はあくまでも保証契約又は根保証契約についてのみ適用されるものであり、信用補完機能を有する他の取引には適用はない。

　そのため、個人が不動産や預金等を物上保証の形で担保提供したとしても、新法の個人保証のための制度の対象外となる。旧法における預金担保貸付けの実務として、連帯保証人が預金担保提供者を兼ね、保証契約と担保権設定契約が一つの書式で締結される取扱いも多いものと考えられる。しかし、主債務が事業性借入れであるにもかかわらず保証意思宣明公正証書を作成できない場合等、物上保証のみを行う場合に備えて、実務や書式の見直し等を検討する必要もあろう[1]。

　同様に、併存的債務引受、連帯債務、損害担保契約等についても、保証類似の機能を果たすことがあるが、原則としては、新法の個人保証の適用を受けないと解される[2]。もっとも、立案過程においては、保証を主たる目的とする併存的債務引受について保証の規律を及ぼすべきとの問題意識が議論されており、最終的には基準が不明確であるなどの理由で条文化が見送られた点に留意を要する[3]。条文上は保証のみが対象であるとしても、併存的債務引受等が保証人保護規定の潜脱の意図で行われた場合には、そのような取引は保証の性質を有するものとして保証人保護の規定を（類推）適用するという解釈は可能で

---

1)　井上＝松尾98頁。
2)　債権法研究会164頁〔松嶋一重〕。
3)　部会資料67A・34頁～35頁。

あると考えれている[4]。そのため、これまで（根）保証契約で行われていた取引を、合理的な理由なく損害担保契約等別の類型の取引として切り替える場合には、そのような（類推）適用が認められ得ることも指摘されている[5]。

　問題はどのような場合に実質的に保証と認められるかという基準であるが、保証が「主たる債務者がその債務を履行しないときに、その履行をする責任を負う」ものであり（民法第446条第1項）、一次的に主債務者が債務の責任を負うことを本質的な要素としていることに鑑みると、少なくとも、債務引受人等が対象となる債務を最終的に自己の債務として負担・履行することが予定されている場合には、保証人保護の規律は適用されないと解すべきである。条文の趣旨からも、例えば保証意思宣明公正証書の制度が個人的な情義に基づき安易に保証をしてしまう個人の保護を目的とするものであるところ、自己の債務として負担・履行することが予定される取引には妥当しないと言える。そのため、夫婦で住宅ローンを連帯債務により借り入れる場合等は、保証の規律の適用を受けないと考えられる。判断材料としては、債務引受人等が負担割合を有することや債務引受に伴い、対価が支払われていること等が保証の性質を否定する要素となると思われる[6]。一方、法律上の附従性や随伴性がないことは、当事者による明示又は黙示の

4)　衆議院法務委員会議事録第15号10頁〔小川秀樹政府参考人発言〕。
5)　井上＝松尾＝藤澤（下）58頁〔井上聡発言〕、井上＝松尾135頁、債権法研究会172頁〜173頁〔赤坂務〕、債権法研究会171頁〔松嶋〕、筒井健夫『Q&A新しい保証制度と金融実務』（金融財政事情研究会、2005年）54頁。なお、関連して、名藤朝気ほか「保証に関する民法改正と金融機関の実務対応」金法2019号（2015年）48頁注17は、主債務者が死亡した際に行われる相続人による併存的債務引受は、主債務者死亡時の債権債務関係の整理のために行われるものであり、従来どおり保証意思宣明公正証書の作成を不要とする実務運用が維持されるべきとする。
6)　井上＝松尾225頁〜226頁。

合意に基づき一次的に主債務者が債務を負担することも可能であるため、保証の規律の適用を否定する決定的な要素にはならないものと考えられる[7]。

---

7)　潮見＝岡＝黒木90頁〔潮見佳男発言〕は、表明保証及び損害担保約束による新法第465条の6の適用回避を否定するが、法律に基づく附従性を有しない損害担保の取決めも保証の規律の対象になるものを認めるものと言えよう。

第3　情報提供義務の新設

> **Q6**　主債務者による契約締結時の情報提供義務について、保証契約が取り消されるのは、どのような場合か。

解　説

1　主債務者による契約締結時の情報提供義務

　新法第 465 条の 10 は、保証人保護の観点から主債務者による契約締結時の情報提供義務を新設し、主債務者が事業のために負担する債務について個人保証を委託するときに、保証人になろうとする者に対して**図表 3-9** の事項に関する情報を提供する義務を課す。主債務が非事業性のものである場合や、法人保証・無委託保証の場合は、本条の対象ではない。

図表 3-9：契約締結時の情報提供の範囲（新法 465 条の 10 第 1 項）

①　財産及び収支の状況
②　主たる債務以外に負担している債務の有無並びにその額及び履行状況
③　主たる債務の担保として他に提供し、又は提供しようとするものがあるときは、その旨及びその内容

　図表 3-9 の情報提供の対象となる事項については限定列挙と解されている[1]。また、対象事項は客観的な事実であり、個人保証人が保証契約を引き受けるかどうかのリスクを判断するために必要な材料として、情報提供が義務づけられている。言い換えれば、主債務の返済

---

1)　潮見 782 頁。

140 第3章 債権債務関係の展開

可能性等リスク判断そのものについてまで情報として提供しなければ
ならないものではなく、リスク判断はあくまでも保証人の責任で行う
ものである[2]。したがって、返済計画や返済の蓋然性といった資料は、
情報提供義務の範囲外と考えられる。

　一方、情報提供の対象として列挙された事項について、具体的にど
のようなものをどの範囲で情報提供すべきかは、必ずしも明確ではな
い。例えば、「主たる債務以外に負担している債務」について、少額
なものまですべて情報提供すべきか、非金銭債務や偶発債務は対象と
すべきか、といった点が具体的な場面で問題となり得る。新法第465
条の10に基づく情報提供義務は、保証人が保証契約を締結するか否
かのリスク判断のための材料を提供するために規定されたものである。
そのため、金額が僅少な債務等の些細な情報についてまで情報提供義
務の範囲とする必要はないものと考えられるが[3]、一義的に明確な基
準を定立することは難しく、上記リスク判断に必要なものかどうかと
いう実質的な観点を踏まえた個別の判断となろう。したがって、非金
銭債務や偶発債務が一律に排除されるわけではない。

2　情報提供義務違反の効果

　①主債務者がこの情報提供を怠り、又は虚偽の説明を行ったことに
より、個人保証人がこれらの情報を誤認し、それによって保証契約を
締結した場合に、②債権者が情報提供義務違反を知り、又は知ること
ができた場合には、保証人による保証契約の取消しが認められている
（新法第465条の10第2項）。

　上記①については、情報提供義務違反と保証人による誤認との間の
因果関係、当該誤認と保証契約締結との間の因果関係を求めるもので、
主張・立証責任は取消しを主張する保証人が負担する[4]。保証人が保

---

　2)　潮見＝岡＝黒木93頁〜94頁〔潮見佳男発言〕。
　3)　井上＝松尾＝藤澤（下）55頁〔松尾博憲発言〕。
　4)　潮見780頁。

証契約を締結するに当たってのリスク判断をするための材料として情報提供義務が課された趣旨に鑑み、保証することによる具体的なリスクの程度を見誤らせるような事項についての誤認であったかどうかが重要であると説明されている[5]。例として、主債務者に換価可能な資産があることや一定の収益があるという事情は保証契約を締結するリスクを低減させるものであるため、典型的には、主債務者に不動産等の換価可能な資産があるとの説明があったにもかかわらずそのような資産がないといったケースや、収益が上がっているとの説明があったにもかかわらずまったく収益がないといったケース等は、通常、取消権を行使するに足りる誤認があったと認められると考えられている[6]。

　上記②については、新法第465条の10は主債務者の保証人に対する情報提供義務を定めるものであり、その当事者ではない債権者は、原則として情報提供義務違反の有無を当然に知る立場にないことから、債権者の利益にも考慮し、情報提供義務違反があることを債権者が知り、又は知ることができたときに限り、保証契約の取消しが認められることとされたものである[7]。言い換えると、情報提供義務に関するリスク分担は、原則として主債務者と保証人の間の問題であり、債権者が常にリスクをとるべきものではないとの考慮が存在する[8]。

3　錯誤取消しとの関係

　新法第465条の10とは別に、保証人は新法第95条に基づく錯誤を主張して、保証契約を取り消すことができるか。とりわけ、主債務者が保証人のみならず債権者に対しても虚偽の情報提供を行い、情報提供義務違反があることを「債権者が知り又は知ることができた」と言えない場合に問題となり得る。なお、このような場合は、債権者・保証人双方が同一の錯誤に陥っている共通錯誤の場合であり、旧法の判

---

5)　衆議院法務委員会議事録第16号1頁～2頁〔小川秀樹政府参考人発言〕。
6)　衆議院法務委員会議事録第16号2頁〔小川政府参考人発言〕。
7)　一問一答157頁～158頁。
8)　潮見＝岡＝黒木99頁〔潮見発言〕。

142 第3章 債権債務関係の展開

例法理を明文化した新法第 95 条第 3 項に従い、表意者に重過失がある場合でも錯誤取消しは認められる。

旧法下においても、主債務者が自らの信用状態に関する情報を偽って保証委託をする場合には、錯誤無効（旧法第 95 条）の問題となり得た。しかし、主債務者の信用状態に関する誤認はいわゆる「動機の錯誤」にとどまるものであり、錯誤無効を主張するためには、動機が契約内容化していることを要するのが裁判例の主流[9]と考えられているため、相応にハードルが高いところであった。また、保証契約は主債務者の信用状態の悪化に関するリスクを引き受けるものであり、主債務者の信用状態に関する誤認も引き受けたリスクの範疇に入ることを示唆する見解もある[10]。

新法においては、動機の錯誤に関する規律が明文化され、動機（表意者が法律行為の基礎とした事情）が「法律行為の基礎とされていることが表示されているとき」に限り取消しの対象になるとされた（新法第 95 条第 2 項）。これ自体は、これまでの判例法理を明文化するものに過ぎず、動機の錯誤による取消しが、旧法における錯誤無効よりも認められやすくなったわけではない。しかし、新法第 465 条の 10 が、（事業性債務に関する個人・委託保証人に限定してではあるが）保証の前提として、主債務の信用状態に関する事実の情報提供を義務づけたことから、規範の当てはめの問題として、主債務の信用状態に関する認識が動機として「法律行為の基礎とされていることが表示されている」と見られたり、要素の錯誤[11]に該当するとの主張が容易になったとの指摘がされている[12]。

---

9) 最判昭和 45 年 5 月 29 日判時 598 号 55 頁、最判昭和 29 年 11 月 26 日民集 8 巻 11 号 2087 頁等。

10) 旧法下の議論の整理をまとめたものとして、井上＝松尾＝藤澤（下）52 頁〔藤澤治奈発言〕、潮見＝岡＝黒木 100 頁〔岡正晶発言〕。

11) 要素の錯誤についても、新法は、判例法理を踏まえ、意思表示が「錯誤に基づくものであって」、かつ、「その錯誤が法律行為の目的及び取引上の社会通念に照らして重要なものであるとき」であることを明文化した（新法第 95 条 1 項）。

12) 潮見＝岡＝黒木 101 頁〔潮見発言〕。

第 2 節　保証　第 3　情報提供義務の新設　143

> **Q7**　主債務者による契約締結時の情報提供義務違反に基づく保証契約取消しを避けるために、債権者が行うべき措置について、どのように考えればよいか。

解　説

1　問題の所在

　新法第 465 条の 10 第 1 項に基づく主債務者による契約締結時の情報提供義務について違反があった場合において、当該情報提供義務違反を「債権者が知り又は知ることができたとき」は、保証人は、保証契約を取り消すことができるものとされた（新法第 465 条の 10 第 2 項）。情報提供義務の主体はあくまで主債務者ではあるが、情報提供義務違反を「債権者が知り又は知ることができたとき」は債権者がリスクをとらなければならない。そのため、債権者として、どのような措置をとる必要があるか、言い換えると、債権者に調査・確認義務があるのかが問題となる。

2　債権者の調査・確認義務の有無

　債権者の調査・確認義務に関し、立案過程では、「債権者に厳格な調査義務を課して、どういう説明を受けたのか、資産とか収入の状況について客観的に何が正しいのかなどを調査して、突き合わせて検討しないといけないとか、そういうことを求めるものではありません」と説明されていた[1]。しかし、国会の審議過程では「保証契約が取り消されるリスクを完全に解消しておこうという観点から……主債務者がどのような情報を提供したのかなどを積極的に確認する実務慣行が形成されることも予測されるところでありまして、そういう状況になりますと、そうであるにもかかわらず情報提供義務違反が生じたとい

---

1)　法制審議会第 86 回議事録 23 頁〔笹井朋昭関係官発言〕。

144　第3章　債権債務関係の展開

う場合には、それを金融機関が知り得るということも想定される」との答弁がされ[2]、これをもって政府の立場が変化したと見る余地もあるとの指摘もされている[3]。最終的に、衆参両議院の法務委員会において、「契約締結時の情報提供義務を実効的なものとする観点から、保証意思宣明公正証書に記載すること等が適切な事項についての実務上の対応について検討すること」という附帯決議がされたこともあり、債権者において一定の調査・確認義務を負担するとの解釈[4]が有力と言えよう。法文上も「知ることができたとき」とされているとおり、債権者にリスクを負担させるに当たっては、純粋な債権者の主観面にとどまらず、一定の客観的な状況が存することが前提となっているものと考えられる。

3　調査・確認義務の具体的な内容

　上記2の議論の状況を前提とすると、債権者としては、少なくとも、主債務者及び保証人から確認書を受領すること等の方法により、主債務者が契約締結時の情報提供を行ったことの確認をする必要はあるだろう[5]。また、このような確認プロセスの中で、主債務者による情報提供義務の履行がなかったり、虚偽の情報を提供したと疑われる事情がある場合には、その提供された内容を確認したり、主債務者に対して正しい情報を提供させるなど、一段踏み込んだ調査・確認を行わないと、債権者としては保証取消しのリスクを免れないと言うべきである[6]。

　一方で、情報提供義務違反が疑われる場合に限らず、債権者は、常に、保証人に提供された情報を確認し、その内容の正確性・十分性を調査する積極的な調査・確認義務があることを示唆する見解[7]もある

---

　2)　衆議院法務委員会議事録第11号7頁〔小川秀樹政府参考人発言〕。
　3)　白石36頁。
　4)　中田ほか200頁〔沖野眞已〕。
　5)　井上＝松尾105頁。
　6)　潮見＝岡＝黒木97頁〔潮見佳男発言〕、白石36頁。

が、これは行き過ぎであろう。新法第465条の10第1項の情報提供義務は、主債務者が義務の主体になるものであり、情報提供義務に関するリスク分担は、一義的には主債務者と保証人の間の問題として構成されている。その中で、いわばリスク分担の一義的な当事者ではない債権者に対して積極的な調査・確認義務を負担させることは、債権者にリスクを転嫁させる範囲を不相当に広げるものであり、法規範としてはバランスを失するものと思われる[8]。

　もっとも、実務的には、新法第465条の10の新設により、保証人がこの新しい規律に基づく保証取消しを主張するケースが増加することが予想される。そのため、法規範として債権者に調査・確認義務が課されないとしても、主債務者の信用状態が悪化した段階（すなわち平時に比べて虚偽の情報を提供するインセンティブが働きやすい段階）における保証委託の場合や、経営者等のように主債務者の信用状態を熟知している者ではない第三者による保証差入れの場合等、類型的に保証取消しが争われやすいと言えるものについては、事実上、債権者として慎重な対応を行うことが求められると言えようか。

---

　7)　潮見＝岡＝黒木97頁〜98頁〔黒木知彰発言〕。
　8)　潮見＝岡＝黒木99頁〔潮見発言〕も同様のスタンスに立つものと思われる。

146 第3章 債権債務関係の展開

Q8 債権者による情報提供義務の内容はどのようなもので、その違反時の効果をどのように考えればよいか。

解　説

1 債権者による主債務の履行状況に関する情報提供義務

　新法第458条の2は、債権者による主債務の履行状況に関する情報提供義務を新設しており、委託保証人（個人・法人双方が含まれる）が請求したときに、債権者は、保証人に対して、遅滞なく、主債務の不履行の有無、その残額及び履行期が到来しているものの額に関する情報を提供することが義務づけられる。これは、主債務の履行状況が保証人にとって重要な関心事であることに基づくものである[1]。

　主債務の履行状況というセンシティブな情報について明示的な情報提供の根拠条文が設けられたことにより、債権者は、主債務者との間の守秘義務違反を気にすることなく、委託保証人に対して、主債務の履行状況に関する情報提供を行うことができる[2]。もっとも、新法第465条の2は委託のない保証人を対象としていないことから、無委託保証人との関係で守秘義務の問題は解決されたわけではない[3]。したがって、無委託保証人に対する主債務の履行状況に関する情報提供が守秘義務違反を惹起しないためには、主債務に関する契約において明示的にこれを許容する合意をしておくなどの対応が必要となることが指摘されている[4]。

　情報提供義務違反の効果については、明文規定は設けられなかったため、債務不履行の一般原則に従って処理されることになる[5]。した

1) 一問一答132頁。
2) 一問一答132頁、井上＝松尾110頁。
3) 一問一答132頁。解釈による解決に関して論じたものとして、井上＝松尾138頁〜140頁。

がって、債権者がこの義務を怠ったことにより保証人に損害が生じた場合に、債権者が損害賠償義務を負うと解される（新法第415条）[6]。例えば、主債務の不履行を知っていたら遅延損害金が累積する前に保証債務を履行していたと言える場合の、当該遅延損害金相当額等が考えられようか。なお、この情報提供義務は、あくまでも保証契約の付随的な義務と考えられるから、通常は、この義務違反に基づき保証人に保証契約の解除を認めることはできないものと解される[7]。

2 債権者による主債務の期限の利益を喪失した場合の情報提供義務

保証人が個人である場合、保証人が主債務の期限の利益喪失を知らず想定外の多額な遅延損害金を負担することを防止する観点から[8]、債権者は、主債務が期限の利益を喪失したことを知った時から2か月以内に、その旨を保証人に通知しなければならないとされた（新法第458条の3第1項）。委託の有無は問わないが、法人の保証人は対象外とされている（同条第3項）。

この通知を怠ったときの効果として、債権者は、保証人に対して、期限の利益を喪失した時から通知を現にする時（＝保証人が通知を受領する時）までに生じた遅延損害金を請求できないものと規定されている（新法第458条の3第2項）。あくまで保証人が遅延損害金の支払を免れる効果を享受できるのであって、主債務について生じた期限の利益喪失の効果に影響は及ばない[9]。

---

4) 中田ほか203頁〔沖野眞已〕、井上＝松尾140頁。なお、日本ローン債権市場協会「コミットメントライン契約書（JSLA平成25年版）」第33条第1項第2号、同「タームローン契約書（JSLA平成25年版）」第28条第1項第2号は明確にこの点の同意を規定する。

5) 潮見672頁。

6) 一問一答132頁。

7) 松尾＝井上110頁～111頁。ただし、潮見672頁は保証契約の解除が考えられるとし、また、中田ほか202頁～203頁〔沖野〕も「基本的には損害賠償と考えられます」としつつも、「義務違反による保証契約の解除も可能性としては排除されません」とも述べている。

8) 一問一答133頁。

148 第3章 債権債務関係の展開

　新法第458条の3は、主債務の期限の利益が失われた場合における
規定であるため、主債務が履行期限を迎えたにもかかわらず支払がな
されなかった場合についてまで、同条第1項に基づく通知が必要とな
るわけではない。同条第2項は、「期限の利益を喪失しなかったとし
ても生ずべき」遅延損害金については、通知懈怠の場合にも請求可能
であることを規定している。

　実務上、主債務が期限の利益を喪失した場合、保証人に対しても通
知を行うことは多いと考えられるが[10]、まずは主債務者と交渉した後
に回収可能性等を踏まえて保証人に対する請求を行うという運用がさ
れているとの指摘もある[11]。しかし、2か月間の期間猶予が与えられ
ているため、直ちに保証人に連絡しない実務運用を前提にしたとして
も、新法の規定による影響は限定的と考えられる[12]。他方で、保証人
が代表取締役等の場合には、主債務の期限の利益喪失は当然に保証人
の知るところとなるため、実務上、債権者は、必ずしも保証人に別途
の通知を送付しているとは限らない。この点については、新法第458
条の3の趣旨が、保証人が主債務の期限の利益喪失を知らないことに
より過大な遅延損害金負担を負うことを防止する趣旨であることから
すれば、保証人が主債務の期限の利益喪失を知っていた場合は、同条
第1項の通知がなくとも遅延損害金全額を請求できると解するのが合
理的であろう[13]。

---

9)　松尾＝井上115頁。
10)　松尾＝井上116頁。
11)　債権法研究会204頁〔中村弘明〕。
12)　松尾＝井上116頁、債権法研究会205頁〔中村〕。
13)　潮見673頁。

第2節　保証　第4　個人根保証に関する規律の適用範囲拡大　149

第4　個人根保証に関する規律の適用範囲拡大

Q9
改正法により個人根保証に関する規律の適用を新たに受けるようになった根保証は、どのようなものか。

解　説

1　問題の所在

　新法は、旧法における貸金等根保証契約に関する規律の一部を個人根保証一般に拡大し、「一定の範囲に属する不特定の債務を主たる債務とする保証契約」を根保証契約と定義して、書面又は電磁的記録により極度額を定めない限り無効とした（新法第465条の2第2項）。個人根保証人が予想外に多額の債務を負担することを防止するという旧法の趣旨は、貸金等根保証契約に限らず根保証契約一般に妥当することに基づく[1]。新法の規律に新たに服することとなる個人根保証としては、不動産の賃借人が賃貸借契約に基づいて負担する債務の一切を個人が保証する場合、代理店等を含めた取引先企業の代表者との間で損害賠償債務や取引債務等を保証する場合、介護等の施設への入居者の負う各種債務を保証する場合[2]や、デリバティブ取引や支払承諾取引に基づき負担する一切の債務を保証する場合[3]等が例として挙げられる。新法の下では、これらも極度額を定めない限り無効とされたため、どのような保証契約が新法の規律に服する「根保証契約」と言え

---

1)　衆議院法務委員会議事録第11号18頁〜19頁〔小川秀樹政府参考人発言〕、参議院法務委員会第13号25頁〜26頁〔小川秀樹政府参考人発言〕、一問一答135頁。

2)　一問一答136頁注。

3)　松尾＝井上120頁〜121頁。ただし、対象となる債務の定め方によっては必ずしも「不特定」とは言えないと説明されている。

150　第3章　債権債務関係の展開

るかが重要な問題となる。

2　「不特定」の意味

　新法第465条の2第1項の根保証契約の定義は、根抵当権に関する「一定の範囲に属する不特定の債権を極度額の限度において担保する」との文言（民法第398条の2第1項）と同様であり、根抵当権に関する議論が一定程度参考になると言えよう[4]。この点、担保物の処分価値を把握する物的担保は、引当資産が無限定である保証（人的担保）と異なるとして、根抵当権と根保証の範囲を異なるものと捉えることを示唆する見解もある[5]。しかし、条文上は同じ表現が用いられていること、根抵当権における「不特定」には該当しないが根保証における「不特定」に該当する領域が具体的に生じるか不明確であり予測可能性を害し得ること[6]等から、ことさらに両者を異質なものと捉えて解釈すべきではないと考えられる。

　根抵当権に関して被担保債権が「不特定」であるということは、被担保債権そのものの性質を意味するのではなく、根抵当権の設定時において、最終的に担保することとなるべき債権が具体的に決定されていない、すなわち、根抵当権と被担保債権との間の結合の関係が具体的に特定されていないこと（成立及び消滅の両面における附従性の切断、被担保債権の入替えの可能性）を意味すると解されている[7]。根保証契約においても同様に解すべきであるが、根保証契約の規律を及ぼすべ

---

4)　貸金等根保証契約に関する規律が導入された2004年民法改正に関する吉田徹＝筒井健夫『改正民法の解説——保証制度・現代語化』（商事法務、2005年）20頁は、根抵当権と同列に論じている。

5)　潮見＝岡＝黒木87頁〔黒木知彰発言〕。

6)　例えば、根抵当権における「不特定」には該当しないが根保証における「不特定」に該当する主債務の保証債務を被担保債務とするためには普通抵当権によるべきか根抵当権によるべきかといった無用な論点も生じかねない。

7)　鈴木禄弥『根抵当権概説〔第3版〕（現代民法Ⅲ）』（有斐閣、1998年）1頁、山田二郎「根抵当権が特定の債権のみを被担保債権として無効とされた事例」金法1271号（1990年）36頁、貞家克巳＝清水湛『新根抵当法』（金融財政事情研究会、1973年）27頁参照。

き「不特定」の概念の外延は必ずしも明確とは言えない。主に根抵当権に関する金融実務として、極度貸付方式（一定の極度額の範囲内で借入れと返済を繰り返すことができる方式）の貸金債務を被担保債務とする場合には根抵当権が用いられ、引出可能期間のある限度貸付（一定の限度額の範囲内で借入れを行うことができるが、返済したとしても貸付枠である限度額が復活するわけではない方式）については普通抵当権が用いられている。極度貸付と限度貸付に関しては、根保証契約に関しても根抵当権と同様の切分けができそうである。他方で、例えば、10年間の賃貸借契約に基づく賃料債務を保証する場合、主債務の累積総額に上限があるという点では限度貸付と共通する部分もないわけではないが、保証人としては10年分の賃料債務を保証履行することは想定しておらず、根保証契約による保証人保護の規律が及ばないとの解釈をとることは躊躇される[8]。ただし、実務的には、賃貸借に関しては、「賃貸借契約に基づく一切の債務」というように損害賠償債務等も含むことにより、根保証と整理されるものと考えられているため、現実に問題は生じにくいと言えよう[9]。

　以上を踏まえると、「不特定」に該当するか否かは、一義的・客観的に定まるものではなく、債務負担の蓋然性に基づく実質的な解釈が必要になるものと考えられる。限度貸付方式の貸付けについて特定保証となるのは、保証人が負担し得る主債務の総額があらかじめ決まっているからだけでなく、類型的に当該主債務が発生する（すなわち限度額全額を引き出して同額の主債務を負担するに至る）蓋然性が高いという側面があることも一つの理由であろう。一方、10年間の賃貸借契約に基づく賃料債務を保証する場合には、保証契約締結時において、10年分の賃料債務が主債務となる蓋然性はないと言え、原則として根保証契約を用いるものとして極度額の定めを設けておく方が安全と言えよう。解釈に幅があり得る以上、判断が難しいケースにおいては、

8)　井上＝松尾＝藤澤（上）33頁～34頁〔井上聡発言〕。
9)　井上＝松尾＝藤澤（上）33頁～34頁〔井上発言〕。

152　第３章　債権債務関係の展開

実務的には保守的な対応によらざるを得ない場合も多いと思われる[10]。

---

10)　同様のスタンスについて、井上＝松尾＝藤澤（上）34 頁～ 35 頁〔松尾博憲発言〕。

本論に対するコメント（内田貴）

●「第2　保証意思宣明公正証書の制度の新設」について

■Q2について

　本論では、保証意思宣明公正証書の作成を要する貸金等債務の「事業」性の有無を判定するに当たり、「消費」概念への該当性を問題とする見解が紹介されている。しかし、民法上、「事業」の対概念として「消費」があるわけではなく、「消費」とは何かも不明瞭である（消費者契約法においても「消費者」の定義はあるが、「消費」の定義があるわけではない）。そもそも両者は観点の異なる概念であり、例えば生産過程で原材料を「消費」することは「事業」そのものである。「事業」に該当する行為の集合の補集合は「非事業」であって「消費」ではない。したがって、事業性を判断する際に、「消費」に該当するか否かを問題とする必要はなく、あくまで「事業」に当たるかどうかを問題とすれば足りる。なお、消費者契約法においては「消費者」と「事業者」を対概念として用いたが、改正法に「消費者」「事業者」概念を用いる提案は採用されなかった。

　「事業」性の判定に当たり、量的な要素が要件として取り込まれていない点は本論で指摘のとおりであり、条文上も明確である。主債務に一部でも事業性の貸金等債務が含まれているのであれば、その金額や全体に占める割合に関係なく、保証意思宣明公正証書の作成を要すると解すべきである。

　実務において、貸金等債務が「事業」のために負担されたものかどうか、判断に迷うケースが出てくることは否定できないが、保証人保護の観点から新設された新法第465条の6について、解釈により「事業」の範囲が広く解釈されることはあっても、適用範囲が限定されることは考えにくい。したがって、実務においても、明確に非事業と言えるようなものでない限り、原則として保証意思宣明公正証書の手続

154 第3章 債権債務関係の展開

をとるという対応が望ましいと言えよう。

■Q3について

保証意思宣明公正証書の作成を要しない、いわゆる経営者保証（新法第465条の9）のうち「理事、取締役、執行役又はこれらに準ずる者」（同条第1号）は、法律上法人の重要な業務執行を決定する機関又はその構成員の地位にある者を画一的に括り出す趣旨である。実質的な影響力を考慮して概念を拡張したり限定したりすることは想定されていない。したがって、本論記載のとおり、実質的に経営に影響力を有していても形式上該当しない者が例外の対象に含まれることはないし、法律上取締役その他の新法第465条の9第1号に列挙される地位を有する者について、実質的に経営に関与しない名目取締役であること等を理由に、例外への該当性を否定することはできないと解される。

保証人が（根）保証契約の締結に際して経営者保証の例外の適用を受ける者であることにつき虚偽の申告をし、そのような例外に当たらないことが後から判明した場合、保証意思宣明公正証書が作成されていないのであれば、（根）保証契約は無効である。この場合、民法第709条の要件を充足すれば債権者は保証人に対して不法行為に基づく損害賠償請求を行うことはできる。しかし、保証人が積極的に自らを経営者と偽り、債権者がこれを信頼して保証意思宣明公正証書を作成することなく（根）保証契約を締結した場合に、救済手段を損害賠償請求に限定する必要はない。本論記載のとおり権利外観法理を持ち出すのは適切ではないが、例えば禁反言の法理に対応する信義則（民法第1条第2項）によって、保証人による（根）保証契約の無効主張を許さず、保証人に対する保証債務の履行請求を認める余地は否定されるものではないと考えられる。

■Q4について

本論では保証意思宣明公正証書の作成後に、公正証書に記載された事項の内容が変更される場合が検討されている。保証人の義務が軽減

される内容変更の場合や、（保証人の義務に変更がない）主債務に係る債権の譲渡があった場合に、保証意思宣明公正証書の再度の作成を要しないのは本論に記載のとおりである。新法第465条の6は、保証人保護の観点から保証意思宣明公正証書の作成を義務づけるものだから、当初確認された保証意思の対象となる保証よりも、保証人が不利に取り扱われるのでないなら、制度趣旨に反するものではない。

　では、保証意思宣明公正証書の作成時に、想定される範囲の最も重い保証についての保証意思を確認しておく実務は有効か。結果として負担することになった保証との食い違いがあったとしても、当然に保証の効力が否定されるわけではない。しかし、保証意思が表示される対象となる保証は、公正証書作成時点において合理的に予想される範囲のものでなければならない。およそ合理的に予想される近似値の範囲内に収まらない大きな金額や数値が記載された場合には、そのような公正証書に基づく（根）保証契約は、たとえ保証意思宣明公正証書の内容より軽減されたものであったとしても、保証意思が確認された保証との同一性に疑義があり、保証意思宣明公正証書の趣旨に反するものとして、効力が生じないと解すべきであろう。

■Q5について

　本論では、債務引受について保証意思宣明公正証書に関する規律が適用される場合について検討されている。併存的債務引受が引受人による債務者の債務の保証目的で行われ、引受人の負担割合がゼロのような場合、契約書上は「債務引受」という体裁をとっていたとしても実質は「保証」と評価すべきものであり、保証に関する規律が（類推）適用されるというべきである。

　本論では保証意思宣明公正証書に関する規律の適用可能性について議論されているが、このような個人保証人を保護するための規律が、実質は「個人保証」であると性質決定された併存的債務引受に適用されるのは疑いない。

　問題は、実質は「保証」であると性質決定ができないまでも、各債

156　第3章　債権債務関係の展開

務者の負担部分を超える限度で相互に保証の機能を果たす連帯債務に
おいて、例えば、新法第458条の2や第458条の3のような情報提供
義務の規律が準用されるかどうかである。前者は保証委託の存在が重
要な要件であるし（これは新法第465条の10も同じ）、後者は附従性の
存在が不可欠である。このように考えると、「保証」であるとの性質
決定まではできない場合に、部分的に保証の規定が準用される場合が
あるかどうかは、なお慎重な検討が必要だろう。

　もっとも、保証の規定の中には、実質的に「保証」であるとの性質
決定をしなくても、連帯債務に準用されるべきものがある。連帯債務
者間の求償に関しては、委託を受けた保証人と同様な規律が置かれて
いるが（新法第442条、第459条参照）、旧法下においては、債務者の
意思に反して連帯債務者となった者が負担部分を超えて弁済した場合
における求償権の範囲について、主たる債務者の意思に反する保証に
関する旧法第462条第2項が準用されるとする考え方が有力だった[1]。
新法においても同様で、このような求償権に関する規律については、
委託の有無や意思に反するかどうかに応じて、連帯債務者間にも保証
の規律の準用を認めてよい。

●「第3　情報提供義務の新設」について

■Q6について
　契約締結時における主債務者の情報提供義務（新法第465条の10）
について、情報提供の対象事項は同条第1項各号に明示的に列挙され
ている。これは法律上の義務の対象を明確にする趣旨であるから、列
挙されていない事項を同条に含める拡張解釈や、列挙されている事項
の内容を除外する限定解釈が可能であるとは想定されていない。した
がって、返済計画等の返済の蓋然性を示す情報まで含まれない点、非
金銭債務や偶発債務等も同項第2号の債務に含まれる点（債務の種類

　1)　注釈民法(Ⅱ)121頁〔椿寿夫〕。

に応じて除外されるわけではない点）については、本論のとおりである。

　もっとも、本論では些細な債務についてまで情報提供義務の範囲とする必要はないとの指摘もされている。これは、些細な情報が新法第465条の10第1項各号に含まれないと解するのではなく、誤認に基づく保証契約の締結という保証取消しの要件（因果関係）が通常は充足されないという意味において、指摘のとおりと考えられる。

■Q7について

　法制審議会民法（債権関係）部会における審議過程でも確認されているとおり、債権者は、新法第465条の10に基づき積極的な調査・確認義務を負うわけではない。本論で引用されている国会審議での政府答弁も、主債務者の提供情報について調査・確認するという実務慣行が将来形成されるとすれば、そのような前提の下では債権者の調査・確認義務も認められ得るとの指摘にとどまり、部会での審議過程におけるスタンスを変えるものではないと評価できる。

　新法第465条の10第2項の規定は、表意者において欺罔の故意に関する主張・立証が不要であるほかは、新法第96条第2項の第三者による詐欺と同様の条文である。旧法第96条第2項は意思表示の相手方の有過失を詐欺取消しが認められる要件に含めていなかったが、心裡留保に関する新法第93条第1項ただし書（旧法第93条ただし書と同様、相手方が有過失のときに心裡留保による意思表示を無効とする）とバランスをとって、相手方が有過失の場合も詐欺取消しの対象になると改正された[2]。心裡留保に関する旧法第93条ただし書の無過失については意思表示の相手方に特別の義務を課すものではないと解されており[3]、新法第96条第2項の無過失についても同様に解すべきであろう。これらとのバランスを考えると、新法第465条の10第2

　2）　一問一答24頁、部会資料66A・3頁〜4頁。
　3）　川島武宜＝平井宜雄『新版注釈民法(3)　総則(3)』（有斐閣、2003年）300頁〔稲本洋之助〕。

項における「知ることができたとき」についても、債権者に積極的な調査・確認義務が課すものではないと解される。

以上のように、主債務者による情報提供義務違反が疑われるような怪しい事情が特に認められない限り、新法第465条の10第2項により、債権者において提供された情報の内容の正確性や十分性を調査・確認することは求められていない。しかし、主債務者による情報提供義務違反が疑われる事情が認められる場合に、何らの調査・確認も経ずに保証契約を締結すると、保証取消しの原因となる過失が認められる可能性がある。とりわけ、債権者が金融機関の場合には、主債務者が提供した情報の正確性や十分性を比較的容易に検証し得る立場にあると考えられることにも注意が必要であろう。

●「第4　個人根保証に関する規律の適用範囲拡大」について

■Q9について

根保証契約は、一定の範囲に属する「不特定」の債務を主債務とする保証契約（新法第465条の2第1項）であるが、本論ではどのような場合にこの「不特定」に当たるかが検討されている。この点については、根抵当権と普通抵当権とを区別する基準である被担保債権の特定性と同様に考えるべきであるということは、本論記載のとおりと考えられる。条文上も根抵当権に関する民法第398条の2第1項と同じ表現が使用されている。改正法により個人根保証人の保護の範囲が拡張されたが、根保証契約に関する判断基準について、従来の扱いを改める趣旨は含まれていない。

続いて本論では、10年間の賃貸借契約に基づく賃料債務だけを保証の対象とする場合に言及している。賃貸借契約に基づく債務を保証する場合には、実務上は、賃料債務のほか「その他一切の債務」を主債務の範囲として根保証契約が締結されることが多い。したがって、保証の対象を賃料債務に限定する場合を想定することは現実的ではないが、あえてそのような限定をして保証契約が締結されたとしても、

10年分の賃料債務が最終的な保証債務の対象となることはおよそ想定されないため（賃貸人は10年間賃料不払いを放置するという非現実的な想定を置くことになる）、毎月発生する賃料債務を一定の限度で保証する根保証契約であると解するのが合理的である。

本論では主債務が発生する「蓋然性」という表現を用いているが、根抵当権の場合と同様、根保証となるか否かは、保証契約締結時に、最終的に保証債務の対象になる債務が定まっているかどうかが問題である。賃料債務は、毎月あるいは合意された一定期間ごとに発生しては弁済されるということが繰り返されるため、最終的に保証債務の対象となる賃料債務がどの期間の賃料債務となるか、保証契約締結時には明らかではなく、その意味で主債務は「不特定」である。そして、その場合の極度額を賃貸借契約の存続期間中の累積賃料額の総額とする定めは、過大であり、少なくとも個人根保証に関して極度額の定めを有効要件とした趣旨（第465条の2第2項参照）に適合しているか、疑問である。

なお、賃貸借期間が短く限定されているなどの事情により期間中の賃料が全額前払とされている場合は、これを主たる債務として保証する保証債務は普通保証である。

根保証か普通保証かの判断が悩ましいケースがあることは否定できない。しかし、特定の主債務のみを保証する根保証契約が締結された場合、根保証契約自体を無効とする必要はなく、普通保証の限度で効力を認めるべきである。そのように解したとしても、保証人保護の観点から支障は生じない。根抵当権に関しては、盛岡地判平成元年9月28日判タ714号184頁が、特定債権を担保するために設定された根抵当権設定契約に基づく根抵当権設定登記は、実体的な法律関係に符号しない登記であるため、無効と判示した。しかし、この判決は登記の流用の可否が争われたものであり、根担保権が特定債権のみを担保するものである場合に、普通担保権の限度で効力を認めることまで否定するものではないと考えられる。根保証と普通保証に関しては、登記の効力のような論点は生じないことから、特定の主債務のみを保証

160　第3章　債権債務関係の展開

する根保証契約について、普通保証の限度で有効と解することに問題
は少ないと考えられる。

第4章
債権債務関係の消滅、債務不履行

第1節　弁済・相殺

第1　弁済

> Q1　弁済について、どのような改正がされたか。

解　説

1　概要

　以下では、弁済に関する改正項目のうち、実務上の関心度合いが高いと思われる、①準占有者弁済における「準占有者」の明確化、②第三者弁済の規律の見直し、③弁済代位に関する規律の見直し、④口座振込による弁済の規律の新設について解説する。

　弁済に関する改正項目は様々なものがあり、上記に挙げたものに限られない。例えば、弁済が債務の消滅原因であるという基本的な意義を明らかにする規定（新法第473条）や弁済の時間に関する旧商法第520条と同様の規定（新法第484条第2項）等新たな規定を新設するものや、代物弁済の諾成契約化（新法第482条）や充当規定の整理（新法第488条～第491条）等実質改正を伴うものも含まれる。

2　「準占有者」の明確化

　弁済は、債権者に行わなければ原則として無効であるが、弁済先が債権者ではない場合でも、「債権の準占有者」（旧法第478条）に該当するときは、弁済者が善意・無過失である場合に弁済が有効となる。新法は、「債権の準占有者」の実質的な意味を条文上明確にする観点から、「受領権者……以外の者であって取引上の社会通念に照らして受領権者としての外観を有するもの」という文言を用いる（新法第

164　第 4 章　債権債務関係の消滅、債務不履行

478 条）。判例・学説上は、①表見相続人、②無効な債権譲渡の譲受人、③債権が二重譲渡された場合に劣後する譲受人、④偽造の債権証書・受取証書の所持人、⑤詐称代理人、⑥預金通帳と届出印の持参人等が「債権の準占有者」に該当すると解されているが、このような解釈を変更する趣旨ではないとされる[1]。

　旧法第 478 条に関しては、盗取された通帳による機械払方式での払戻しに関して機械払システムの設置管理についての過失を考慮した判例[2] の存在を踏まえ、立案過程において、善意無過失要件を「受取権者であると信じたことにつき正当な理由がある場合」と改めることが提案されたこともある。しかし、表見代理の場面等でも当該時点における過失以外の事情が考慮され得ることや、要件が変わることで従来の判断枠組みが変わる懸念から、最終的に文言は変更されなかった[3]。

3　第三者弁済の規律の見直し

　民法第 474 条は、債務者以外の第三者による弁済の効力が認められるための要件を定める。旧法下において第三者による弁済が有効になるのは、債務の性質が許さないときや契約当事者が反対の意思表示をしたときを除き、第三者が弁済について利害関係を持つ場合と、利害関係を持たないが、債務者の意思に反しない弁済の場合であった（旧法第 474 条）。

　新法第 474 条では、第三者による弁済が有効になる場合として、①第三者が弁済について正当な利益を有する場合、②正当な利益を有する者ではないが、債務者の意思に反しない弁済である場合、③正当な利益を有する者ではなく、債務者の意思に反して弁済するが、債権者

---

1)　部会資料 70 A・27 頁。なお、「取引上の社会通念」という文言は、「受領権者としての外観を有するか否かについては取引通念に照らして判断されるという一般的な理解をあわせて明文化する趣旨」と説明されている（部会資料 80 - 3・24 頁）。

2)　最判平成 15 年 4 月 8 日民集 57 巻 4 号 337 頁。

3)　衆議院法務委員会議事録第 15 号 2 頁〔小川秀樹政府参考人発言〕、部会資料 70 A・28 頁。

が債務者の意思に反することを知らなかった場合を定める（旧法と同様、債務の性質が許さないとき又は契約当事者が反対の第三者弁済を禁止し若しくは制限する意思表示をしたときを除く）。ただし、②と③の場合、債権者の意思に反しては第三者弁済をすることができない（第三者が債務者の委託を受けて弁済をする場合において、そのことを債権者が知ったときを除く）。③の追加や債権者の意思に反する第三者弁済の効力を原則として認めない点が旧法からの実質的な改正点である。

第三者弁済については、旧法における「利害関係を有しない第三者」との表現が、「弁済をするについて正当な利益を有する者でない第三者」と改められているが、弁済による代位の要件と一致させ、両者の関係を明確にする趣旨である[4]。弁済について正当な利益を有する者の具体例としては、物上保証人、担保目的物の第三取得者、後順位担保権者、抵当不動産の賃借人、（地代の弁済に関する）借地上建物の賃借人等が挙げられる[5]。

4 弁済代位に関する規律の見直し

第三者弁済がされた場合や連帯債務・保証債務の履行があった場合等において、弁済者は、債務者（主債務者）に対し、債権者が有していた担保権等の権利を取得・行使することができる（弁済代位）。

一部弁済による代位に関し、新法では、一部弁済者が代位によって取得する債権者の抵当権その他の権利について、単独でこれを実行・行使することはできないとされた（新法第502条第1項）。一部弁済者が代位取得する抵当権を単独で実行できるとする古い判例[6]を改めるものであり、本来の権利者である債権者の利益に配慮したものである[7]。また、一部弁済があった場合でも債権者単独での権利行使が妨げられないことや、権利行使がなされた場合に債権者が代位権者に優

---

4)　一問一答189頁。
5)　潮見98頁及び同頁の脚注で引用されている各判例。
6)　大決昭和6年4月7日民集10巻535号。
7)　一問一答197頁。

166　第4章　債権債務関係の消滅、債務不履行

先して配当を受けることについても明文化された（同条第2項・第3項）。

　保証人等の代位権者がある場合、その利益を保護するため、債権者が担保を喪失又は減少させたときには、これにより回収できなくなった限度で当該代位権者は責任を免れるとされている（いわゆる「担保保存義務」）。新法は、担保の喪失又は減少について取引上の社会通念に照らして合理的な理由がある場合には、担保保存義務違反の効果が発生しないとする（新法第504条2項）。

　その他にも、任意代位の要件として債権者の承諾を不要とすること（新法第499条）や、保証人が不動産の第三取得者に対して代位取得した担保権を主張するために付記登記を要するとする規定の削除（新法第501条）等、合理性に乏しいとされていた旧法の規律が改められている[8]。

5　口座振込みによる弁済の規律の新設

　債権者の預金又は貯金の口座に対する払込みによってする弁済は、債権者がその預金又は貯金に係る債権の債務者に対してその払込みに係る金額の払戻しを請求する権利を取得した時に、その効力を生じるとされた（新法第477条）。口座振込みによる弁済に関する規律は旧法に規定されておらず解釈に委ねられていたが、金銭債務の決済の多くが預貯金口座を通じた振込みによって行われている実務に鑑み、基本的な法律関係を明確にすべきとの方針に基づく新設規定である[9]。

---

8)　一問一答194頁。
9)　衆議院法務委員会議事録第14号29頁〔小川秀樹政府参考人発言〕、部会資料70B・5頁。

第 1 節　弁済・相殺　第 1　弁済　167

Q2 新法において、弁済をするについて正当な利益を有しない第三者からの弁済を受け入れるために、債権者はどのような点に留意すべきか。

解　説

1　債権者の留意点

　旧法においては、弁済につき正当な利益を有しない第三者から弁済の提供があった場合、債権者は、所在不明等の理由により債務者の意思がわからない場合であっても、後日無効な弁済であることが判明して第三者に給付物を返還することになるリスクを抱えつつ、第三者弁済の受領を強いられることがあったという不都合が指摘されていた[1]。新法では、弁済をするについて正当な利益を有する者ではない第三者による弁済について、①債権者は原則としてその受領を拒絶できるものとされ（新法第 474 条第 3 項）[2]、また、②このような第三者弁済が債務者の意思に反する場合であっても、債務者の意思に反することを債権者が知らなかったときには、第三者弁済は有効とされた（同条第 2 項ただし書）。そのため、これら新しい規律が適用されれば、旧法下における不都合は解消されることになる。

　第三者弁済は原則として有効であることから（新法第 474 条第 1 項）、上記のうち②に関する主張・立証責任については、弁済が無効であることを主張する側が、第三者が弁済をするにつき正当な利益を有しなかったこと及び当該第三者弁済が債務者の意思に反することの主張・立証責任を負担し、弁済が有効であることを主張する側が、債務者の

---

1)　部会資料 70 A・23 頁、法制審議会第 80 回議事録 43 頁〔中原利明委員発言〕。
2)　例外として、「第三者が債務者の委託を受けて弁済をする場合」、すなわち第三者が債務者との間で履行引受契約を締結して第三者弁済を行う場合において、そのことを債権者が知っていたときは、債権者はその受領を拒絶できない（新法第 474 条第 3 項ただし書）。

168　第4章　債権債務関係の消滅、債務不履行

意思に反することを債権者が知らなかったことの主張・立証責任を負担すると解される[3]。そのため、債権者としては、弁済につき正当な利益を有しない第三者から弁済の提供があった場合、所在不明等の理由により債務者の意思がわからないときには、後に弁済の効力が争われることに備えて、債務者の意思に反することを知らなかったことに関する記録・証拠を残しておくことが実務上の手当てとして推奨されている[4]。なお、これらはあくまでも債権者の善意を主張するための資料としての記録・証拠に過ぎない。弁済が有効であるための要件として債権者の無過失は要求されておらず[5]、民法上、債権者に調査・確認義務が課されているわけではない。

2　弁済につき正当な利益を有しない第三者に弁済を義務づける方法

旧法下では、債権者が弁済につき正当な利益を有しない第三者から弁済（とりわけ継続的な弁済）を受けたい場合には、当該第三者との間で債務引受契約や無委託の保証契約を締結する方法がとられることがあった。新法下でも正当な利益を有しない第三者が弁済を義務づけられるわけではないため、確実な弁済を確保したい場合には、旧法と同様、債務引受契約や無委託の保証契約による対応が必要となる[6]。

この点に関しては、債務引受や保証によって第三者が弁済を行い、

---

3)　潮見95頁。
4)　井上＝松尾229頁〜233頁、河野・川村・曽我法律事務所『民法（債権関係）改正と融資実務 重要ポイントQ&A（銀法2018年9月増刊号（833号））』（経済法令研究会、2018年）51頁〜52頁。なお、実務上、債務者の同意が取得できたり、債務者の意思が確認できる場合は、これらの措置をとるべきであり、あくまで債務者の意思確認が不可能又は困難な場合の手当てである。また、紛争のおそれがありこれを回避したい場合や第三者が反社会的勢力である場合には、新法で新たに認められた受領拒絶をすべきであろう。
5)　法制審議会第92回議事録46頁〔松尾博憲発言〕。
6)　井上＝松尾231頁〜232頁、河野・川村・曽我法律事務所・前掲注4）51頁〜52頁。なお、債務引受による場合であっても、事業性借入れに関する保証意思宣明公正証書の規律が（類推）適用される可能性があることが指摘されている（この点については、**第3章第2節第2Q5**参照）。

債務者に対して求償権を有することになると、新法第 466 条第 3 項が、債権の譲渡制限特約の効力について、債務者による弁済先固定の利益を保護していることと矛盾しないかという問題提起がなされている[7]。また、債権に譲渡制限特約が付されていた場合に債務引受がされた場合、譲渡制限特約の存在につき悪意又は重過失である引受人は、求償権と原債権の行使に関し、債権の譲受人と同様の制約を受けると解する余地があるのではないだろうかと述べる見解もある[8]。債務引受等については、上記のように第三者弁済の代替的な手段として用いられる場合のほかにも、ファクタリング等により債権者の資金調達として用いられることがあるため、これらの文脈でも問題になり得るものと言える。

しかし、債権譲渡と債務引受（又は無委託保証）は、その法的性質を異にするものであり、債務引受（又は無委託保証）について、債権譲渡に関する譲渡制限特約の規律を及ぼすことは難しいと考えられる。新法第 466 条第 3 項は、譲渡制限特約の付された債権の譲渡の効力自体は認めつつ、譲受人が特約につき善意又は無重過失である場合に、債務者は、譲受人からの直接請求を拒絶し、元の債権者（譲渡人）に対する弁済・相殺を認めるものである。一方、無委託かつ債務者の意思に反する保証については、主債務の弁済期以降でないと保証人は求償権の行使はできず（新法第 462 条第 3 項、第 459 条の 2 第 3 項）、また、求償のときまでに主債務者が弁済その他の債務消滅行為をしたときは、主債務者は、自らの債務消滅行為が有効であったものとみなすことができる（新法第 463 条第 3 項）。債務引受人（連帯債務者）の求償権に関し、保証の規律の（類推）適用が認められるとすれば[9]、債務者の元の債権者に対する弁済を行う利益の保護という観点から見た場合、規律の枠組みは異なるものの、債権の譲渡制限特約が目指すところと

---

7)　中田ほか 252 頁注 1〔道垣内弘人〕。
8)　債権法研究会 281 頁〔井上聡〕。
9)　注釈民法(11) 121 頁〔椿寿夫〕。

170　第4章　債権債務関係の消滅、債務不履行

大きく矛盾するとまでは言えないのではないだろうか。

第 1 節　弁済・相殺　第 1　弁済　171

> **Q3**　弁済代位の改正が、代位権不行使特約や担保保存義務免除特約等の代位に関する特約の実務に影響を与えるか。

解　説

1　一部弁済と代位に関する改正と代位権不行使特約

　金融実務においては、「保証人が保証債務を履行した場合、代位によって債権者から取得した権利は、主債務者と債権者との取引継続中は、債権者の同意がなければこれを行使しません。もし債権者の請求があれば、その権利または順位を債権者に無償で譲渡します」というような、いわゆる代位権不行使特約が債権者と保証人の間で合意されることが一般的である。これにより、一部弁済者が代位取得する抵当権を単独で実行できるとする判例[1]にかかわらず、一部弁済の段階で保証人は担保権を実行できないことが確保されていた。

　新法第 502 条第 1 項ないし第 3 項は、一部弁済者による担保権実行を認めず、債権者による単独の権利行使を認めるとともに、権利行使がなされた場合に債権者が代位権者に優先して配当を受けることを明文化するものであり、上記の代位権不行使特約が目指すものを実現するものと言える。しかし、新法の下においても、上記の代位権不行使特約は不要になるものではない。例えば 1 個の抵当権が複数の債権を担保し、そのうち 1 個の債権についてのみの保証人が当該債権について全額弁済をした場合は、一部弁済の場合と区別され[2]、保証人の権利行使（同順位による配当を含む）は妨げられないと解される。そのため、上記のような全額弁済の場合をもカバーする代位権不行使特約は、なお独自に機能する場面があるものと言える[3]。

---

1)　大決昭和 6 年 4 月 7 日民集 10 巻 535 頁。
2)　最判平成 17 年 1 月 27 日民集 59 巻 1 号 200 頁。

172 第4章 債権債務関係の消滅、債務不履行

　また、上記のような場合、代位権不行使特約が合意されている以上
は、代位があったとしても付記登記はされないと考えられるが、新法
が代位の付記登記の制度を廃止したことにより、事実上、代位権不行
使特約の機能が問題となる局面が増える可能性もある。

　旧法下においては、弁済代位を対抗するために付記登記が求められ
ていたことから（旧法第501条第1号）、当該登記がない場合には、担
保権実行として競売手続が行われたとしても、保証人等の代位権者は
配当を受領することができず、結果として、担保目的物の換価代金は
元の抵当権者のみに配当されることになっていた。これに対し、新法
では代位の付記登記の制度が廃止されたため、執行手続上、代位権不
行使特約を主張できるか否かが問題となる場面が増えるかもしれない。
仮に執行手続において、代位権不行使特約の想定に反して代位権者に
配当があったとしても、特約の当事者間における合意の効果として、
債権者は代位権者に対して配当金相当額の償還請求を行うことは可能
と解される（公序良俗違反や権利濫用等の一般条項の適用がないことが前
提である）。加えて、債権者としては、代位権不行使特約の後段に定
められている代位権の譲渡請求[4]をあらかじめ行っておき、執行手続
等において、弁済代位の効果が存在しないことを主張できるようにし
ておくという方策をとることも検討に値すると言えよう。

2　担保保存義務に関する改正と担保保存義務免除特約

　金融実務においては、債権者と法定代位権者（保証人、物上保証人
等）との間で、債権者が担保の喪失・減少行為をしても、法定代位権
者は免責の主張をしない旨の、いわゆる担保保存義務免除特約が合意
される。これは、旧法第504条の担保保存義務を形式的に適用すると、
債務者の経営状況の変化等に伴い、合理的に必要とされる担保の差替

---

3)　松尾＝井上240頁、森田修『債権法回収講義〔第2版〕』（有斐閣、2011年）
　　335頁〜337頁参照。
4)　ただし、代位権譲渡特約の効果については十分に議論が尽くされているとは
　　言えない（森田・前掲注3）336頁〜337頁）。

えや担保の一部解除まで義務違反を構成しかねないことを背景とする[5]。一方、このような担保保存義務免除特約の有効性について、最判平成7年6月23日民集49巻6号1737頁は、「金融取引上の通念から見て合理性を有し、保証人等が特約の文言にかかわらず正当に有し、又は有し得べき代位の期待を奪うものとはいえないとき」には、特約の効力の主張は、原則として信義則違反又は権利の濫用に当たらないとしており、特約の効果を原則として認めつつ、信義則違反や権利濫用の法理により限界があることを認めている。

新法は、担保の喪失又は減少について取引上の社会通念に照らして合理的な理由がある場合に、担保保存義務違反に基づく債権者の免責の効果は生じないとする新しい規定を設けた（新法第504条第2項）。この規定は、担保保存義務免除特約が目指す効果を規定するものと言える。もっとも、特約がない場合には、債権者側で、担保の喪失又は減少について取引上の社会通念に照らして合理的な理由があることを主張・立証しなければならないのに対し、特約がある場合に担保保存義務違反の効果を主張する場合には、既存の判例の枠組みに従い、法定代位権者側で、特約が信義則違反又は権利濫用であることの主張・立証責任を負担することになるという違いが生じる[6]。したがって、新法においても担保保存義務免除特約を付す実務が変わることはないものと考えられる。

新法第504条第2項は、担保保存義務免除特約を直接合意できない担保不動産の第三取得者等の代位権者との関係でも適用がある。債権者としては、このような者との関係でも担保保存義務違反に基づく免責の効果を限定する余地が認められるため好ましいとの指摘がされている[7]。この規律は、担保不動産が第三取得者等に譲渡された後に、担保の喪失・減少行為が行われた場合に妥当する議論である。一方、

5) 一問一答198頁。
6) 一問一答198頁〜199頁注2。
7) 債権法研究会329頁〔日比野俊介〕及び注72の資料。

174　第 4 章　債権債務関係の消滅、債務不履行

担保不動産が担保保存義務免除特約の相手方である物上保証人の所有
している間に担保の喪失・減少行為が行われた場合において、その後
に担保不動産が譲渡されたようなケースでは、特約により免責が生じ
ないという効果が一旦特約の当事者で発生した後に、免責されないと
の結果に伴い負担がついたままの担保不動産を第三取得者が取得する
ことになる[8]。そのため、この限度で、担保保存義務免除特約は第三
取得者との関係でも機能することになる。

---

8)　最判平成 7 年 6 月 23 日民集 49 巻 6 号 1737 頁、潮見 193 頁、森田・前掲注
　3) 346 頁。

第 1 節　弁済・相殺　第 1　弁済　175

Q4　振込みにより弁済の効力が認められるのはどのような場合か、いつの時点で弁済の効力が発生するか。

解　説

　新たに設けられた新法第 477 条により、債権者の預金又は貯金の口座に対する払込みによってする弁済は、債権者がその預金又は貯金に係る債権の債務者に対してその払込みに係る金額の払戻しを請求する権利を取得した時に、その効力を生じるとされた。しかしながら、新設規定は弁済の効力に関する上記の限度の規定のみであり、弁済の効力が発生するための要件や基準の多くは解釈に委ねられた。

　例えば、どのような場合に「債権者の預金又は貯金の口座に対する払込みによってする弁済」と言えるかは明文化されておらず、当事者の合意の有無や取引慣行を踏まえて個別に決せられることになるとされた[1]。実務的には、弁済を預貯金口座の振込みにより行う場合、当事者間で明確に合意しておくべきである。一方、当事者間で明確な合意がない場合にどのような場面で振込弁済が認められるか否かについては、黙示の合意があったと評価できるとき等を含め、必ずしもすべての場合に弁済の効力を否定する必要はないと考えられる。しかし、決済をとりまく社会的・経済的な状況にも影響され得るものであり[2]、個別事情に基づく判断になると言えよう。

　具体的にいつの時点で債権者が預貯金の「払戻しを請求する権利」を取得したと言えるかについても解釈問題とされている[3]。誤振込み

---

1)　衆議院法務委員会議事録第 14 号 29 頁〔小川秀樹政府参考人発言〕、部会資料 83-2・29 頁。
2)　立案過程において、原則として振込弁済に広く弁済としての効力を認めつつ、当事者が反対の意思表示をした場合のほか、「異なる取引上の慣習」がある場合を例外とする提案がされたこともある（部会資料 80-3・24 頁〜 25 頁）。
3)　部会資料 80-3・25 頁。

176　第4章　債権債務関係の消滅、債務不履行

に関する最判平成8年4月26日民集50巻5号1267頁は、振込金額が受取人の預金口座に入金記帳された時点で受取人の預金開設金融機関に対する預金払戻請求権が成立することを認めている。少なくとも正常な振込処理が行われた場合、入金記帳時（預貯金の開設金融機関において入金が記録された時点）に、弁済の効力が生じると解する見解が有力である[4]。

　関連して、弁済の提供（民法第493条）がいつの時点で生じるかも問題となる。弁済の提供があると債務者は債務不履行責任を免れることになるため（新法第492条）、債権者が預貯金の払戻請求権を取得した時点よりも前の段階（例えば振込依頼の時点）で弁済の提供があるとすれば、遅延損害金の終期等に影響を与えることになる[5]。この点、仕向銀行等への振込依頼があった時点において弁済の提供があったことを示唆する見解もないわけではない[6]。しかし、振込依頼の時点では、債権者は弁済の提供があったかどうか必ずしも認識しているとは言えないこと、預貯金の開設金融機関において入金記帳されるまでの間は債権者の指示により振込依頼の撤回（組戻し）が可能であること等に鑑みると、振込依頼の段階では弁済の提供とは言えず、債権者が預貯金の払戻請求権を取得した時点において、弁済の提供と弁済自体の効力が同時に発生すると解するのが合理的ではなかろうか。なお、このように考えたとしても、債権者と債務者との間で別段の合意がされている場合に、振込依頼の時点において債務の本旨に従った弁済の提供が認められる余地を否定するものではない。

---

4)　潮見11頁、潮見ほか328頁〔難波譲治〕、債権法研究会302頁〔日々野俊介〕等。

5)　吉田哲郎「業態別改正債権法への対応 生命保険会社における改正債権法への実務対応」金法2088号（2018年）11頁。

6)　深川裕佳「預貯金口座に対する振込みによる弁済の効果(3)」東洋法学59巻3号（2016年）212頁、223頁。

第1節 弁済・相殺 第2 相殺 177

第2 相殺

Q5 差押えを受けた債権を受働債権とする相殺に関し、被差押債権の債務者が、相殺権を主張できる範囲はどのように変わったか。債権譲渡と相殺についてはどうか。

解 説

1 相殺に関する改正の概要

以下では、相殺に関する改正項目のうち、学説・実務の双方において議論の多い、差押えを受けた債権を受働債権とする相殺の禁止に関する改正と、債権譲渡における相殺の抗弁に関する改正について解説する。

なお、上記のほか、相殺に関する改正項目としては、①相殺制限特約について、譲渡制限特約に関する規律と平仄をとり、第三者が悪意又は重過失である場合に対抗できないとする改正（新法第505条）、②不法行為に基づく損害賠償請求権を受働債権とする相殺について、相殺禁止の範囲を限定する改正（新法第509条）、③相殺と充当に関する規定の整理（新法第512条、第512条の2）が挙げられる。

2 差押えと相殺

(1) 無制限説の明文化

旧法第511条は、「支払の差止めを受けた第三債務者は、その後に取得した債権による相殺をもって差押債権者に対抗することができない」とし、差押えを受けた債権を受働債権とする相殺を禁止する。もっとも、この規定だけでは、差押え前に債務者に対する反対債権を取得した第三債務者が、相殺を差押債権者に対抗できるための要件が明らかではなく、自働債権と受働債権の弁済期の先後により相殺の可否が異なるかといった論点（いわゆる制限説と無制限説の対立）が生じ

178　第4章　債権債務関係の消滅、債務不履行

ていた。

　この問題について、判例[1]は、差押え前に取得した債権を自働債権とする限り、第三債務者（被差押債権の債務者）は、弁済期の先後を問わず差押債権者に相殺を主張できるとする考え方（無制限説）を採用しており、金融実務を中心に、このような判例を前提とする実務が確立されていた[2]。そこで、新法では、債権が差し押さえられた場合であっても、第三債務者は、差押え前に取得した反対債権であれば、これを自働債権とし、被差押債権を受働債権とする相殺を対抗することができる旨が明確にされ、判例の無制限説の考え方が条文上も反映されることになった（新法第511条第1項）。

(2)　相殺を対抗できる範囲の拡張

　新法第511条第2項本文は、被差押債権の第三債務者が差押え後に取得した反対債権であっても、当該債権が「差押え前の原因に基づいて生じたものであるとき」は、当該反対債権を自働債権とし、被差押債権を受働債権とする相殺を差押債権者に対抗できるとして、第三債務者が相殺を対抗できる範囲を旧法よりも拡張した。これは、反対債権の発生原因が差押え前に生じていれば、第三債務者の相殺に対する期待は保護に値するとの理由によるものである[3]。包括的な執行手続である破産手続においては、破産手続開始決定時に具体的に発生していない破産債権であっても、破産手続開始前の原因に基づいて生じたものであれば、破産債権者は、これを自働債権とする相殺を主張できるため（破産法第2条第5項、第67条）、差押えと相殺に関する規律についても、このような破産法の規律と整合させるべきであると説明されている[4]。

---

　　1)　最大判昭和45年6月24日民集24巻6号587頁。
　　2)　衆議院法務委員会議事録第14号27頁〔小川秀樹政府参考人発言〕、衆議院法務委員会議事録第16号7頁〔小川秀樹政府参考人発言〕、一問一答204頁。
　　3)　一問一答204頁。
　　4)　一問一答204頁～205頁、部会資料69A・29頁～30頁。

もっとも、差押え後に取得した反対債権が差押え前の原因に基づいて生じたものであったとしても、第三債務者が当該反対債権を差押え後に他人から取得した場合には、相殺は認められない（新法第511条第2項ただし書）。このような場合には、第三債務者が差押えの時点で相殺の期待を有していたとは言い難く、そのような相殺は保護に値しないとの考慮に基づく[5]。なお、破産法上も、破産手続開始後に取得した他人の破産債権による相殺は認められていない（破産法第72条第1項第1号）。

図表4-1：差押えと相殺

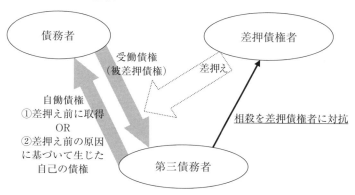

3 債権譲渡と相殺

(1) 無制限説の明文化

旧法第468条第2項は、債権譲渡がされた場合の譲渡債権の債務者は、譲渡「通知を受けるまでに譲渡人に対して生じた事由」（抗弁）をもって、譲渡債権の譲受人に対抗できるとしており、相殺の抗弁もこれに含まれる。新法は、旧法で明らかではなかった債務者が相殺の抗弁を譲受人に対して対抗できるための要件について、差押えと相殺

---

[5] 一問一答205頁。

180　第4章　債権債務関係の消滅、債務不履行

と同じく無制限説[6]を採用した。すなわち、反対債権と譲渡債権の弁済期の先後を問わず、譲渡債権の債務者は、譲渡人に対する反対債権を譲渡の債務者対抗要件具備時より前に取得した場合、これを自働債権とし、譲渡債権を受働債権とする相殺をもって、譲受人に対抗できる旨が明確にされた（新法第469条第1項）。

(2)　相殺を対抗できる範囲の拡張

　新法第469条第2項本文は、旧法よりも、譲渡債権の債務者が、相殺の抗弁を対抗できる範囲を拡張する。譲渡の債務者対抗要件具備後に債務者が反対債権を取得した場合であっても、①当該反対債権が債務者「対抗要件具備時より前の原因に基づいて生じた債権」であるとき、及び②譲渡「債権の発生原因である契約に基づいて生じた債権」であるときのいずれかの場合には、相殺を認めるものとした。ただし、差押えと相殺に関する新しい規律と同様に、反対債権を、債務者対抗要件具備後に他人から取得したときは、このような相殺は認められない（新法第469条第2項ただし書）。

---

6)　最判昭和50年12月8日民集29巻11号1864頁は、債権譲渡と相殺に関して無制限説を採用したと言われているが、事例判決に過ぎないとの評価もあり、債権譲渡と相殺の論点について判例は確立されていないとの議論の余地を残すものであった。学説上も、近時は、差押えの場合と債権譲渡の場合を別に検討するものが多く、差押えに関して無制限説をとりつつも、債権譲渡については制限説を唱える学説も少なからず存在していた。

図表 4 - 2：債権譲渡と相殺

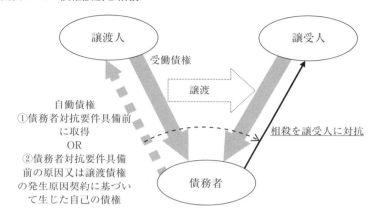

182 第4章 債権債務関係の消滅、債務不履行

> **Q6** 差押えを受けた債権を受働債権とする相殺を禁止する新法の規律と、破産手続における相殺禁止規定について、どのような点が共通するか。

解　説

　民法第511条第2項の新設により、差押えを受けた債権を受働債権とする相殺の禁止規定は、破産法における相殺禁止規定と整合させる方向で改正がされた。破産法第72条は、破産者に対して債務を負担する者が、反対債権である破産債権による相殺の禁止に関して規定を設けており、**図表4-3**は、新法第511条第2項と破産法第72条の規律を比較するものである。

図表4-3：相殺が許される反対債権の要件

＜新法第511条第2項＞

	他人の債権	自己の債権
差押えの前に取得	相殺可	
差押えの後に取得	相殺不可	「前の原因」に基づく場合 相殺可

＜破産法第72条＞

	他人の債権	自己の債権
危機時期（支払不能、支払停止、破産手続開始申立て）前	相殺可	
危機時期後、破産手続開始前に取得	危機状態を知って取得した場合、原則相殺不可。ただし、危機状態を知った時より「前に生じた原因」に基づく場合等の例外あり(注1)	
破産手続開始後に取得	相殺不可	規定なし(注2)

第 1 節　弁済・相殺　第 2　相殺　183

　このように比較すると、例えば民法では差押えの前後のみによって規律を分けている一方で、破産法では**図表 4 - 3**の注 1 のように、危機時期後、開始前に取得した債権について一定の場合に相殺を禁止するなど、民法の相殺禁止規定と破産法における相殺禁止規定は、形式上一致しない点もある。また、民法と破産法の規律の関係に関しては、破産時における規律を平時の規律と異なるものとして捉えようとする見解[1]もある。しかし、立案過程において、新法第 511 条の新しい規律は、破産法と整合させる趣旨であることが明確にされていることもあり[2]、今後、両者はできる限り整合的・統一的に解釈されることになろう。

　図表 4 - 3の注 2 の欄に関し、最判平成 24 年 5 月 28 日民集 66 巻 7 号 3123 頁（以下、本問と下記 Q 7 において「平成 24 年最判」と言う）は、破産法第 72 条第 1 項第 1 号（破産手続開始後に取得した他人の破産債権による相殺は認めない旨の規定）の類推適用により、破産手続開始後に保証債務を履行したことによって取得した無委託保証人の破産者に対する事後求償権を自働債権とする相殺を認めないとした。破産手続開始後に取得した自己の反対債権について、破産法第 72 条は「前の原因」に基づくものか否かという基準は置かない一方、新法第 511 条第 2 項は、差押え「前の原因」に基づく自己の反対債権による相殺を認める旨を定めており、文言上は形式的な差異がある。しかし、平成 24 年最判は、破産法第 72 条第 1 項第 1 号の類推適用というロジックをとったとはいえ、反対債権の債権者による相殺の担保的機能への期待が保護に値するか否かを実質的に判断したものであり、このような価値判断は、差押えと相殺における新規律の下でも妥当することになろう[3]。そのため、新法第 511 条第 2 項の下においても、無委託保証

1)　中井康之「相殺をめぐる民法改正——差押えと相殺・債権譲渡と相殺」今仲利昭先生傘寿記念『会社法・倒産法の現代的課題』（民事法研究会、2015 年）721 頁。
2)　一問一答 204 頁〜 205 頁、部会資料 69 A・28 頁。
3)　部会資料 69 A・30 頁。

184　第4章　債権債務関係の消滅、債務不履行

人は、差押え後に保証債務を履行したことにより取得した事後求償権を自働債権、被差押債権を受働債権とする相殺をすることはできないと解される[4]。また、平成24年最判の傍論では、委託を受けた保証人については、破産手続開始後の保証履行により取得した事後求償権を自働債権とする相殺を認める。この点も、新法第511条第2項の適用において同じように妥当すると言え、保証委託契約が「前の原因」に該当すると解し、委託保証人が差押え後に取得した事後求償権を自働債権とする相殺は認められることになろう[5]。

4)　文言解釈としては、同条項における「前の原因」がないと解することになる。この点については、下記 **Q7** 参照。
5)　一問一答205頁注2、衆議院法務委員会議事録第14号28頁〔小川秀樹政府参考人発言〕（直接には新法第469条第2項第1号の「前の原因」の解釈として言及しているが、同号と新法第511条第2項の「前の原因」の範囲が基本的に一致するものであることも併せて述べている）、一問一答181頁。

第 1 節　弁済・相殺　第 2　相殺　185

> Q7 相殺と差押えや債権譲渡と相殺に関し、相殺期待が保護される要件である「前の原因」には、どのような場合が該当するか。

解　説

1　基本的な考え方

　新法第 511 条第 2 項は、被差押債権の第三債務者が差押え後に取得した自己の反対債権について、当該債権が差押え「前の原因」に基づき生じたものであるときには、当該反対債権を自働債権とし、被差押債権を受働債権とする相殺を差押債権者に対抗できるとした。また、新法第 469 条第 2 項第 1 号も、譲渡債権の債務者が債務者対抗要件具備後に取得した譲渡人に対する自己の反対債権について、当該債権が債務者対抗要件具備時より「前の原因」に基づき生じたものである場合に、当該反対債権を自働債権とし、譲渡債権を受働債権とする相殺を譲受人に対抗できるとした。このように、反対債権の債権者が相殺を対抗できるか否かについては、「前の原因」の解釈が重要な意味を持つことになる。

　この「前の原因」という文言は、破産手続において、破産手続開始の前の原因に基づいて生じた破産債権（破産法第 2 条第 5 項）をもって、破産者の債務と相殺することができるとする破産法の規定（破産法第 67 条）と整合させるものである[1]。そのため、民法上の相殺の可否についても、破産法における関連規定の解釈論が参考になるものと考えられる（上記 Q6 参照）。この「前の原因」（破産法第 2 条第 5 項）については、破産法との関係では、破産債権の発生原因の全部が手続開始前に備わっていなければならないとする全部具備説と、破産債権の発生原因の全部が備わっている必要はなく主たる原因が備わってい

---

1)　一問一答 204 頁〜 205 頁、部会資料 69 A・28 頁。

186　第 4 章　債権債務関係の消滅、債務不履行

れば足りるとする一部具備説の争いがあるが、一部具備説が通説とされている[2]。

　しかし、相殺の可否の文脈において、この一部具備説や「前の原因」という用語は決定的な意味を有するものではない。平成 24 年最判は、無委託保証人の事後求償権について、破産法第 2 条第 5 項の「前の原因」に基づき生じたものであることを認めつつも、相殺に対する期待を合理的なものとは認めず、破産法第 72 条第 1 項第 1 号の類推適用により、当該事後求償権を自働債権とする相殺を許容しなかった（同判決と新法第 511 条第 2 項との関係については上記 Q6 参照）。また、破産法等の相殺禁止の例外要件（破産法第 71 条第 2 項第 2 号等）である「前に生じた原因」についても、破産債権者の相殺への合理的な期待を直接かつ具体的に基礎づける程度の事由の存在が必要であると解されており[3]、一定の限定がかかっている。これらを踏まえると、「前の原因」の解釈については、事実上の担保的機能を有する相殺に対する期待を合理的なものとして保護すべきか否かという規範的な評価が必要となろう[4]。

　そして、このような相殺期待を保護すべき「前の原因」の有無について、一義的な基準を見出すことは難しい。学説の中には、相殺に供する両債権の客観的な牽連関係があるか否かを重視する見解がある[5]。しかし、新法第 511 条第 2 項や第 469 条第 2 項第 1 号の文言からこれを導き出すのは難しいし、平成 24 年最判が破産者の意思を考慮要素

2)　伊藤ほか 34 頁、竹下守夫ほか『大コンメンタール破産法』（青林書院、2007 年）20 頁。

3)　伊藤ほか 560 頁。

4)　井上聡＝松尾博憲＝藤澤治奈「鼎談　改正民法の実務的影響を探る第 6 回　相殺」NBL 1123 号（2018 年）32 頁～33 頁〔井上聡発言、藤澤治奈発言〕。

5)　中井康之「相殺をめぐる民法改正――差押えと相殺・債権譲渡と相殺」今仲利昭先生傘寿記念『会社法・倒産法の現代的課題』（民事法研究会、2015 年）730 頁。これとは別に、債権法研究会 353 頁～372 頁〔岡正晶〕は、相殺期待の保護に関する基準として、個別執行手続における配当要求の終期の時点において「将来の給付の訴えを提起することのできる請求権としての適格」を有している自働債権についてのみ、相殺権を保護すべきという解釈論を展開する。

として重視しているように、裁判例も個別の事例に応じて様々な事情を考慮して、相殺期待が合理的か否かを判断している。下記のとおり、相殺に供する両債権の客観的な牽連関係は、相殺期待を保護する上で一つの重要な要素とはなり得るものの、相殺期待の合理性を基礎づけるために唯一の要素というわけではないと考えられる[6]。相殺への合理的期待の有無が問題となる取引類型は多様であり、倒産法に関するものを含め、判例・学説や実務の集積があることから、これらを踏まえて個別の事例ごとに検討すべきである。

2　具体的な検討①：両債権の発生原因が同一の契約による場合

　相殺の対象となる両債権が同一の双務契約から生じるものである場合、相殺の合理的な期待は認められやすいと考えられる。

　売買代金債権や請負代金債権が差押え・債権譲渡の対象となった場合に、差押え後・債務者対抗要件具備後に取得した契約不適合に基づく損害賠償請求権を自働債権とする相殺は可能だろうか。この場合、当事者は、相殺による代金精算も想定して取引関係に入っているものと考えられ、売買契約や請負契約自体を「前の原因」（言い換えると、「前の原因」としては契約締結自体で十分であり、目的物の引渡しや契約不適合の発見等までは要しない）と解して差支えないであろう[7]。ただし、基本契約・個別契約方式で契約が締結された場合に、基本契約のみで「前の原因」と認められるかについては、基本契約の拘束力の具体的な内容次第であると指摘されていること[8]にも留意が必要である（「契約」の捉え方については、下記 Q 8 でも言及する）。なお、破産法に関する下級審裁判例[9]には、請負人の破産手続申立後に契約解除に基

---

6)　山田八千代「特集　債権法改正の要点 相殺——債権の牽連性」ジュリ 1511 号（2017 年）33 頁は、客観的な牽連性の基準とすることに肯定的な立場を示しつつも、「牽連性がなければ合理的期待が存在しないという強い主張が可能であるかは、別の問題」とする。

7)　上記の客観的な牽連関係を重視する見解からは、両債権に牽連関係があることが決め手であると説明可能かもしれない。

8)　中田ほか 258 頁〔道垣内弘人〕。

188　第4章　債権債務関係の消滅、債務不履行

づく違約金請求権を取得した注文者が、これを自働債権とし、請負代金債権を受働債権とする相殺について、「前の原因」に基づくものであるとして相殺は許容されると判断したものがある。

　上記と同様に、賃貸借契約の賃料債権が差押え・債権譲渡の対象となり、差押え・譲渡後に必要費償還請求権を反対債権として取得した場合も、賃貸借契約の締結自体を「前の原因」と見て、当該賃料債権との相殺に対する期待を保護すべきと言うべきであろう。

3　具体的な検討②：両債権の発生原因が同一の契約によらない場合

　上記2に対して、相殺の対象となる両債権の発生原因が異なる契約に基づく場合、単に反対債権の発生原因である契約が差押え等の前に存在するだけでは、相殺期待は合理的なものではないと判断されることもあろう。しかし、常に相殺の保護が否定されるわけではなく、当事者による相殺の担保的機能への期待を基礎づける他の事情があれば、当該相殺の期待が合理的なものと認められる場合もあると考えられる。

　この点は、平成24年最判が、保証委託契約の有無や破産者の意思を相殺の合理的期待を認める重要な要素としていることや、振込指定に関する倒産法上の文脈で、預金契約そのものは「前の原因」に該当しないものの、いわゆる「強い振込指定」と言える関係が当事者間にあれば、預金開設金融機関における相殺期待が保護されるとする議論[10]とも整合的である。そのため、金融機関の立場から、スキームを構築する際の契約のアレンジが相殺による債権回収の可能性を決することになるとの指摘もされている[11]。

---

　9)　東京高判平成13年1月30日訟務月報48巻6号1439頁。
　10)　「強い振込指定」については、**第3章第1節第2Q7**参照。
　11)　井上＝松尾261頁。

第1節　弁済・相殺　第2　相殺　189

Q8
債権譲渡と相殺に関し、譲渡債権の「発生原因である契約」に基づき生じた反対債権による相殺が認められる理由はどのように考えられるか。

解　説

1　規定新設の趣旨

　新法第469条第2項第2号では、譲渡債権の債務者が債務者対抗要件具備後に取得した譲渡人に対する自己の反対債権について、当該債権が譲渡債権の「発生原因である契約」に基づき生じたものである場合に、当該反対債権を自働債権とし、譲渡債権を受働債権とする相殺を譲受人に対抗できるとした。ここで相殺の抗弁を対抗できる反対債権は、例えば、将来発生する売買代金債権が譲渡され、債務者対抗要件の具備後に、当該売買代金債権の発生原因となる売買契約が実際に締結され、その後同契約に基づき発生した契約不適合による損害賠償請求権等である[1]。このような相殺を認める趣旨として、同一の契約に基づく両債権については、強い関連性・牽連性が認められることから、相殺期待を保護すべきであるとされている[2]。

　新法第469条第2項第1号が債務者対抗要件具備の「前の原因」に基づく反対債権による相殺を認めるのに対し、同項第2号は、将来債権が譲渡された場面において、債務者対抗要件具備「後」に締結された「発生原因である契約」に基づく反対債権による相殺を許容するものである。差押えと相殺に関する新法第511条について、新法第469条第2項第2号に対応する規定は存在しない（**図表4-4**参照）。債権

---

1)　衆議院法務委員会議事録第14号28頁〔小川秀樹政府参考人発言〕、参議院法務委員会議事録第14号16頁〔小川秀樹政府参考人発言〕等、一問一答181頁～182頁。
2)　衆議院法務委員会議事録第14号28頁〔小川政府参考人発言〕、参議院法務委員会議事録第14号16頁〔小川政府参考人発言〕、一問一答181頁。

190　第4章　債権債務関係の消滅、債務不履行

譲渡の場合には、将来債権譲渡が幅広く許容されており、譲渡後も譲渡人と債務者との間における取引が継続することが想定されるため、相殺の期待を有する譲渡債権の債務者の利益を保護する必要がある一方で、差押えの場合には、差押え時点で債権発生の基礎となる法律関係が存在していることが要請され、かつ、強制執行の実効性確保の要請も重要であることから、債権譲渡の場合と同程度に第三債務者の利益を保護するのは妥当ではないと説明されている[3]。

　この点について、一部には、新法第469条第2項第2号を差押えの場合にも準用すべき（つまり、将来債権の差押えを前提に、差押え「後」に締結された当該債権の「発生原因である契約」に基づく反対債権による相殺を認めるべき）との見解[4]も唱えられている。しかし、上記のとおり、条文上は明らかに意図的に区別されており、安易な類推適用は法的安定性を害するおそれがある。将来債権の譲渡の場合、債務者はあらかじめ譲渡制限特約を合意して相殺の利益を自衛することができないため、同号により相殺を対抗できる反対債権の範囲を拡張する合理性が認められる一方で、差押えの場合は、差押債権者に譲渡制限特約を対抗できないものとされていること（新法第466条の4第1項）とのバランスを考えても、両者の区別が不合理とは言い難い。そのため、新法第469条第2項第2号は、条文のとおり、債権譲渡と相殺に関する特有の規定であると言うべきであろう。

図表4-4：相殺を対抗できる反対債権の範囲（相殺可：○　相殺不可：×）

＜差押えと相殺（新法第511条第2項）＞

	差押え**前**に取得	差押え**後**に取得
差押え**前**に原因発生	○	原則：○ 他人の債権を取得：×

---

3)　衆議院法務委員会議事録第14号28頁〔小川政府参考人発言〕、参議院法務委員会議事録第14号17頁〔小川政府参考人発言〕、部会資料74A・14頁。

4)　債権法研究会366頁〔岡正晶〕。

差押え**後**に 原因発生	—	×

＜債権譲渡と相殺（新法第469条第2項＞

	債務者対抗要件具備**前**に 取得	債務者対抗要件具備**後**に 取得
債務者対抗要件 具備**前**に原因発生	○	原則：○ 他人の債権を取得：×
債務者対抗要件 具備**後**に原因発生	—	同一の契約に基づくと○ ただし、他人の債権を取得は×

2　具体的な検討

　新法第469条第2項第2号は、反対債権と譲渡債権の「発生原因である契約」が同一である場合に、相殺に対する期待を保護するものである。しかし、関連する契約書が複数存在する場合等、同一の契約と言えるか悩ましい場面が少なからず想定されると考えられる。

　立案過程においては、以下のように説明されている[5]。

　「『同一の契約』に該当するか否かは、契約書が同一であるか否かが判断に当たって重要な考慮要素になるとは考えられるが、契約書が同一である場合だけを指すものではない。例えば、全く関係のない二つの契約を一通の契約書で作成したとしても、これを『同一の契約』と評価するのは適当ではないと考えられる。他方、一通の契約書が作成されることが取引慣行上一般的である取引について、二通の契約書が作成された場合に、譲渡対象債権と反対債権とが別々の契約書から発生していたとしても、取引の一体性が考慮されることによって、『同一の契約』であると解釈されることはあり得ると考えられる」。

　すなわち、契約書が1通かどうかといった形式面ではなく、実質的

---

5)　部会資料74A・15頁。

192 第4章 債権債務関係の消滅、債務不履行

に同一の契約と言えるかを評価することになり、事例ごとに個別の事情に応じた判断が求められることになろう。

この点に関し、継続的な取引の基となる売買基本契約が存在し、これに基づく個別契約により売買代金債権が成立した場合、共通する基本契約上の「他の」個別契約に基づく損害賠償請求権等は、新法第469条第2項第2号が相殺を許容する反対債権と言えるかが問題となる[6]。あくまで個々の債権は各個別契約に基づき発生するものであると見ると、基本契約を「発生原因である契約」と解するのは、譲渡債権の債務者における相殺期待を過度に保護することになりかねない。しかし、実務で少なからず見受けられるように、基本契約や個別契約について紙の契約書は作成していないものの、発注書や請求書等のやり取りのみで「〇日締め・〇日請求」といった形により長期にわたり取引が行われており、将来的にも取引の継続が見込まれるような場合、個々の債権の「発生原因である契約」が何かを特定することは容易ではないし、当事者としては、このような取引から生じる対立債権については互いに相殺・精算することを想定しているかもしれない。また、基本契約と個別契約について、契約書が実際に作成され両者が明確に区別できる場合でも、当該基本契約において、別個に成立した個別契約上の債権に関する相殺・精算条項が入っているときのように、両当事者の相殺期待が明確に表れている場合に、「同一の契約」ではないとして相殺期待を保護しないことが妥当かは議論の余地がないとは言えないのではないか。

新法第469条第2項第2号における「発生原因である契約」も、上記Q7で検討した「前の原因」と同様、規範的な評価を前提とした解釈論が展開される可能性があり、今後の判例・学説の集積が待たれると言えよう。

---

6) 本段落全体につき、野村豊弘＝中井康之「連載 債権法改正と実務上の課題 第6回 相殺」ジュリ1520号（2018年）88頁以下参照。

本論に対するコメント（内田貴）

●「第1　弁済」について

■Q2について

　本論では、第三者弁済に関連する論点として、債務者を関与させないで行う債務引受や無委託の保証契約に言及があり、譲渡制限特約付債権の譲渡の規律を及ぼすべきとする見解の妥当性についても検討がされている。新法の譲渡制限特約付債権の規律は、資金調達目的での債権譲渡の障害を除去するという政策目的から置かれているが、債権譲渡と機能が近い債務引受や無委託保証に同じ政策的要請があるとは認められず、類似の規律は置かれなかった。したがって、本論でも論じられているとおり、債務引受や無委託の保証契約が締結された場合において、当然に譲渡制限特約付債権の譲渡と同等に扱われるわけではないと言うべきである。

　当事者が債務引受や保証契約という法形式を選択した場合、債務引受人（連帯債務者）・保証人と債務者との間の法律関係は、連帯債務や保証に関する規律の枠組みで処理されるから、求償権となる（この点が債権譲渡と異なる）。債務者の委託を受けず、あるいはその意思に反して保証契約が締結された場合における債務者の利益は、無委託保証や意思に反する保証における求償権の制限の規律により保護されている。債務引受の場合は、連帯債務者間の求償の関係となるが、それは委託を受けた保証と同様の内容なので（新法第442条第2項、第459条第2項参照）、債務者の関与しない債務引受については、無委託保証や意思に反する保証の規律（新法第462条）が準用されるべきである（この問題を論ずる学説は概ねこのような説である）。

　旧法下では、債権に譲渡禁止特約が付されていた場合に、あえて債権譲渡を避け、債務者を関与させない形での債務引受等が債権者の資金調達や決済目的で使われるという実務が存在していた。その場合、

元の債務者との関係は前記の求償の規律で処理される。しかし、債務者としては、債務引受契約の締結や保証契約の締結を禁止する特約を債権者と合意することは可能で、特約に違反する債務引受や無委託保証がされた場合、債務者は、債権者に対して、債務不履行に基づく損害賠償請求や解除権の行使が認められると考えられる。その意味で、これらの制度を資金調達目的に使うことには制約がある。

しかし、だからといってこれらの手法に債権譲渡並みの保護を与えるべきだということにはならない。新法の下では、債権者は、債権譲渡（あるいは譲渡担保）を選択することにより資金調達を行うことが可能となっており、債権者が債権を用いて資金調達をすることが阻害されるわけではないからである。

■Q4について

新法第477条は、現代的な資金移動手段である預貯金口座への振込みが金銭債務の弁済の方法として日常的に用いられていることを踏まえ、預貯金口座への振込みによる弁済に関する規定を新設した。同条は、債権者が振込金額の預貯金払戻請求権を金融機関に対して取得した時に弁済の効力を生ずるとしたが、それ以外に預貯金口座への振込みによる弁済に関する規定は置かれず、解釈に委ねられた問題も多い。本論において検討されている弁済の提供がいつ生じるかという問題も、残された解釈問題である。

弁済の提供は、債務の履行完了のために債権者の協力が必要な場合に、債務者が行うべき具体的な行為であり、債権者が弁済を受領しようと思えば受領することができる状態を実現することを要する。振込みによる弁済は、債務者と債権者の間に預金取扱金融機関という第三者が介在する点に特徴があり、債務者による振込依頼があっても、その後の金融機関側のシステム障害等の外部事情により、弁済の成否が左右されることになる。このため、預貯金口座を保有する債権者が弁済を受領する意思を有していても、振り込まれた金銭を受領することができない可能性がある。

学説には弁済提供の時点を仕向銀行への支払指図の時点とする説も
あるが、以上を踏まえると、振込みによる弁済に関し、債権者が被仕
向銀行に対して預金払戻請求権を取得する時点よりも前の時点で、弁
済の提供があったことを認めるのは難しいと考えられる。

●「第2 相殺」について

■Q6、Q7について

本論では、相殺と差押えに関する新法第511条と、破産法の相殺禁
止規定の比較がされている。「前の原因」に基づいて差押え後に生じ
た債権による相殺を認める改正（新法第511条第2項）は、個別執行
手続である差押えに関する規律を、包括執行手続である破産手続に関
する規律に合わせる趣旨である。**図表4-3**の注1や注2の点につい
て、両者の条文上の差異を重視する説もあるが、これは破産時と平時
の相違に由来するものに過ぎない。差押え後に取得した自働債権によ
る相殺の保護と、破産手続開始後に取得した自働債権による相殺の保
護との間で、規範上の区別を設ける趣旨ではない。平成24年最判は、
破産法第72条との関係で、破産手続開始前に締結された保証契約に
基づき手続開始後に生じた求償権を自働債権とする相殺について、無
委託保証人の場合には相殺は保護せず、委託保証人の場合には相殺を
保護する立場をとった。新法第511条における相殺と差押えの文脈に
おいても、差押え前に締結された保証契約に基づき差押え後に発生し
た求償権を自働債権とする相殺に関し、上記の結論は同じように妥当
すると考えられる。その意味で、相殺を保護すべきかどうかに関して
は、倒産法における裁判例や学説も参考になる。

なお、本論の**Q7・3**（具体的な検討②：両債権の発生原因が同一の契
約によらない場合）では、委託保証人による求償権に基づく相殺に関
して、当事者の意思が考慮要素として挙げられている。これは、相殺
の当事者が相殺を期待する意思を有していたと類型的に認めるに足り
る客観的な事情があることを言い換えたものであり、個別の相殺の当

196　第4章　債権債務関係の消滅、債務不履行

事者が実際に相殺を期待していたかどうかという主観を問題にしているわけではない。平成24年最判が、委託保証と無委託保証の場合で相殺の保護に関する結論に違いを設けたのも、あくまで客観的な契約態様に着目して、合理的な相殺期待の存否を判断したものと捉えることができる。

　本論では「前の原因」の解釈に関して、相殺が保護されるためには、自働債権と受働債権との間に「客観的な牽連性」が必要とする見解も紹介されている。新法第469条第2項や新法第511条第2項の条文ではこのような概念を用いていないが、比較法的には牽連性ないしそれに類する概念を要件とする例は少なくない。あくまで規範的概念であるから、この概念を用いたから直ちに基準が明確になるわけではないが、合理的な相殺への期待を生ずるにふさわしい一定の客観的関係が自働債権・受働債権間にあることを表現する概念と言える。相殺「期待」と言うと純粋に主観を問題としているようにも見えるが、より客観的な事情が必要であることを言い表すには適切とも言える。しかし、日本の法令上は用例がないため、法制執務上民法の条文に用いることができず、結局、旧法になじみのある表現が採用されたのである。

■Q8について

　本論では、新法第469条第2項第2号が、差押えと相殺に関しても類推適用されるかという点が検討されているが、同号が債権譲渡に特化した規律であることは条文上明らかであり、そのような準用が認められないのは本論の指摘どおりである。新法第469条第2項第2号が設けられた理由は、将来債権の譲渡がされた場合、債権譲渡後も正常な取引が継続することが想定されるという事情にある。このため、債権譲渡後に被譲渡債権の「発生原因である契約」が締結された場合に、その契約「に基づいて生じた」反対債権による債務者の相殺への期待を保護する必要がある。

　他方、将来債権が差し押さえられた場合は、その後も正常な取引関係が継続するという事態は想定し難く、第三債務者が差押え後に被差

押債権の「発生原因である契約」をあえて締結した場合は、資力の危うい相手との取引を続けるというリスクをおかした以上、その契約に基づいて生じた反対債権による相殺を保護する必要性は乏しいと考えられたのである。

　もっとも、例えば第三債務者が売買契約に基づく代金債権の債務者（すなわち買主）である場合、差押え後に締結された売買契約に基づき取得した目的物の契約不適合による損害賠償請求権を自働債権とする相殺は認められないとしても、担保責任に基づく代金減額請求（新法第563条）や解除権（新法第564条、第541条、第542条）については差押債権者に対抗できると解されるため、第三債務者はその限度で保護されることになる。しかし、異なる救済手段であるから、これをアンバランスと言う必要はない。

　続いて本論は、「発生原因である契約」が、実質的な解釈により定まる旨を述べる。もちろん、形式的に一枚の契約書で締結された契約であることが求められているわけではない。しかし、条文上の要件の候補としては、「譲渡対象債権と密接に関連する債権」による相殺や「同一の取引の一部である他の契約」から生じる相殺権を認めるなどの可能性もあり得た中[1]で、新法第469条第2項第2号は、基準としての明確性を重視して、保護される相殺の対象を「発生原因である契約」により画するものとし、契約の同一性を要求した。したがって、譲渡債権の債務者の相殺が保護されるのは、同一の契約と評価できる範囲に限定される。

　とは言え、同一性の判断にも解釈の余地は残る。例えば、売買契約について基本契約・個別契約方式がとられた場合も、個別契約の個別性が大きく、個別契約において目的物の引渡時期や代金が合意され、その都度決済されるのであれば、基本的に「発生原因である契約」は当該個別契約を指すというべきだろう。しかし、個別契約は日々の発注によって締結されるものの、詳細は基本契約で決まっていて、代金

---

1)　部会資料 9-2・29頁～30頁参照。

198　第4章　債権債務関係の消滅、債務不履行

の支払も、継続的な売買取引の中で1か月ごとに「〇日締め・〇日請求」のような形で決済がされるのであれば、基本契約を「発生原因である契約」と見るべき場合もあろう。

第2節　消滅時効

第1　総論

> Q1　消滅時効について、どのような改正がされたか。

解　説

　消滅時効に関する改正は多岐にわたるが、実務に影響を与えると思われる事項としては、以下のものが挙げられる。

1　時効期間の統一化

　債権の消滅時効における原則的な時効期間につき統一化を図る抜本的な改正がなされた。

　具体的には、職業別の短期消滅時効（旧法第170条〜第174条）を廃止し、かつ、商事消滅時効（5年。旧商法第522条）も廃止した上で、債権の原則的な時効期間については、①債権者が権利を行使することができることを知った時（主観的起算点）から5年、又は、②債権者が権利を行使することができる時（客観的起算点）から10年とされた（新法第166条）。

図表 4 – 4：原則的な債権の時効消滅時期

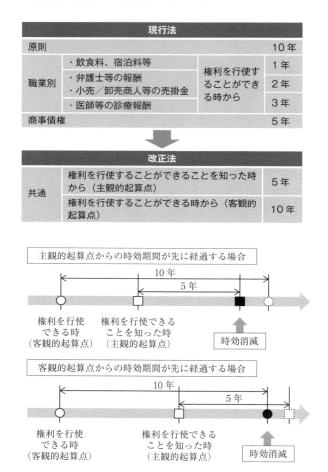

2　生命・身体侵害の損害賠償請求権の消滅時効

　生命や身体が侵害されたことに基づく損害賠償請求権の消滅時効について、①一般の債権の客観的起算点からの時効期間を20年とするとともに（新法第167条）、②不法行為による損害賠償請求権の主観的起算点からの時効期間を 5 年とする改正がなされた（新法第724条の 2）。

第2節　消滅時効　第1　総論　201

　この改正の結果、新法の下では、生命・身体の侵害があった場合に、債務不履行と不法行為のいずれの方法で損害賠償請求を求めても、時効期間に変わりはないこととなる（**図表4-5**も参照）。

図表4-5：生命・身体侵害の損害賠償請求権の消滅時効

	債務不履行		不法行為	
	主観的起算点	客観的起算点	主観的起算点	客観的起算点
一般的な債権	5年	10年	3年	20年
生命・身体侵害の損害賠償請求権	5年	20年	5年	20年

3　時効障害事由（中断・停止）の見直し

　時効障害につき、「中断」及び「停止」という概念を、それぞれ「更新」及び「完成猶予」と呼び換えるとともに、以下のとおり、旧法の解釈や判例法理を踏まえて時効中断事由に関する規定を再構築した。

(1)　裁判上の請求等

　新法は、裁判上の請求等（訴訟提起・調停申立て等）を「中断」事由から「完成猶予」事由に改め、これらの手続の継続中は時効が完成しないとしつつ、これらの手続が訴えの取下げ等によって途中で終了した場合は、その時から6か月が経過するまでは時効が完成しないとした（新法第147条第1項）。

　他方で、新法は、これらの手続が勝訴判決の確定等により終了した場合を「更新」事由と定めて、その時から新たに時効が進行するとした（新法第147条第2項）。

　なお、これらの改正内容は、旧法のルールを実質的に維持するものである。裁判等により確定した権利の消滅時効期間が10年である点

202　第4章　債権債務関係の消滅、債務不履行

も旧法と同様である（新法第169条第1項）。

(2)　強制執行等

新法は、強制執行等（強制執行・担保権の実行等）についても、裁判上の請求等と同様に「完成猶予」事由に改めるとともに（新法第148条第1項）、その手続の終了（ただし、取下げ等により途中で終了した場合を除く）を「更新」事由とした（同条第2項）。これも、旧法のルールを実質的に維持するものである。

(3)　仮差押え等

新法は、仮差押え・仮処分を、「中断」事由から「完成猶予」事由に改めている（新法第149条）。しかし、裁判上の請求等や強制執行等とは異なり、「更新」事由に該当するものはなく、旧法のルールを実質的に変更するものである。

(4)　催告

新法は、催告が「完成猶予」事由であることを明文化し、催告の時から6か月が経過するまでは時効が完成しないとした（新法第150条第1項）。また、催告により時効の完成が猶予されている間の再度の催告が時効の完成猶予の効力を持たないことも明文化した（同条第2項）。

図表4-6：裁判手続に関する更新・完成猶予事由

	「完成猶予」事由	「更新」事由
裁判上の請求等	・　裁判上の請求 ・　支払督促の申立て ・　和解、民事調停、家事調停の申立て ・　破産手続、再生手続、更生手続参加	・　裁判の確定 ・　支払督促の確定 ・　和解・調停の成立 ・　権利の確定に至り、手続が終了したこと

強制執行等	・　強制執行 ・　担保権の実行 ・　担保権の実行としての 　　競売 ・　財産開示手続	・　手続の終了 （ただし、申立ての取下げ 又は手続の取消しによる 終了の場合は除く）
仮差押え等	・　仮差押え ・　仮処分	（該当なし）

⑸　協議を行う旨の合意

　新法は、権利についての協議を行う旨の合意が書面（電磁的記録も可）でされたことを新たな時効の「完成猶予」事由と定めた（新法第151条）。

　概要は、以下のとおりである。

---

①　権利についての協議を行う旨の書面合意があった場合に、合意から1年間（より短い協議期間を定めたときはその期間）、時効の完成が猶予される。

②　協議期間中に一方の当事者が書面で協議続行の拒絶を通知した場合、協議期間経過前でも通知後6か月で時効が完成する。

③　協議合意により時効の完成が猶予されている間に繰り返し協議合意を行った場合は、当初の時効期間が満了すべきであった時から5年を超えない範囲で、再度の完成猶予の効力を持つ。

④　催告によって時効の完成が猶予されている間に協議合意をしても、その協議合意によって時効の完成は猶予されない。

　同様に、協議合意によって時効が完成されている間に催告をしても、その催告によって時効の完成は猶予されない。

204　第 4 章　債権債務関係の消滅、債務不履行

第 2　債権の消滅時効における原則的な時効期間と起算点

> Q2　客観的起算点と主観的起算点の関係をどのように考えればよいか。

解　説

　新法においては、債権の消滅時効における原則的な時効期間につき統一化を図る抜本的な改正がなされ、①「権利を行使することができることを知った時」（主観的起算点）から 5 年、又は、②「権利を行使することができる時」（客観的起算点）から 10 年とされた（新法第 166 条）。

　ところで、旧法第 166 条は、「権利を行使することができる時」を起算点と定めているが、これについては、一般的には、権利行使につき法律上の障害がないことを意味し、権利者が権利を行使し得ることを知る必要はないと解されている（大判昭和 12 年 9 月 17 日民集 16 巻 1435 頁）。

　もっとも、この起算点（客観的起算点）の実際の適用場面においては、権利の性質によって、「その権利行使が現実に期待のできるものであることをも必要」との解釈の下、消滅時効の起算点を遅らせているものもある。

　例えば、弁済供託の払渡請求権の消滅時効の起算点につき、供託の時ではなく、供託の基礎となった債務について紛争の解決等によってその不存在が確定するなど、供託者が免責の効果を受ける必要が消滅した時とする判例がある（最大判昭和 45 年 7 月 15 日民集 24 巻 7 号 771 頁）。これは、弁済供託において供託の基礎となった事実をめぐり供託者と被供託者との間に争いがある場合に、争いの続いている間に当事者のいずれかが供託物の払渡しを受けるのは、相手方の主張を認めて自己の主張を撤回したものと解されるおそれがあるため、争いの解決を見るまでは、供託物払渡請求権の行使を当事者に期待するのは事

実上不可能に近く、払渡請求権の消滅時効が供託の時から進行すると解することは、法が当事者の利益保護のために認めた弁済供託の制度の趣旨に反することを理由とするものである。

この他にも、生命保険契約の被保険者が自動車を運転して外出したまま行方不明になった後、3年以上が経過して峠の展望台の下方の雑木林で自動車とともに白骨化した遺体となった発見されたという事案で、死亡保険金請求権の消滅時効は、被保険者の遺体が発見されてその死亡が確認され、保険金請求権の権利行使が現実に期待できるようになるまでは進行しないとした判例がある（最判平成15年12月11日民集57巻11号2196頁）。

以上のような客観的起算点に関する旧法の解釈が、新法の主観的起算点と客観的起算点の解釈にどのような影響を与えるかについては明確にされておらず、なお解釈に委ねられている。

この点、客観的起算点に関して、権利行使につき法律上の障害がないことと厳密に解して、上記判例が言う「権利行使が現実に期待できる」といった要件は主観的起算点で考慮されるべきとの解釈も考えられる。

しかし、例えば、上記弁済供託の払渡請求権の消滅時効の例において、「供託者が免責の効果を受ける必要が消滅した」という客観的状況と、「供託者が免責の効果を受ける必要が消滅したことを債権者が知ること」という債権者の主観とは、厳密には区別されるものと考えられる。このことは、死亡保険金請求権の消滅時効の例における「被保険者の遺体が発見されてその死亡が確認された」という客観的な状況と、「被保険者の遺体が発見されてその死亡が確認されたことを債権者が知ること」という債権者の主観との関係においても同様のことが言えると考えられる。

以上を踏まえれば、新法においても、客観的起算点（新法第166条第1項第2号）の解釈については、旧法の時効の起算点の解釈がそのまま維持されてよいと思われ、上記の判例の事案においては、「供託者が免責の効果を受ける必要が消滅したことを債権者が知った時」や

「被保険者の遺体が発見されてその死亡が確認されたことを債権者が知った時」が主観的起算点（同項第1号）に該当すると解してよいと考える。

第3 時効の更新と完成猶予——時効の中断・停止概念の整理

Q3 「催告」と「裁判上の請求」の関係をどのように考えればよいか。

解 説

1 旧法下における関係

旧法下においては、催告によって時効の完成が猶予されている間に行われた再度の催告は、時効の中断効を有しないと解されている（大判大正8年6月30日民録25輯1200頁）。

また、この催告が繰り返される場合の取扱いについては、2回目以降の催告が裁判上の催告である場合であっても異なるものではないと解されている（最判平成25年6月6日民集67巻5号1208頁）。

2 新法下における関係

新法において、「催告」（裁判外の催告）は、時効の完成猶予事由として明示的に定められるとともに（新法第150条第1項）、「催告」によって時効の完成が猶予されている間にされた再度の催告は時効の完成猶予効を有しないことが明示的に定められた（同条第2項）。

また、新法は、訴えを提起した場合において、後日当該訴えが取り下げられた場合には、いわゆる、裁判上の催告と同様の効力を認め、取下げ時から6か月を経過するまでの間は、時効の完成が猶予される旨を定めた（新法第147条第1項柱書かっこ書・第1号）。しかし、この場合の時効の完成猶予については、催告の繰返しを認めない新法第150条第2項に当たる規定は設けられていない。このような新法の下においては、訴えの取下げによって時効の完成が猶予されている間（すなわち、訴えの取下げ時から6か月以内）に、再度訴えが提起された

場合には、その後に当該訴えが取り下げられたとしても、その取下げ時からさらに6か月間は、時効の完成が猶予されると解することが文理解釈として自然と考えられる。

　以上からすると、新法においては、裁判外の「催告」と一旦提起した訴えの取下げの場合の裁判上の催告とを異なる時効の完成猶予事由として定めているとして、新法第150条に言う「催告」には、当該裁判上の催告を含まないとの解釈や、ある債権につき債権者の「催告」（同条第1項）によって時効の完成が猶予されている間に訴えが提起された場合には、その訴えが取り下げられたとしても、同条第2項の適用はなく、当該取下げの時から6か月間は時効の完成が猶予されるとの解釈が十分成り立ち得ると思われる。

　なお、上記1の最高裁判例（最判平成25年6月6日民集67巻5号1208頁）は、明示的一部請求の訴えが提起された場合について、特段の事情がない限り、残部に対して裁判上の催告としての効力が生じるとした上で、催告が繰り返される場合の取扱いに関しては、この裁判上の催告を裁判外の「催告」と同様に取り扱う旨を判示している。この残部に対する裁判上の催告の効力に関しては、明示的一部請求の訴えの場合には残部に対する新法第147条第1項第1号の「裁判上の請求」があったとは言い難いと思われることからすると、一旦提起した訴えの取下げの場合の裁判上の催告（新法第147条第1項柱書かっこ書・第1号）ではなく、新法第150条第2項の適用又は類推適用により催告と同様の効力が認められるとの解釈になり得ると思われる。

第2節　消滅時効　第3　時効の更新と完成猶予──時効の中断・停止概念の整理　209

> **Q4**　「仮差押え」「仮処分」について、「事由が終了した時」とはいつか。

解　説

　新法は、仮差押え及び仮処分を時効の完成猶予事由と定め、「その事由が終了した時」から6か月を経過するまでの間は時効が完成しないとする（新法第149条）。

　旧法は、時効の中断事由（新法の更新事由）と定めていたが、完成猶予事由へと改められた。仮差押えや仮処分は、後の裁判上の請求によって権利関係が確定することが予定されている手続であり、権利確定に至るまでの間、債務者の財産等を保全するための暫定的な手続に過ぎないことが改正理由とされている。

　ところで、仮差押え及び仮処分については、時効の完成猶予の終期である「その事由が終了した時（から6か月）」の時期について、その解釈が必ずしも明らかではない。

　民事保全手続が、保全命令の発令手続と保全執行の手続から構成されており、両者には密接なつながりがあることに鑑みると、「その事由が終了した時」とは、保全執行が予定される類型の民事保全手続では、保全執行が完了した時、保全執行を予定しない保全手続では発令手続が終了した時と解されると思われる。

　もっとも、上記解釈を前提としても、保全執行が予定される類型において、その保全執行の完了時期等がいつであるかは、なお問題となり得る。この点に関しては、旧法下において、仮差押えによる時効の中断効がいつまで続くかにつき、仮差押えの効力が存続する限りは中断の効力が継続するとした判例がある（最判平成10年11月24日民集52巻8号1737頁）。この判例は、その理由を、「民法147条が仮差押を時効中断事由としているのは、それにより債権者が権利の行使をしたといえるからであるところ、仮差押えの執行保全の効力が存続する

210 第4章 債権債務関係の消滅、債務不履行

間は仮差押債権者による権利の行使が継続するものと解すべきだから
であり、このように解したとしても、債務者は、本案の起訴命令や事
情変更による仮差押命令の取消を求めることができるのであって、債
務者にとって酷な結果になるともいえないからである。また、民法
147条が仮差押えと裁判上の請求を別個の時効中断事由として規定し
ているところからすれば、仮差押えの被保全債権につき本案の勝訴判
決が確定したとしても、仮差押えによる時効中断の効力がこれに吸収
されて消滅するものとは解し得ない」と述べている。

　新法の下においても、上記判例の結論を変更する旨の議論はされて
いないところ[1]、①仮差押え又は仮処分が時効の完成猶予事由とされ
ているのも、債権者の権利行使の一形態であると言えるからであるこ
と、②債務者は本案の起訴命令や事情変更による保全取消し等によっ
て仮差押命令の取消しを求めることができること、③新法が、仮差押
えや仮処分を裁判上の請求と別個の時効障害事由として規定している
こと等に照らすと、「その事由が終了した時」とは、仮差押え又は仮
処分の保全執行の効力が失われた時を指すと解され、その効力が存在
する間は時効が完成しないと解されるものと思われる。

　具体的には、不動産の仮差押えであれば、仮差押えの登記がなされ
ている間は、保全の効力が継続しているため、時効の完成は猶予され
ることになろう（したがって、本案の勝訴判決が出て、その時点から新た
に開始した時効期間を経過した後も、当該登記が放置されている間は時効
が完成しないことになる）。

　また、金銭債権の仮差押えに関しては、仮差押命令が送達された後
にその効力が失われることになる事由が明確ではないことが指摘され

1)　法制審議会民法（債権関係）部会においても、合田章子関係官は「保全執行
　の効力が継続している限り、時効中断の効力は継続しているという判例法理に
　ついては、今回の提案で変更する意図はありません。『その事由が終了した時』
　というのも、従来の判例法理における終了時点と同じ時点を指しているという
　趣旨」であると述べている（法制審議会第79回議事録24頁〔合田章子関係官
　発言〕）。

ている。

　以上のような場合において、時効の完成猶予の効力を失わせたい債務者としては、被保全権利の消滅や保全の必要性がないこと等を理由に、保全取消し（事情の変更による保全取消し、民事保全法第38条）を求めて登記を抹消するなどの対応をとることが必要になると思われる。

212 第4章 債権債務関係の消滅、債務不履行

Q5 時効の完成猶予事由である「協議を行う旨の合意」の具体的内容はどのようなものか。

解　説

　旧法においては、当事者間で権利に関する協議の合意がされた場合に時効の完成を阻止する方法は特に規定されていない。そのため、当事者間において権利をめぐる争いを自発的に解決するために協議を継続していても、時効の完成が間際となった場合、時効の完成を阻止するためだけに訴訟提起や調停申立てを行わざるを得ない事態が生ずることがある。

　新法は、このような無用な訴訟提起等の負担を減らす狙いから、当事者間で上記の協議が行われている間は時効が完成しないようにすべく、協議合意に時効の完成猶予の効果を認めている（新法第151条）。

1　時効の完成猶予の要件

(1)　権利について協議を行う旨の合意

　時効の完成猶予が認められるためには、当時者間で問題となっている権利の存否やその内容について協議を行うことにつき合意が成立していることが必要となる。

　協議という概念は外延が不明確であり、その存否が判然としない場合がある。そこで、協議の存否と時効の完成猶予の効力が生ずる期間を明確にするため、協議の合意を時効の完成猶予事由とした。

(2)　書面又は電磁的記録による合意

　権利について協議を行う旨の合意は、書面又は電磁的記録によりなされることが必要である。事後的に時効の完成猶予の成否をめぐって合意の存否が争われることを避ける趣旨である。

　この書面又は電磁的記録は、当事者間で問題となっている権利の存

否やその内容について協議する旨の当事者双方の意思が表示されている必要がある。具体的には、①当事者間で問題となっている権利を特定する事項、②当該権利につき協議を行うことに合意した旨、③当該合意の成立日が、この書面又は電磁的記録によって表示されていることが必要となろう。

　もっとも、この書面又は電磁的記録の様式について特段の制限はなく、署名・押印も必要とされない。したがって、典型的な実務対応としては、1通の書面に前記①から③の内容が記載されて、当事者双方が署名・押印することが考えられるが、この他にも、例えば、当時者の一方が、書面や電子メールで協議を申し込み、他方がこれへの返信で協議に応じる旨を回答する方法をとることも考えられよう。なお、後者の方法による場合、後日に合意の成否が問題となることを避けるため、協議に応じる旨の返信に当たっては、相手方からの協議の申込みを特定できるよう、当該申込みに係る書面又は電子メールを特定できる事項（当該書面の作成日や標題等）を記載する、あるいは、当該申込みに係る電子メールに対する引用返信を用いることが適当であろう。

2　完成猶予の期間

　協議を行う旨の書面又は電磁的記録による合意が成立した場合、次のとおり、時効の完成が猶予される。

① 　原則、合意があった時から1年を経過した時まで時効の完成が猶予される（新法第151条第1項第1号）。

② 　合意において1年未満の協議期間を定めた場合、時効の完成猶予の期間は、当該合意で定めた期間の経過した時までとなる（新法第151条第1項第2号）。

③ 　協議期間中に当事者の一方から協議の続行を打ち切る旨の通知が書面又は電磁的記録によりなされた場合、時効の完成猶予の期間は、当該通知から6か月が経過した時まで（上記①又は②の経過時が先の場合はその時まで）となる（新法第151条第1項第3号）。

④ 　協議を行う旨の合意で時効の完成が猶予されている間に、再度、

214　第 4 章　債権債務関係の消滅、債務不履行

協議を行う旨の合意が成立すると、その合意の時点から、上記①
〜③に従ってさらに時効の完成が猶予される。そして、この合意
を繰り返すことにより、本来の時効が完成すべき時（時効の完成
が猶予されなかったとすれば時効が完成すべき時）から通算して 5
年まで猶予が可能となる（新法第 151 条第 2 項）。

3　催告との関係

権利について協議を行う旨の合意とは別の時効の完成猶予事由とし
て「催告」（新法第 150 条第 1 項）があるが、催告によって時効の完成
が猶予されている間に協議を行う旨の合意がなされたとしても、当該
合意によりさらに時効の完成が猶予されることはない。すなわち、催
告によって猶予された期間の経過後に時効は完成する。

具体例

> 2030 年 6 月 30 日に時効が完成する債権について、2030 年 3 月 30 日に
> 「催告」がなされたケース

①　権利について協議を行う旨の合意[1]が 2030 年 8 月 1 日に成立
　　時効期間経過後、「催告」によって時効の完成が猶予されている間
　（2030 年 7 月 1 日以降）に合意が成立しても、当該合意により時効
　の完成は猶予されない。
　　したがって、2030 年 9 月 30 日の経過後に時効は完成する。
②　権利について協議を行う旨の合意が 2030 年 6 月 1 日に成立
　　時効完成前に（「催告」による完成猶予とは関係なしに）合意が成立
　しているため、当該合意により時効の完成が猶予される。
　　したがって、2031 年 6 月 1 日の経過後に時効は完成する。

このことは、権利について協議を行う旨の合意によって時効の完成
が猶予されている間に催告がされた場合にも妥当し、当該催告によっ
て時効の完成は猶予されず、権利について協議を行う旨の合意によっ

---
1)　協議期間に関する別途の定めのない合意を前提とする。

て猶予された期間の経過後に時効は完成する。

216　第 4 章　債権債務関係の消滅、債務不履行

> Q6　「協議を行う旨の合意」によって時効の完成を猶予させようとする場合の留意点は何か。

解　説

　新たな時効完成事由として定められた「協議を行う旨の合意」については、以下の点で留意が必要となる。

1　権利の「承認」との関係

　新法は、権利の「承認」を時効の更新事由と定めており（新法第152 条第 1 項）、承認があった時から時効は新たにその進行を始めるとしている。ここで言う「承認」とは、時効の利益を受けるべき者が、時効によって権利を失うべき者に対して、その権利が存在することの認識を表示することをいう。

　したがって、債権者から権利について協議を行うことの申込みがあった場合に、債務者が、例えば、当該債務の存在自体は認めた上で、その履行時期や履行方法につき協議する旨の意思を（書面又は電磁的記録で）表示した場合には、これが「承認」に該当し、その時点で時効が更新されることになる。

　よって、債権者からの訴訟提起を回避するために「権利について協議を行う旨の合意」による時効の完成猶予を利用しようとする債務者としては、「債務の存在について認めるものではない」旨の留保を付すなどした上で、当事者間で争いのある権利につき「協議を行うこと」の限りで合意する旨を明確にすることが望ましい対応となろう。

2　債権の一部につき協議を行うことを拒否された場合

　例えば、労災事故にあった従業員が、会社に対し、安全配慮義務違反に基づく損害賠償請求権について協議を行いたい旨を書面で申し入れたのに対し、会社（債務者）が、「治療費や通院交通費については

第2節　消滅時効　第3　時効の更新と完成猶予——時効の中断・停止概念の整理　217

協議に応じるが、後遺障害慰謝料等その他については一切支払う意思はなく協議には応じられない」旨を書面で回答した場合、時効の完成猶予の効力発生の有無及びその範囲が問題になり得る。

　この点、金銭債権等の可分債権につき明示的な一部請求がなされた場合の時効中断効の範囲については、明示的に請求がなされた一部にとどまり、残部については、裁判上の請求に準ずるものとして消滅時効の中断の効力を生ずるものではない旨を判示した最高裁判例[1]がある。これは、原告が裁判所に対し主文において判断すべきことを求めているのは債権の一部の存否であって全部の存否でないことが明らかであること（これに反して、訴え提起とともに債権全部につき時効の中断を生ずるとの見解をとるときは、訴え提起当時に原告自身裁判上請求しない旨明示している残部についてまで訴え提起当時に時効が中断したと認めることになり不合理であること）を理由としている。

　上記の労災事故の例においては、従業員（債権者）の会社（債務者）に対する安全配慮義務違反による損害賠償請求権に関し、その一部である治療費及び通院交通費につき協議を行うことが明示された上で、その一部については当事者間で合意が成立していると評価できることに鑑みれば、上記最高裁判例の結論と同様、合意が成立した部分（すなわち、治療費及び通院交通費）には時効の完成猶予の効力が生じてよいと考える。これに対し、合意の成立していない部分（すなわち、後遺障害慰謝料等その他の請求権）については、時効の完成猶予の効力が生じることはないと解されよう。このように解さなければ、協議に応じる意思のない債務者にとって不合理な結論を強いることにもなる。

　なお、この場合において、協議の申入れを行った従業員としては、後遺障害慰謝料等その他の請求権も含めて履行を請求する意思を有していると評価し得る。したがって、従業員から別段の留保がない限り、協議の合意が成立しなかった後遺障害慰謝料等その他の請求権の部分についても従業員（債権者）による「催告」があると解してよいと考

1)　最判平成25年6月6日民集67巻5号1208頁。

218　第 4 章　債権債務関係の消滅、債務不履行

えられる。

本論に対するコメント（鎌田薫）

● 「第2　債権の消滅時効における原則的な時効期間と起算点」について

■Q2について

　本論の指摘のとおり、客観的起算点に関する旧法の解釈が新法における主観的起算点と客観的起算点の解釈にどのような影響を与えるかについては明確にされておらず、旧法下の判例で示された「権利行使が現実的に期待のできるものであること」との要件が、新法の下で、客観的起算点と主観的起算点のいずれで考慮されるべきかについては両論あり得るであろう。従前の裁判例は主観的起算点のない旧法下で債権者の不利益を回避するために客観的起算点の解釈を広げてきたものであり、主観的起算点が明文で定められた新法の下では主観的起算点で考慮すればよいとの考え方もあろうし、他方で、従前の裁判例が「権利を行使することができる時」（旧法第166条第1項）の解釈の範疇にあると認めた「権利行使が現実的に期待のできるものであること」との要件は、あくまで債権者の主観的な事情とは異なる客観的事情に着目したものであり、当該解釈を新法下でも変える必要はないという考え方もあるだろう。

　改正経緯を振り返ると、新法は、まず、短期消滅時効制度を廃止して時効期間の統一化ないし単純化を図る改正を行うに当たり、一方で諸外国において時効期間の短期化が図られていることを、他方で多くの（短期消滅時効が適用される）事例において時効期間が大幅に長期化する結果となることを避けるべきであることを考慮して、原則的な時効期間を短期化することとした。しかしながら、例えば、契約上の履行請求権のように権利行使が可能な客観的状況がいつ到来するかを最初から債権者が知っていることが一般的な債権については、債権者に権利行使の機会が実質的に保障されており、時効期間の短期化を正当

220 第4章 債権債務関係の消滅、債務不履行

化し得るものの、法定債権（不当利得等の法律上の原因によって生ずる債権）や安全配慮義務違反に基づく損害賠償請求権のように、債権の発生自体を債権者が認識していない場合があり得る債権についてまで一括りにして時効期間を短期化することは、債権者に大きな不利益を与える可能性があり、これを正当化することは難しい。こうした考え方を背景に、「権利を行使することができることを知った」との債権者の主観的事情の有無を基準として、短期（主観的起算点から5年）と長期（客観的起算点から10年）の時効期間を分けたものである（新法第166条第1項）。

このような新法の趣旨に照らすと、旧法下の裁判例で示された「権利行使が現実的に期待のできるものであること」との要件をめぐる議論については、本論の指摘するとおり、客観的に権利行使が期待できる状況にあることと、当該状況にあることを債権者が主観的に認識していることとは区別して考えるべきであり、当該要件は、従前と同様、あくまで客観的起算点を確定する要素の一つとして考慮すべきものと言えよう。したがって、本論で掲げられている弁済供託の払渡請求権や死亡保険金請求権の消滅時効の起算点についても、本論の指摘するとおりに解すべきものと考える。

●「第3　時効の更新と完成猶予──時効の中断・停止概念の整理」について

■Q3について

本論の指摘するとおり、新法においては、「催告」（新法第150条）といわゆる裁判上の催告（新法第147条第1項柱書かっこ書・第1号）は別々の完成猶予事由として定められており、後者については、前者のような再度の催告に時効の完成猶予効を有しない旨の明文規定が設けられていない。したがって、新法第150条の「催告」には、新法第147条第1項第1号の裁判上の催告は含まれないとの解釈や、「催告」（新法第150条第1項）によって時効の完成が猶予されている間に訴え

が提起された場合には、その訴えが取り下げられたとしても、同条第2項の適用はなく、当該取下げの時から6か月間は時効の完成が猶予されることになるとの解釈が十分に成り立つし、文理解釈として自然であると言うことができる。

もっとも、改正過程において、「催告」と裁判上の催告との関係につき、旧法下における判例の解釈を変更することまで意図していたかと言うと、この点について意識的な議論がなされたわけではない。したがって、新法第147条第1項柱書のかっこ書は、「裁判上の催告」も「催告」と同等の効力を有することを定めたに過ぎず、新法第150条第2項が適用されることを排除していないという解釈が成り立つ可能性もある。

しかし、「催告」（新法第150条第1項）は、本来的な権利実現の手続を行うまでの暫定的なものと位置づけられ、その手続も簡易なものであることに照らせば、当該催告が繰り返されることによって無闇に時効の完成が阻止されることは適切ではない。これに対し、裁判上の催告は、終局判決を求めて裁判所に対して権利行使の申立てを行うものであるところ、訴訟係属中にやむを得ず取り下げることとなった場合に、訴訟提起の前に「催告」をしていたことを理由に、訴えを取り下げた時点で消滅時効にかかるものとすることは、終局判決を求めた債権者に酷であり、再度の完成猶予を認めてよいと考える。

もっとも、このように解するとしても、例えば、訴えの提起と直後の訴えの取下げを繰り返すようなこと等は、権利濫用として許されないこととなろう。

なお、本論引用の最高裁判決（最判平成25年6月6日民集67巻5号1208頁）は、明示的一部請求の訴えが提起された場合に、特段の事情のない限り、残部について裁判上の催告としての効力を生ずるものとしているけれども、この場合、残部について新法第147条第1項柱書かっこ書適用の前提となる同条第1項第1号の定める「裁判上の請求」があったとは言えず、せいぜい旧法下の解釈論上認められてきた広義の裁判上の催告があっただけであると解されるから、それを前提

222 第4章 債権債務関係の消滅、債務不履行

として、残部については新法第 147 条第 1 項柱書かっこ書の適用対象
にはならず、新法第 150 条第 2 項の適用又は類推適用の対象となると
した本論摘示の解釈は、妥当なものと考える[1]。

■Q6について

　債権者が「権利についての協議を行う旨の合意」（新法第 151 条第 1
項）の申入れを行う場合、債権者としては、自身が債務者に対して権
利を有しており、当該権利の履行を請求する意思を債務者に示した上
で、その履行の方法や時期等について協議の申入れを行っていること
が通常であろう。このような場合においては、本論の指摘するとおり、
債務者が債権の一部について協議を行うことを拒否したとしても、債
権者としては、当該拒否された一部を含めて、協議の申入れの時点で、
自身の有する債権全体につき債務者に対する「催告」（新法第 150 条）
を行っていると解してよいと考えられる。

　このように解する場合、債務者が拒否した一部については、「協議
を行う旨の合意」による完成猶予の対象とはなり得ないから、協議の
申入れをした時点を起算点として 6 か月間は、「催告」によって時効
の完成が猶予されることになる。したがって、債権者としては、時効
の完成が猶予されている期間内であれば、訴訟の提起等のより強力な
手段により時効の完成を妨げることが可能となる（なお、実務的には、
訴訟の提起をする場合には、拒否された一部のみではなく、全体につき訴
訟を提起することになるであろう）。

1)　四宮和夫＝能見善久『民法総則〔第 9 版〕』（弘文堂、2018 年）466 頁参照。

第3節 債権者代位権・詐害行為取消権

第1 債権者代位権

> Q1 債権者代位権について、どのような改正がされたか。

解 説

債権者代位権に関しては、要件や行使方法について旧法の一般的な解釈を明文化する改正の他、債務者の処分権限に関する規律や訴訟告知の新設等の旧法を変更する改正も一部行われている。

1 債権者代位権の要件・範囲

債権者代位権の要件として、債権の保全の必要性があることが必要である旨が明文化された（新法第423条第1項）。

また、代位行使することができない債権について、旧法では、一身専属権のみが定められていたが、債務者の責任財産に属さない差押禁止債権も代位行使することができないと解されており、その旨が明文化された（新法第423条第1項ただし書）。

さらに、債権者代位権は責任財産を保全し、強制執行の準備をするものであることから、強制執行により実現できない権利に基づいて債権者代位権を行使することはできない旨が明文化された（新法第423条第3項）。

これらに対し、期限未到来の債権について債権者代位権を行使する手段として認められていた裁判上の代位制度は、実務上利用される例が少ないことから廃止された。その結果、期限未到来の債権については、保存行為を除き代位行使することができないこととなった（新法第423条第2項）。

224　第 4 章　債権債務関係の消滅、債務不履行

　なお、代位権行使の範囲に関して、被保全債権が可分であるときは被保全債権の範囲でのみ行使できる旨の判例法理が明文化されるとともに（新法第 423 条の 2）、第三債務者が、債務者に対して有する抗弁をもって代位債権者に対抗できる旨の判例法理も明文化された（新法第 423 条の 4）。

2　債権者代位権の行使方法──代位債権者への直接引渡し

　金銭債権や動産の引渡債権の代位行使に関して、代位債権者が第三債務者に対して当該金銭や動産を直接自己に引き渡すよう請求できるとする判例法理が明文化された（新法第 423 条の 3）。

3　債務者の処分権限

　新法においては、債権者代位権が行使された場合に債務者の処分権限が制約されるとする判例法理を変更し、債権者による代位権行使があった場合であっても、債務者は第三債務者に対する権利について自ら取立て等の処分ができることが定められた。また、第三債務者も債務者に対する履行が可能であり、それにより有効な弁済となることが定められた（新法第 423 条の 5）。

4　債権者代位訴訟における債務者の関与（訴訟告知）

　新法においては、債権者は、債権者代位訴訟を提起した場合、遅滞なく、債務者に対して訴訟告知を行う義務を負う旨が新たに定められた。債務者に当該訴えの存在を認識させて、その審理に参加する機会を保障する趣旨から定められたものである（新法第 423 条の 6）。

5　責任財産の保全を目的としない債権者代位権──転用型

　旧法の下においては、債権者代位権の行使類型として、債務者の責任財産を保全して強制執行の準備をするための類型（いわゆる「本来型」）のほかに、特定の債権の実現のために行われる類型（いわゆる「転用型」）が認められている。不動産賃貸借における賃借人による賃

貸人の有する妨害排除請求権の代位行使等が転用型の具体例として挙げられる。

　新法は、いわゆる転用型についても本来型の債権者代位権に関する規定から導かれるという旧法の規律を前提としつつ、転用型の代表的な場合である登記・登録請求権の保全を目的とする債権者代位権について、本来型の債権者代位権とは区別して規定を定めた。具体的には、登記又は登録が対抗要件となっている取引について、譲渡人が第三者に対して移転登記手続請求権・登録手続請求権を行使しない場合、譲受人は当該権利を代位行使できる旨を定めた（新法第423条の7）。もっとも、これによっても、その他の転用型の類型が否定されるものではなく、引き続き解釈に委ねられている。

226 第4章 債権債務関係の消滅、債務不履行

> Q2 債務者の「無資力」とは、どのように考えればよいか。

解 説

1 「無資力」要件の要否

　新法は、債権者代位権を行使できる要件に関して、旧法の「自己の債権を保全するため」との規定文言を、「自己の債権を保全するため必̇要̇が̇あ̇る̇と̇き̇」と改め、主観的な保全の目的のみではなく、客観的な債権保全の必要性が要件となることを明確化した。

　したがって、新法の下においても、債権者代位権を行使するためには「債務者の資力が当該債権を弁済するについて十分でない」こと（無資力要件）が必要であるとの判例法理（最判昭和40年10月12日民集19巻7号1777頁）は維持されると考えられる。

2 「無資力」の解釈

（1）「無資力」の意味

　債権者代位権行使の要件である「無資力」の意味に関しては、どのように考えればよいであろうか。

　債務者の負債の評価額の合計が資産の評価額の合計を上回る状態——いわゆる「債務超過」の状態——である場合は、債権者が被保全債権の満足を得られないおそれが高いため、「無資力」と言えよう。

　もっとも、現時点では債務者の負債総額が資産総額と同額又はそれ以下であっても、債権者代位権が行使されないことで被代位債権が時効等で消滅し、債務者が「債務超過」に陥るような場合には、債権者代位権の行使を認める必要があろう。したがって、債権者代位権行使の要件である「無資力」は、「債務超過」よりも広い概念であると考えられる。

　また、最判昭和35年4月26日民集14巻6号1046頁は、無資力要

件について、「『債権者ヲ害スル』か否かは、債務者の単なる計数上の債務超過のみならずその信用等の存否をも考慮して判断すべきものである」として、のれんを金銭的に評価して資産額の総計に含ませた上でこれと債務額の総計とを比較して無資力の判断をした原判決を適法としており、「無資力」か否かについては、一般債権の総額が債務者の一般財産の総額を上回ることという計数上の観点のみならず、債務者の信用・労務・のれん等も考慮に入れて評価されることになろう[1]。

⑵ 「無資力」の判断の基礎となる「債務者の一般財産の総額」
  の意味

　債務者が「無資力」か否かについては、上記のとおり、「一般債権の総額が債務者の一般財産の総額を上回ること」という計数上の観点を基礎に評価することになると考えられるが、上記に言う「債務者の一般財産の総額」については、次の二つの解釈が考えられる。

①　債務者の一般財産の総額に、被代位債権の価額を含む解釈
　　この解釈に立った場合、「債務者の一般財産の総額」とは、特別担保により優先的に確保された部分を除く債務者の財産の総額を指すことになる。

②　債務者の一般財産の総額に、被代位債権の価額を含めない解釈
　　この解釈に立った場合、「債務者の一般財産の総額」とは、特別担保により優先的に確保された部分のみならず、被代位権利の価額も除いた債務者の財産の総額を指すことになる。

　この点、上記のとおり、現時点では「債務超過」でなくとも、債権者代位権が行使されないことで債務者が「債務超過」に陥るような場合には債権者代位権の行使を認めるべきであることに鑑みると、②の解釈が適切と考えられる。

　したがって、例えば、債権者が債務者に対して 1000 万円の貸金債権を有しており、弁済期を過ぎても債務者が当該貸金債権を弁済しな

---

1) 潮見佳男『新債権総論 I』（信山社、2017 年）658 頁。

228　第 4 章　債権債務関係の消滅、債務不履行

いというケースにおいて、債務者が、① 300 万円の預金と、②第三者に対する 800 万円の売掛債権を有しているという場合、「債務者の一般財産の総額」は、①の 300 万円のみとなり、1000 万円の貸金債権がこれを上回っていることから、「無資力」要件は満たすと言ってよいと考えられる。

第2 詐害行為取消権

> Q3 詐害行為取消権について、どのような改正がされたか。

解 説

　新法においては、以下のとおり、詐害行為取消権の要件について、破産法等の否認権との整合等を踏まえ、当該取消しの対象となる行為の類型ごとに要件が整理された。また、詐害行為取消しの効果が債務者にも及ぶように改められ、これに伴い、詐害行為取消訴訟の提起にあたっては、債務者に対する訴訟告知が義務づけられることとなった。

1　詐害行為取消権の要件

　新法は、取消しの対象について、弁済等を含むことを明確にするため、「法律行為」という文言を「行為」に改めた。

　また、被保全債権の範囲について、詐害行為後に発生した遅延損害金や延滞税債権が被保全債権の場合にも取消しを認めた判例[1] があることも踏まえ、被保全債権が、「詐害行為の前の原因」に基づいて生じた債権であっても取消しができるものとした。

　さらに、他の転得者から転得した転得者に対して詐害行為取消権請求をするためには、①受益者に対して詐害行為取消請求ができることに加え、②当該転得者及びその前に転得したすべての転得者がそれぞれの転得の当時に債務者がした行為が債権者を害することを知っていたことが必要とされた。

　以上のような旧法が定める一般的な詐害行為取消権の要件の改正に加え、新法は、破産法等の否認権との整合等を踏まえ（新破産法第

---

1)　最判昭和35年4月26日民集14巻6号1046頁、最判平成8年2月8日判時1563号112頁、最判平成元年4月13日金法1228号34頁。

230 第4章 債権債務関係の消滅、債務不履行

160条～第162条等)、**図表4-7**のとおり、取消しの対象となる行為の
類型ごとの詐害行為取消権の要件を整理した。

図表4-7：詐害行為取消権の要件

一般的要件		・ 債務者が債権者を害することを知っていたこと ・ 受益者が債権者を害することを知っていたこと ・ 財産権を目的とする行為であること ・ 被保全債権が、詐害行為よりも前の原因に基づくこと ・ 被保全債権が、強制執行により実現できる権利であること
相当対価処分行為 (※) 救済融資 (担保付融資)		・ 隠匿等の処分をするおそれを現に生じさせること ・ 債務者が隠匿等の処分をする意思を有していたこと ・ 債務者が隠匿等の処分をする意思を有していたことを受益者が知っていたこと
特定の債権者に対する担保の供与等	① 既存の債務についての担保の供与・債務消滅行為	・ 債務者が支払不能である時に行われたこと ・ 債務者と受益者とが通謀して他の債権者を害する意図をもって行われたこと
	② 上記①の行為が債務者の義務に属せず、又はその時期が債務者の義務に属しない場合	・ 債務者が支払不能になる前30日以内に行われたこと ・ 債務者と受益者とが通謀して他の債権者を害する意図をもって行われたこと

過大な代物弁済等（消滅した債務の額に相当する部分以外の部分）	・　債務者が債権者を害することを知って過大な代物弁済をしたこと、受益者が債権者を害することを知っていたこと ※上記「一般的要件」と同じ

2　取消しの範囲

　詐害行為取消権の範囲に関して、債務者がした行為の目的が可分であるときは被保全債権の額の限度においてのみ取り消すことができることを明文化した（新法第424条の8）。

　また、受益者又は転得者に対する返還請求の対象が金銭である場合について、債権者が、受益者又は転得者に対し、当該金銭の自己への引渡しを請求できることを明文化した（新法第424条の9）。その上で、当該受領した金銭につき債務者が債権者に対して有する返還請求債権と、債権者が債務者に対して有する被保全債権とを相殺できるかについては、債権者代位権と同様、当該相殺を制限する規定の新設は見送られた。したがって、新法においても、事実上の優先弁済効は制限されていない。

3　取消しの効果

　詐害行為取消権の行使の効果に関しては、債務者に対しても効力が及ぶと改められた（新法第425条）。

　この改正に伴い、受益者が存する場合、取り消された受益者は、債務者に対して反対給付の返還・価格の償還を請求できる旨が定められた（新法第425条の2）。

　また、債務者がした弁済等の債務消滅行為が取り消された場合について、受益者が債務者に対し給付の返還・価格の償還をしたときに、受益者の債務者に対する債権が回復する旨の判例を明文化する改正が行われた（新法第425条の3）。

4 詐害行為取消権の行使方法

　新法の下においては、債権者は、詐害行為取消権の行使により、債務者による詐害行為の取消しのみならず、当該行為によって受益者・転得者に移転した財産の返還も請求できる（新法第424条の5）。

　また、詐害行為取消権は、訴訟により行使することが必要であるが、当該詐害行為取消訴訟の被告については、旧法を維持し、受益者・転得者のみで足り、債務者は被告とならないとした。議論の過程では、上記3のとおり詐害行為取消権の行使の効果が債務者にも及ぶこととなったのに伴い、債務者も被告とすることが検討されたが見送られ、他方で、債務者保護の観点から債務者に対する訴訟告知義務が定められた（新法第424条の7）。

　なお、新法においては、詐害行為取消権についての期限制限について、旧法の下では消滅時効期間と定められているものが、出訴期間に改められた。その上で、短期の出訴期間（2年）の起算点を、判例に従い、「債務者が債権者を害することを知って行為をしたことを債権者が知った時」と改めるとともに、長期の出訴期間については、旧法では詐害行為の時から「20年」とされているものを「10年」に短縮する改正が行われた（新法第426条）。

第 3 節　債権者代位権・詐害行為取消権　第 2　詐害行為取消権　233

> **Q4**　「詐害行為の前の原因」に基づいて生じた債権とはどのようなものか。

解　説

1　被保全債権と詐害行為との時間的な先後関係に関する改正の経緯

　被保全債権と詐害行為との時間的な先後関係に関して、旧法下の判例[1]・通説は、被保全債権が詐害行為の前に生じていることが必要と解している。詐害行為取消権が債務者の財産処分へ介入するものであるという観点から、当該財産を責任財産とすることが期待できる債権者に限って権利行使を認める趣旨である。

　もっとも、旧法下の判例においても、詐害行為後に発生した遅延損害金や延滞税債権等、厳密には被保全債権が詐害行為の前に発生していないとも考えられる債権が被保全債権の場合にも取消しを認めたものがある[2]。

　新法は、上記のような判例があることも踏まえ、被保全債権の発生を厳格に要求する方向での誤解を生じないようする観点から、破産債権の定義である「破産手続開始前の原因に基づいて生じた財産上の請求権」（破産法第 2 条第 5 項）という表現を参照し、「詐害行為の前の原因に基づいて生じた債権」であれば、詐害行為後に生じた債権であっても被保全債権とすることができる旨を定めた。

---

1)　大判大正 6 年 1 月 22 日民録 23 輯 8 頁、最判昭和 33 年 2 月 21 日民集 12 巻 2 号 341 頁、最判昭和 59 年 4 月 20 日金法 1068 号 32 頁。
2)　最判昭和 35 年 4 月 26 日民集 14 巻 6 号 1046 頁、最判平成 8 年 2 月 8 日判時 1563 号 112 頁、最判平成元年 4 月 13 日金法 1228 号 34 頁。

234　第4章　債権債務関係の消滅、債務不履行

2 「詐害行為の前の原因」の意義

(1) 被保全債権の発生原因の全部を詐害行為の前に具備する必要
　　があるか

　「詐害行為の前の原因」に基づいて生じた債権と言えるためには、詐害行為の時点で、被保全債権の発生原因の全部を具備している必要があるのか（あるいは、一部でも具備していれば足りるのか）が問題となる。

　この点に関連して、破産債権の定義については、破産債権の発生原因の全部が開始決定前に備わっている必要があるという考え方（全部具備説）と、破産債権の発生原因の全部が開始決定前に備わっている必要はなく、主たる発生原因が備わっていれば足りるという考え方（一部具備説）との間で議論があるが、後者と解されている。

　詐害行為取消権の被保全債権についても、詐害行為の前に被保全債権の主たる発生原因が具備されていれば、債権者がその時点における債務者の財産を責任財産として期待することを認めてよいと考えられる。

　そこで、詐害行為取消しにおける被保全債権についても、破産債権の定義と同様、被保全債権の発生原因の全部が詐害行為の前に備わっている必要はなく、主たる発生原因が備わっていれば足りると考えられる。よって、履行期未到来の債権、条件付債権、保証人の事後求償権等の将来の請求権等も、債権の発生原因が詐害行為の前にあれば、被保全債権とすることができると考えられる。

(2) 「詐害行為の前の原因」に基づいて生じた債権を詐害行為後
　　に譲り受けた場合の取消権行使の可否

　「詐害行為の前の原因」に基づいて生じた債権を詐害行為後に第三者から譲り受けた場合に、当該譲受人が詐害行為取消権を行使できるかが問題となる。

　この点、旧法下において、判例は、詐害行為時に既に成立している

債権を詐害行為後に譲り受けた者による詐害行為取消権の行使を認めているところ[3]、この判例は新法下においても維持されると考えられる。そして、詐害行為によって債務者の責任財産を引当てとする機会を侵害された債権（詐害行為時に既に成立していた債権）は、その同一性をもって譲受人に譲渡されると解されることから、詐害行為後に当該債権がそれを譲り受けた者も詐害行為取消権を行使することができると解される。

3）　大判大正 12 年 7 月 10 日民集 2 巻 537 頁。

236 第4章 債権債務関係の消滅、債務不履行

> **Q5** 債務者の受益者・転得者に対する原状回復請求権が差し押さえられた場合（仮差押えを含む）、取消債権者の受益者・転得者に対する引渡請求権の行使は制約されるか。

解 説

1 問題の所在

　新法においては、詐害行為取消請求訴訟の確定判決の効力（取消しの効果）が債務者にも及ぶことが定められた（新法第425条）。そのため、受益者又は転得者が詐害行為取消請求訴訟の被告となっていた場合、債務者は、受益者又は転得者に対し、取消しの対象となった行為によって移転した財産の返還や不当利得の返還を求める権利（原状回復請求権）を有することになる。

　また、新法は、詐害行為取消請求により金銭の支払又は動産の引渡しを求める場合につき、債権者が（債務者ではなく）自己に対してその支払又は引渡しを求めることができる旨の判例法理[1]を明文化している（新法第424条の9）。

　ここにおいて、詐害行為取消請求をした債権者以外の債権者が、詐害行為取消しによって発生する債務者の受益者又は転得者に対する原状回復請求権を差し押さえた場合に、詐害行為取消請求をした債権者は、受益者又は転得者に対し、なおも自己への支払又は引渡しを求めることができるか（直接請求権の行使が制約されるか）が問題となる。

2 債務者の原状回復請求権が差し押さえられた場合の債権者による直接請求の可否

　債務者の原状回復請求権が差し押さえられた場合に、債権者が受益

---

1)　大判大正10年6月18日民録27輯1168頁、最判昭和39年1月23日民集18巻1号76頁。

者又は転得者に対する直接請求権が制約されるか否かについては、債権者の直接請求権の法的性質をどのように解するかによって結論が異なる。

すなわち、債権者の直接請求権について、債務者の原状回復請求権とは別個独立の実体法上の権利であると解する場合、債務者の他の債権者が債務者の原状回復請求権を差し押さえたとしても、取消債権者の直接請求権に対する制約は生じることはなく、債権者は、受益者又は転得者に対して自己への支払又は引渡しを求めることが可能となると解し得る。

他方、債権者の直接請求権について、債務者の原状回復請求権と実質的に同一の権利であると解する場合、債務者の他の債権者による債務者の原状回復請求権に対する差押えの効力は、債権者の直接請求権をも制約することとなる。したがって、債権者は、受益者又は転得者に対して自己への支払又は引渡しを求めることができないこととなる。

そこで、債権者の直接請求権の法的性質につき検討するに、詐害行為取消権は、取消債権者の債権の引当てとなる責任財産の保全のために詐害行為の取消しと逸出財産の返還請求を認めるものであり、その限りで債権者による債務者の財産処分への介入を認めるものと言える。

このような詐害行為取消権の意義に鑑みれば、債権者の直接請求権については、債務者の財産処分への介入という範囲を超えて、債権者自身の別個独立した権利として認める必要はないと解することが適当と言えよう。したがって、債権者の直接請求権については、債務者の原状回復請求権に由来する権利であり、債務者の原状回復請求権と実質的に同一の権利であると解するべきである。

以上からすると、詐害行為取消請求をした債権者以外の債権者が詐害行為取消しによって発生する債務者の受益者又は転得者に対する原状回復請求権を差し押さえた場合には、詐害行為取消請求をした債権者の受益者又は転得者に対する引渡請求権の行使は制約されることになろう。

本論に対するコメント（鎌田薫）

●「第1 債権者代位権」について

■Q2について

　新法の下においても、債権者代位権を行使するためには「債務者の資力が当該債権を弁済するについて十分でない」という無資力要件が必要であるとの判例法理が維持されるであろうという点は、本論の指摘するとおりであると考える。

　この「無資力」の意味については、債権者代位権が、債務者による権利行使がない場合に、債権者が当該権利を債務者に代わって行使しなければ自身の債務者に対する債権を回収できなくなるという事態を回避することを目的として、債権者による債務者の財産管理権への介入を認める制度であることに鑑みると、「債務者による権利行使がないと無資力になる」という場合に債権者代位権を行使できないと解すると、債権者代位制度のかなりの部分が実際には機能しないことになってしまい、妥当でない。例えば、本論で述べられているケースにおいて、「無資力」の要件を満たさないとして債権者代位権の行使が否定されると解した場合、債務者が第三者に対して有する800万円の売掛債権を行使しないまま当該売掛債権が時効消滅してしまうと、債権者としては、もはやその後に債務者の責任財産を回復することは不可能であり、自身の債務者に対する債権回収の実現が不可能となる。

　したがって、債権者代位権を行使するための要件である「無資力」については、本論で指摘するとおり、その判断の基礎となる債務者の一般財産の総額に、被代位債権の価額を含めない解釈（本論に記載の2(2)②の解釈）をとるべきものと考える。

●「第2　詐害行為取消権」について

■Q5について

　旧法は、詐害行為取消しの性質につき「相対的取消し」との解釈を前提としていたため、受益者又は転得者に対する詐害行為取消訴訟において、取消しを認める判決が確定したときにも、この取消訴訟の判決の効力は債務者に及ばず、債務者が、被告とされた受益者又は転得者に対して、金銭等の返還請求権（原状回復請求権）を取得することはないと考えられていた。

　これに対し、新法の下においては、詐害行為取消しの性質につき「絶対的取消し」という考え方に改められ、受益者又は転得者に対する詐害行為取消訴訟において、詐害行為によって受益者等に移転した財産の返還を命じる判決が確定したときには、この取消訴訟の判決の効力は債務者にも及ぶこととなった（新法第425条）。その結果、債務者は、被告とされた受益者又は転得者に対して、金銭等の返還請求権（原状回復請求権）を取得することになる。

　他方で、取消債権者は、詐害行為取消訴訟において、受益者又は転得者に対し、金銭の支払又は動産の引渡しにつき取消債権者自身に行うよう求めることができることは、旧法下の判例で認められていたところであるが、新法においては、この取消債権者の直接請求権が明文で定められた（新法第424条の9第1項）。

　そのため、本論でも指摘のあるとおり、新法下においては、取消債権者の有する直接請求権と債務者の有する原状回復請求権との関係が問題となり、特に、債務者の有する原状回復請求権が取消債権者以外の債権者により差し押さえられた場合に、取消債権者の直接請求権の行使が制約されないかという点が議論の対象となった。

　この取消債権者の有する直接請求権と債務者の取得する原状回復請求権とは、給付内容が同一であり、一方が弁済されれば他方も消滅する（新法第424条の9第1項後段）という関係にあることから、両者は連帯債権関係にあると言うことができそうである。そして、連帯債権

240　第4章　債権債務関係の消滅、債務不履行

はそれぞれ独立のもので、連帯債権者の1人に生じた事由は弁済等を除いて他の連帯債権者に影響を及ぼさないものと考えられているから、これを前提にすると、債務者の原状回復請求権が差し押さえられても、取消債権者の直接請求権には何の影響もないということになる。しかし、ここでの問題については、本論で述べるように、取消債権者の請求権は債務者の原状回復請求権と実質的に同一の権利であり、後者に生じた事由が前者にその効力を及ぼす（より端的に言えば、取消債権者の権利は、実質的には債務者の原状回復請求権の取立権・代理受領権に過ぎない）と解することには合理的な根拠があるように思われる。

　新法は、詐害行為取消しの効果につき、旧法の下での「相対的取消し」という解釈の不都合を解消するために、詐害行為取消しの効果を絶対的なものへと改めた。と言うのも、例えば不動産を債務者が第三者（受益者）に贈与した行為につき詐害行為取消権を行使した場合、取消宣言のみでは意味がなく、当該不動産の登記を債務者の下に戻す必要があるところ、所有権移転登記の抹消登記手続を強制するためには、当該贈与が取消債権者との関係だけでなく債務者と受益者の間でも無効になったものとして、債務者から受益者に対する抹消登記請求権を生じさせなければならないからである。このようにすることで初めて債務者・受益者が任意に抹消登記をしないときに、取消債権者（又はその他の債権者）が債務者に代位して抹消登記手続を行って、債務者の一般財産を回復させ、総債権者がそれに対して強制執行していくことができるようになるのである。

　これが詐害行為取消しの原則的な形態であるが、判例は、詐害行為取消権行使により返還を求めるものが金銭又は動産である場合には、取消債権者が受益者等に対して直接自己への支払又は引渡しを求めることができるものとしてきた。これも、本来は、上記登記請求権と同じように債務者の権利を代位行使すべきものであるところ、その手間を省くために取消債権者に直接的な取立てと代理受領の権限を認めたものと解される。新法第424条の9第1項前段は、旧法下の判例・通説によって形成されたこの取扱いを明文化したものであり、取消債権

第3節　債権者代位権・詐害行為取消権　本論に対するコメント（鎌田薫）　241

者の直接請求の法的性質に係る上記のような理解は、新法下においても変わるものではないと考える。よって、取消債権者の有する直接請求権は債務者の有する原状回復請求権と実質的には同一の権利であるという理解を前提とした本論摘示の解釈は、妥当なものと言うことができるであろう。

　ただし、このように解するときには、取消債権者に事実上の優先弁済を認めてきた旧法下の判例と大きな落差が生ずることになる。すなわち、旧法の下では、債務者から受益者に対する原状回復請求権を想定することができなかったから、取消債権者以外の債権者は、金銭を受領した取消債権者に対する債務者の引渡請求権を差し押さえることしかできなかったが、この差押えに対しては、取消債権者が自己の債権との相殺をもって対抗することができる（旧法第511条）ので、結果的に、詐害行為取消権を行使して金銭の支払を受けた取消債権者は自己の債権について優先弁済を受けることができていたのである。これが新法の下で上記のような解釈をとると、取消債権者は債務者の原状回復請求権を差し押さえた債権者と平等な割合による弁済しか受けられないことになってしまうので、これを理由とした反対説の生ずることも予想される。

　しかし、従来から、取消債権者が事実上の優先弁済受領権を有することに対しては強い批判も存したところであり、上記のような解釈を否定すべき決定的な理由にはなり得ないように思われる。

242　第4章　債権債務関係の消滅、債務不履行

第4節　解除・危険負担・債務不履行

第1　解除

> Q1　解除について、どのような改正がされたか。

解　説

1　債務者の帰責事由の不要化

　新法は、旧法の解釈を改め、債務不履行による解除一般の要件として債務者の帰責事由を不要とした（旧法第543条ただし書に相当する規定の削除）。

　解除制度について、履行を怠った債務者への制裁の制度ではなく、債権者を契約の拘束力から解放する制度と位置づける考え方によるものである。

2　債権者に帰責事由がある場合の解除の制限

　新法は、債権者に帰責事由がある場合に解除できないことを定めた（新法第543条）。

　債権者に帰責事由がある場合にまで、解除により債権者を契約の拘束力から解放することを認める必要はないためである（詳細は、下記Q2参照）。

3　催告解除の要件

　新法は、旧法下における判例[1]の考え方を踏まえ、催告期間を経過した時における債務の不履行が当該契約や取引上の社会通念に照らし

て軽微であるときは契約の解除をすることができない旨を定めた（新法第541条ただし書）。

4　無催告解除の要件

(1)　契約の全部解除

新法は、催告をすることなく契約の全部の解除ができる要件について、以下のとおり整理した（新法第542条第1項各号）。

① 　債務の全部の履行が不能であるとき

② 　債務者がその債務の全部の履行を拒絶する意思を明確に表示したとき

③ 　債務の一部の履行が不能である場合又は債務者がその債務の一部の履行を拒絶する意思を明確に表示した場合において、残存する部分のみでは契約をした目的を達することができないとき

④ 　契約の性質又は当事者の意思表示により、特定の日時又は一定の期間内に履行をしなければ契約をした目的を達することができない場合において、債務者が履行をしないでその時期を経過したとき

⑤ 　上記①〜④に掲げる場合のほか、債務者がその債務の履行をせず、債権者が新法第541条の催告をしても契約をした目的を達するのに足りる履行がされる見込みがないことが明らかであるとき

(2)　契約の一部解除

新法は、催告をすることなく契約の一部の解除ができる要件について、以下のとおり整理した（新法第542条第2項各号）。

① 　債務の一部の履行が不能であるとき

② 　債務者がその債務の一部の履行を拒絶する意思を明確に表示したとき

---

1)　大判昭和14年12月13日判決全集7輯4号10頁、最判昭和36年11月21日民集15巻10号2507頁。

5 その他の改正

　新法は、解除の効果として発生する契約当事者の原状回復義務につき、金銭を返還する場合に関する旧法の規定に加えて、金銭以外の物を返還する場合に関する明文規定を設け、当該物を受領した時以後に生じた果実をも返還しなければならない旨を定めた（新法第545条第3項）。

　また、新法は、解除権者が「自己の行為」又は「過失」により契約の目的物を著しく損傷するなどした場合に解除権が消滅する旨を定めた旧法第548条第1項について、①解除権の消滅の要件を明確にする趣旨で「自己の行為」との要件を「故意」に改めるとともに、②解除権者が予測に反して解除権を失うことを避ける趣旨から、契約の目的物を損傷するなどした時点において解除権者が解除権を有することを知らなかったときは解除権が消滅しないことを定めた（新法第548条）。

第 4 節　解除・危険負担・債務不履行　第 1　解除　245

Q2　「債権者の責めに帰すべき事由」による債務不履行について、どのように考えればよいか。

解　説

　新法は、債務不履行による解除について、債務不履行が債務者の責めに帰すべき事由によるものであることを不要とした。債務不履行による解除の制度について、履行を怠った債務者への制裁ではなく、債権者に対して当該契約の拘束力からの解放を認めるための制度であるとの理解を前提に、債権者に対して契約の拘束力からの解放を認める必要がある以上は、債務者の帰責事由の有無にかかわらず解除を認めるべきとの考え方に基づくものである。

　また、新法は、債務不履行が「債権者の責めに帰すべき事由」による場合には、債権者は契約を解除することができない旨の規定を新たに設けた（新法第 543 条）。このような場合にまで、債権者を契約の拘束力から解放を認める必要はないとの考え方に基づくものである。

　以上のとおり、債務不履行による解除においては、債務不履行につき債務者の帰責事由がある場合でも解除が可能な一方、債権者の帰責事由がある場合には解除が制限される建付けとなっているところ、このような改正に向けた議論の過程においては、債権者と債務者の双方に帰責事由がある場合における解除の可否がどうなるのかという疑問が呈されていた[1]。

　もっとも、上記のとおり、新法が、債務不履行による解除につき、債権者を契約の拘束力から解放するための制度と位置づけた上で、債権者に帰責事由がある場合には、当該契約の拘束力から解放する必要はないことを理由に解除権行使を制限していることに鑑みれば、「債権者の責めに帰すべき事由」がある場合とは、債務者の債務不履行を

---

1)　法制審議会第 78 回議事録 43 頁〜 44 頁〔岡崎克彦幹事発言〕。

246　第4章　債権債務関係の消滅、債務不履行

とりまく両当事者の事情等を総合的に勘案した結果、債権者を当該契約の拘束力から解放することが正当でないとの評価がなされる場合を言うと解することが適切と考えられる。

　したがって、債務者による債務不履行における「債権者の責めに帰すべき事由」の有無を判断するに当たっては、当該債務不履行に対する債務者の関与の度合いも考慮に入れた上で判断することになり、債権者と債務者の双方に債務不履行を生じさせた事由がある場合においては、債務者側に認められる事由を勘案しても、なお債権者を契約の拘束力から解放することが正当化できないと評価せざるを得ない債権者側の事由がある場合には、「債権者の責めに帰すべき事由」があるということになると考えられる。

　以上の意味で、債務不履行による解除の「債権者の責めに帰すべき事由」の有無が問題となる文脈においては、債権者と債務者の双方に当該「責めに帰すべき事由」があるということがそもそも問題とはなり得ないと考えられ、過失相殺における「債権者の過失」（新法第418条）とは異なる概念であると解すべきと考えられる。

> **Q3** 不履行が「軽微」であるときとは、どのように考えればよいか。

解　説

1　催告解除の要件──原則と例外

　新法第541条は、催告解除について、債権者が相当な期間を定めた催告をし、その期間内に履行がないときは契約を解除できることを原則と定める一方（同条本文）、「その期間を経過した時における債務の不履行がその契約及び取引上の社会通念に照らして軽微であるとき」は、解除ができない旨の例外規定を定めている（同条ただし書）。

　これは、旧法第541条が、催告解除の前提となる債務不履行について、「当事者の一方が債務を履行しない場合」とのみ定めており、債務不履行の程度を一切問わずに催告解除をすることができるか否かにつき疑義が生じるところ、不履行の部分が数量的に僅かである場合や、付随的な債務の不履行に過ぎない場合には、同条の催告解除は認められない旨を判示している判例法理（大判昭和14年12月13日判決全集7輯4号10頁、最判昭和36年11月21日民集15巻10号2507頁等）を明文化する趣旨での改正と説明されている[1]。

　もっとも、新法第541条ただし書の文言については、立法過程において、以下のような変遷があった。

図表 4−8：新法 541 条ただし書の文言の変遷

民法（債権関係）の改正に関する要綱案のたたき台 (3)[2]	ただし、その期間の経過時までに履行された部分のみであっても契約の相手方が契約をした目的を達

---

1)　部会資料 79 - 3・13 頁。
2)　部会資料 68 A・21 頁。

248　第4章　債権債務関係の消滅、債務不履行

	することができるとき（は、この限りでない。）
民法（債権関係）の改正に関する要綱仮案の原案（その1）[3]	その期間を経過した時における債務の不履行がその契約及び取引上の社会通念に照らして<u>軽微である</u><u>とき</u>（は、この限りでない。）

2　「軽微」の意義——「契約をした目的を達する」ことができないこととの関係

　上記1のとおり、新法は、催告解除ができない例外的な場合として、債務の不履行が「軽微」であるときとの要件を定める一方（新法第541条ただし書）、無催告解除の要件として、「契約をした目的を達することができない」とき（新法第542条第1項第3号・第4号）、「催告をしても契約をした目的を達するのに足りる履行をする見込みがないことが明らかであるとき」を定めている（同項第5号）。また、旧法も、例えば、第566条第1項が「契約をした目的を達することができないとき」との要件を定めている。

　以上のとおり、新法は、「軽微」と「契約の目的を達する」との文言を明確に使い分けており、また、新法第541条ただし書の文言に係る上記1に記載の変遷にも照らすと、「軽微」と「契約の目的を達する」との文言は異なる意義を有するものとして用いられていると解され、「軽微」の意義（「契約の目的を達する」との関係）が問題となる。

　この点について、「軽微」と「契約の目的を達する」との関係については、債務の不履行が「契約をした目的を達することができない」という程度に至らないときにも催告解除をする余地を認める観点から「軽微」という概念を設けたとの立案担当者の説明がされている[4]。

---

　3)　部会資料79-1・9頁。
　4)　一問一答236頁注2。

また、上記1の新法第541条ただし書の文言の変遷に関しては、土地の売買契約において付随的約款で定められた義務の不履行を理由に売主が催告解除をした事案について、「右特別の約款……は……、売買契約締結の目的には必要不可欠なものではないが、売主……にとっては代金の完全な支払の確保のために重要な意義をもつものであり、買主……もこの趣旨のもとにこの点につき合意したものである……。そうとすれば、右特別の約款の不履行は契約締結の目的の達成に重大な影響を与えるものであるから、このような約款の債務は売買契約の要素たる債務にはいり、これが不履行を理由として売主は売買契約を解除することができる」（下線は筆者）と判示している判例（最判昭和43年2月23日民集22巻2号281頁）も勘案したものとの説明がされている[5]。

これらからすると、催告期間の経過時において、債務不履行により「契約の目的を達成することができない」場合には、「軽微」な不履行に該当しないと解することができると言えよう。

また、催告期間の経過時において、債務不履行により「契約の目的を達することができない」とは言えない場合であっても、債権者が契約に拘束される期待ないしは利益を失っていると評価される場合には、「軽微」な不履行に該当しないと解することができると考えられる。具体的にどのような場合が「軽微」な不履行に該当しないかは、個別の事案ごとに諸々の事情を考慮して総合的に判断することになろうが、大別して、①違反のあった「義務自体」が軽微と言えないか否か、②「義務違反の態様（催告後の態様も含む）」が軽微と言えないか否かという観点から判断することになると考えられる。そして、これらの観点からの判断に当たっては、例えば、「不履行のあった債務の内容（要素たる債務か・付随的な債務か）」、「債務不履行の程度（数量・品質・種類の相違の程度）」、「契約の目的の内容」、「債務の不履行が契約の目的達成に及ぼす影響の程度（債権者の受ける不利益の程度）」、「追

5) 部会資料79-3・14頁。

250　第4章　債権債務関係の消滅、債務不履行

完・追履行の容易性（必要なコスト）」、「追完・追履行に係る債務者の
態様」等の事情を考慮に入れることが考えられよう。

第4節　解除・危険負担・債務不履行　第1　解除　251

> **Q4**　買主の追完請求に対して売主が応じない場合、買主が売買契約を
> 催告解除するためには、改めて催告が必要か。

解　説

　新法の下では、債務不履行の場合に、相当の期間を定めて履行の催告をしたにもかかわらず、その期間内に履行がないときは、債権者は当該契約を解除することができる（新法第541条）。

　また、新法の下では、売買契約において、引き渡された目的物が種類、品質又は数量に関して契約の内容に適合しないものであるときは、買主は、売主に対し、履行の追完（目的物の修補・代替物の引渡し・不足分の引渡し）を請求することができる（新法第562条第1項）。さらに、新法は、このような契約内容への不適合がある場合について、債務は未履行であるとの考え方を採用しており（契約責任説）、損害賠償請求及び解除についても、債務不履行の一般的な規律が適用される旨を定めている（新法第564条）。

　ここで、買主が履行の追完請求をしたのに対して売主が応じない場合に、買主が債務不履行を理由に売買契約を催告解除するためには、追完請求に加えて別途の催告が必要かが問題となる。

　もっとも、買主の追完請求は、債務の未履行に対して売主にその履行の機会を与える側面を有していることに照らすと、買主による催告がなされたものとみなしてよいと考えられ、契約の解除のための別個の催告までは不要としてよいと考えられる。

252　第4章　債権債務関係の消滅、債務不履行

第2　危険負担

Q5　危険負担について、どのような改正がされたか。

解　説

1　債権者主義を定める危険負担の規定（旧法第534条、第535条）の削除

　新法は、旧法第534条第1項の債権者主義に対する批判を踏まえ、目的物が債権者に引き渡される前に滅失又は損傷した場合は、債務者が危険を負担するものと改めた。

　具体的には、旧法第534条を削除するとともに、目的物の引渡し前の履行不能の場合について、債務者に帰責事由がなくとも債権者が契約を解除することができるよう改めた（上記**第1Q2**参照）。

　また、新法は、売買に関して、目的物の引渡し時に危険が移転することを明文化する規定を定めた（新法第567条第1項）。

　なお、旧法第534条を削除するのにあわせて、同条の特則を定める旧法第535条についても削除している。

2　反対給付の履行拒絶

　旧法第536条第1項は、当事者双方の帰責事由によらずに債務者がその債務を履行することができなくなったときは、債権者の反対給付債務も消滅する旨を定めている（債務者主義）。

　新法は、これを改正し、当事者双方に帰責事由がない履行不能の場合も債権者の反対給付債務は当然には消滅しないものと改めた上で、債権者はその履行を拒むことができることを定めた（新法第536条第1項）。

　新法においては、上記**第1Q2**で述べたとおり、債務の履行不能の

場合には、債務者に帰責事由がなくても債権者が契約を解除できることを定めている。そうすると、当事者双方に帰責事由がない履行不能の場合、債権者は契約解除によって反対給付債務を免れることができる。そこで、債権者の契約解除権に加えて履行拒絶権をも規定することは屋上屋のようにも思えるが、あえて新法第536条第1項が履行拒絶権を定めたのは、直ちに解除を行えないケースでも（解除するためには他の契約当事者の同意を要する事案等）、債権者が反対給付を強いられないように、念のため重ねて規定を設けた位置づけである。

3 履行不能となった場合における債権者のとり得る対応

債務の履行が不能となった場合における債権者がとり得る対応について、債務不履行による損害賠償、契約の解除及び危険負担等を踏まえて整理すると、**図表4-9**のとおりとなる。

図表4-9：債務の履行不能の場合に債権者がとり得る対応

	債務不履行による損害賠償請求	解除	反対給付の履行拒絶
債務者に帰責事由あり	○	○	○
双方に帰責事由なし	×	○	○
債権者に帰責事由あり	×	×	×

254　第4章　債権債務関係の消滅、債務不履行

> **Q6**　債務者に帰責事由がある場合に、債権者は履行拒絶ができないか。

解　説

　新法は、「当事者双方の責めに帰することができない事由」によって債務者の債務が履行不能となった場合、債権者は、自己の負う反対債務の履行を拒絶することができる旨を定めている（新法第536条第1項）。

　また、新法は、「債権者の責めに帰すべき事由」によって債務者の債務が履行不能となった場合について、債権者が反対債務の履行を拒絶できない旨を定めている（新法第536条第2項）。

　以上に対し、新法は、「債務者の責めに帰すべき事由」によって債務者の債務が履行不能となった場合に、債権者が反対債務の履行を拒絶できるかについては、明文の規定を設けておらず、新法第536条第1項の文言を字義どおりに解釈すれば、債権者は反対債務の履行拒絶を主張できないようにも思われる。

　立案担当者は、この解釈に立っていると思われ、債務者に帰責事由がある場合には、債務者が負っていた債務は填補賠償債務に転化し、この填補賠償債務と債権者の反対債務は同時履行の関係に立つことになるから、履行拒絶を主張しようとする債権者としては、改めて同時履行の抗弁を主張しなければならないとの理解を示している[1]。また、同時履行の抗弁を主張できない場合（例えば、双方の履行期が異なる場合）には、不安の抗弁での対応が可能との考え方もある[2]。

　このような解釈に対しては、債務者に帰責事由がある場合であっても、危険負担の問題となり、債権者は反対債務の履行を拒絶できるとの見解も主張されている。これは、債務不履行による契約解除に債務

---

　1)　法制審議会第91回議事録18頁〔金洪周関係間発言〕。
　2)　法制審議会第91回議事録26頁〔内田貴委員発言〕。

者の帰責事由を不要とした上で、解除と危険負担の併存構成をとる場合には、両制度とも反対債務（対価）の負担を債務者に負わせるか、債権者に負わせるかの処理を目的とした制度である以上、どちらの制度によって処理したのでも、反対債務（対価）の負担者について、矛盾のないように制度設計をする必要があるとの理解を前提に、債務者に帰責事由がある履行不能の場合に解除によって履行を拒絶できるのと同様に、危険負担によっても履行拒絶をできるとすべきことを理由としているようである[3][4]。

　以上の解釈の相違は、新法の下における危険負担の制度について、解除制度の変更を前提として、旧法の下での危険負担制度をなくすことなく併存させたものと解するのか（立案担当者の理解）、解除制度による処理と矛盾のないように処理できるような制度を定めるものと解するのか（立案担当者に反対する立場の理解）、という点にあると思われる。

　改正法の審議過程を見ても、新法下における危険負担制度についていずれの立場を採用するかにつきコンセンサスが得られた形跡はないと思われ、最終的には今後の判例等による解釈に委ねるほかないが、実務的には、旧法の下での危険負担制度をなくすことなく併存させたものと解する立案担当者の理解が立案過程において採用されたと解される以上、債務者に帰責事由がある場合には、危険負担制度に依拠した債権者による反対債務の履行拒絶はできないと解することが無難と思われる。その上で、債務者に帰責事由がある場合における履行拒絶権を確保したいという場合には、その旨を契約において定めておくといった対応が考えられよう。

---

3)　潮見佳男＝山本敬三＝松岡久和「民法（債権関係）の改正に関する要綱仮案の原案（その1）についての意見及び説明の要望」（法制審議会民法（債権関係）部会第90回委員等提供資料）6頁〜8頁。

4)　これと同様の結論をとるものとして、潮見ほか181頁〔渡邉拓〕、鶴藤倫道「履行拒絶権としての危険負担と解除の関係」安永正昭＝鎌田薫＝能美善久監修『債権法改正と民法学Ⅲ　契約(2)』（商事法務、2018年）86頁〜88頁。

256 第4章 債権債務関係の消滅、債務不履行

Q7　債権者が債務者に対して反対給付を先履行していた場合において、その後に債務者の債務の履行不能が生じた場合、債権者は既履行の給付の返還請求をできるか。

解　説

　新法第536条第1項は、双方の責めに帰することができない事由によって債務者の債務が履行不能となった場合に、旧法が反対債務の当然消滅を定めていたのを改め、反対債務が残存することを前提に、債権者がその履行を「拒むことができる」旨を定めている。そのため、例えば、債権者が、債務者の債務が履行不能となった後に、履行不能となった事実を知りながら反対債務の履行をすることは、有効な債務の履行行為と言え、債権者はその返還を請求できないと言えよう。

　他方で、新法第536条第1項は、債権者が反対債務の履行をした後に債務者の債務が履行不能となった場合や、債務の履行が不能となったことを知らずに債権者が反対債務の履行をした場合に、債権者が債務者に対してした既履行の給付の取扱いがどうなるかについては何も定めていない。

　そこで、債権者による当該既履行給付の取扱い、具体的には、当該既履行給付を債務者に返還請求することの可否が問題となる。なお、債権者が債務不履行により契約を解除できる場合には返還請求が可能であるため、債務不履行による解除ができない場合（例えば、「軽微」な不履行であるため解除できない場合や民法第544条が適用される場合等）に問題となる。

　この点についての立案担当者の理解は、履行拒絶の抗弁権には永久性があるため、債権者の反対債務は残存するものの訴求力のない自然債務的なものとなり、履行拒絶の抗弁権の存在を知らずに給付を行った場合は非債弁済として処理されるとしている[1]。そして、非債弁済

---

1)　一問一答228頁。

にも該当しない場合には、債権者は既履行の給付の返還を請求することができないとしている[2]。

しかし、新法第536条第1項は、双務契約における両債務の履行上の牽連性の考え方を基礎として、債権者及び債務者の双方の責めに帰することができない事由により債務者の債務が履行不能となった場合に、債権者に反対債務の履行拒絶権を与えることにより両債務の履行面での均衡を保障しようとする趣旨の規定と解される。

危険負担を上記趣旨の制度として解除と併存させつつ、債務者に帰責事由がない履行不能の場合における重複の問題を避けるために債権者の反対債務につき当然消滅構成から履行拒絶構成に改めるという考え方を採用した新法の下においては、債権者による反対債務が先履行されていた場合に、債務者が当該先履行部分の返還を免れるという結論は、両債務の履行面での均衡を保障しようとする危険負担の制度趣旨に反するものと言えると考えられる。

したがって、債権者が債務者に対して反対給付を先履行していた場合において、その後に債務者の債務の履行不能が生じた場合、債権者は既履行の給付の返還請求をできると解することが合理的と思われる。

2) 法制審議会第91回議事録23頁以下〔金洪周関係官発言〕。

258　第4章　債権債務関係の消滅、債務不履行

第3　債務不履行

Q8　債務不履行について、どのような改正がされたか。

解　説

新法における債務不履行の責任等に関する改正事項としては、次に掲げるものがある。以下でその概要を述べる。
① 履行遅滞及び履行不能に関する改正
② 受領遅滞に関する改正
③ 履行の強制に関する改正
④ 債務不履行による損害賠償に関する改正
⑤ 代償請求権に関する改正

1　履行遅滞及び履行不能に関する改正

新法は、不確定期限がある債務につき債務者が遅滞の責任を負うこととなる時期に関し、旧法が、債務者が不確定期限が到来したことを知った時からとのみ規定していたのに対し、債務者が不確定期限が到来したことを知らなくとも、期限到来後に履行の請求を受けた時から遅滞の責任を負う旨を明文化した（新法第412条第2項）。

また、履行不能に関して、債務の履行が契約その他の債務の発生原因及び取引上の社会通念に照らして不能であるときは、債権者はその債務の履行を請求することができない旨の規定を新たに設けた。これは、履行不能に関する基本的な規律を明文化したものである（新法第412条の2第1項）。

さらに、契約に基づく債務の履行が当該契約の成立時において既に不能である場合（原始的不能）について、旧法の下では無効と解されていたが、新法は、この場合であっても債務不履行に基づく損害賠償請求をすることは妨げられない旨の規定を新たに設けた（新法第412

条の2第2項)。

その他、債務者が履行遅滞に陥っている間に当事者双方の責めに帰することができない事由によって、当該債務が履行不能となったときは、その履行不能が債務者の責めに帰すべき事由によるものとみなす旨を明文化した（新法第413条の2第1項）。

2 受領遅滞に関する改正

新法は、受領遅滞の効果について、旧法の下での判例法理や一般的な解釈に従い、以下の三つの効果を明文化した。

① 特定物の引渡債務の債務者は、受領遅滞となった後、自己の財産に対するのと同一の注意をもって目的物を保存することで足りる（新法第413条第1項）。

② 受領遅滞により増加した債務の履行費用は、債権者の負担となる（新法第413条第2項）。

③ 受領遅滞となった後に当事者双方の責めに帰することができない事由によって履行不能となったときは、当該履行不能は債権者の責めに帰すべき事由によるものとみなす（新法第413条の2第2項）。

3 履行の強制に関する改正

新法は、履行の強制に関して具体的な方法を定めていた旧法第414条第2項及び第3項の規定について、債務の履行を強制する具体的な方法は手続法である民事執行法に一元化することが合理的であるとの考え方の下、これらの規定を削除し、民事執行法にその内容を定めた（新民事執行法第171条第1項各号）。

4 債務不履行による損害賠償に関する改正

改正法は、債務不履行による損害賠償に関して、以下の改正をしている。

① 履行遅滞等履行不能以外の債務不履行についても、債務者に帰

260 第4章 債権債務関係の消滅、債務不履行

責事由がない場合には債務不履行責任を負わない旨を明文化した
（新法第415条第1項ただし書）。履行不能の場合に限って、債務者
に帰責事由がない場合に債務者が債務不履行による損害賠償の責
任を負わない旨を定める旧法第415条の下での判例法理[1]を明文
化したものである。

　また、債務者の帰責事由の有無について、「契約その他の債務
の発生原因及び取引上の社会通念に照らして」判断される旨を定
めた（新法第415条第1項ただし書）。

② 　債務の履行に代わる損害賠償（填補賠償）の請求が可能となる
以下の要件を明文化した（新法第415条第2項各号）。

　i 　債務の履行が不能であるとき

　ii 　債務者がその債務の履行を拒絶する意思を明確に表示したと
　　　き

　iii 　債務が契約によって生じたものである場合において、その契
　　　約が解除され、又は債務の不履行による契約の解除権が発生し
　　　たとき

③ 　特別事情によって生じた損害の賠償に関して、旧法の「その事
情を予見し、又は予見することができたとき」との文言を、「そ
の事情を予見すべきであったとき」と改めた（新法第416条第2
項）。これは、単に債務者が現実に当該事情を予見していたか、
予見することができたかという事実だけを問題とするのではなく、
債務者が当該事情を予見すべきであったかどうかという規範的な
評価によって特別事情の有無を判断すべきという、旧法下におけ
る一般的な解釈を明文化したものである。

④ 　過失相殺に関して、旧法は、債務の不履行についての債権者の
過失のみを定めているが、新法は、損害の発生又は拡大について
の債権者の過失も考慮する旨を定めた（新法第418条）。

⑤ 　旧法は、当事者間で予定された損害賠償の額を裁判所が増減す

1）　大判大正10年11月22日民録27輯1978頁。

ることができない旨を定めているが（旧法第420条第1項後段）、裁判実務においては、公序良俗違反等を理由に予定された損害賠償の額を増減する判断がなされていることを踏まえ、当該規定を削除した。

5 代償請求権に関する改正

新法は、債務の履行が不能となったのと同一の原因により債務者がその債務の目的物の代償である権利又は利益を取得した場合に、債権者がその権利の移転又は利益の償還を債務者に対して求めることができる権利（代償請求権）を有する旨の規定を新たに設けた（新法第422条の2）。これは、旧法下の判例[2]において認められていた解釈を明文化したものである。

2) 最判昭和41年12月23日民集20巻10号2211頁。

262　第 4 章　債権債務関係の消滅、債務不履行

> **Q9**　株式会社の役員等の任務懈怠責任の解釈に影響があるか。

解　説

1　役員等の任務懈怠責任の要件（会社法 423 条 1 項）

　会社法第 423 条第 1 項は、取締役等の役員等が、その任務を怠ったときは、株式会社に対し、これによって生じた損害を賠償する責任を負う旨を定めている。

　この役員等の責任（いわゆる「任務懈怠責任」）に関しては、会社法の立案担当者より、会社法第 428 条第 1 項が「任務を怠ったこと」と「責めに帰するべき事由によるものであること」を区別していること等を根拠に、任務懈怠と過失とを別の要件としたものであるとの説明がなされている。そして、この任務懈怠と過失との関係については、会社法第 423 条第 1 項の前身の規定である平成 17 年改正前の商法第 266 条第 1 項第 5 号からその実質を変更したものではないとの説明がなされているところ[1]、平成 17 年改正前の商法下の判例においては、平成 17 年改正前の商法第 266 条第 1 項第 5 号に定める取締役の損害賠償責任につき、取締役の故意又は過失があることが要件となることが判示されていた[2]。このような会社法（及び平成 17 年改正前の商法）下における任務懈怠と過失の関係については、債務不履行責任において過失の主張・証明責任を転換しているのが伝統的な民法学説である

---

1)　相澤哲編著『立案担当者による新・会社法の解説（別冊商事法務 295 号）』（商事法務、2006 年）117 頁。
2)　例えば、最判平成 12 年 7 月 7 日民集 54 巻 6 号 1767 頁（野村證券事件）においては、取締役が、「その行為が独占禁止法に違反するとの認識を有するに至らなかったことにはやむを得ない事情があったというべきであって、右認識を欠いたことにつき過失があったとすることもできない」と判示している。その他、東京高判平成 15 年 3 月 27 日判タ 1133 号 271 頁及びその上告審である最判平成 18 年 4 月 10 日民集 60 巻 4 号 1273 頁。

第4節　解除・危険負担・債務不履行　第3　債務不履行　263

と理解した上で、その考え方を形式的に取締役の任務懈怠責任に妥当
させた結果であろうと解されているようである[3]。

2　債務不履行責任の改正

　新法は、債務不履行による損害賠償に関して、「債務者が債務の本
旨に従った履行をしないとき」は損害賠償請求ができることを原則と
定めつつ（新法第415条第1項本文）、「その債務の不履行が契約その他
の債務の発生原因及び取引上の社会通念に照らして債務者の責めに帰
することができない事由によるものであるとき」は賠償責任が免責さ
れる旨を定めている（同項ただし書）。旧法が単に「債務者の責めに帰
すべき事由」が債務不履行による損害賠償の要件となる旨を定めてい
るのに対し、「契約その他の債務の発生原因及び取引上の社会通念に
照らして」との文言を新たに追加した点、及び、帰責事由の不存在に
関する立証責任が債務者にあることを明示した点が、新法における具
体的な改正点となる。

3　新法が役員等の任務懈怠責任の要件の解釈に与える影響の有無

　上記2に記載の新法第415条第1項ただし書の解釈については、
「契約その他の債務の発生原因及び取引上の社会通念に照らして」と
いう文言を新たに加えることにより、その債務の不履行を理由とする
損害賠償が契約の拘束力によって正当化されることを示すとともに、
免責が認められるか否かが契約の内容に即して捉えられるものである
ことを明らかにしたものであり、過失責任の原則との関係が切断され
ている（「債務者の責めに帰することができない事由」≠「無過失」）との
見解も示されている[4]。

　このような解釈を前提とした場合には、上記1の記載のとおり、債

---

　3)　潮見佳男「民法からみた取締役の義務と責任──取締役の対会社責任の構
　　　造」商事法務1740号（2005年）37頁〜38頁。
　4)　潮見379頁。

務不履行による損害賠償につき過失責任が伝統的な民法学説であると
理解した上で、その考え方を形式的に取締役の任務懈怠責任に妥当さ
せたであろう会社法第423条第1項の要件の解釈にも影響が生じない
か——具体的には、取締役の故意又は過失を要件とはしないとの解釈
につながらないか——が問題となり得る。

　しかし、新法第415条第1項ただし書の文言の追加に関しては、債
務不履行による損害賠償請求における帰責事由の有無について、問題
となった債務に係る給付の内容や不履行の態様から一律に定まるので
はなく、個々の取引関係に即して、契約の性質、契約の目的、契約の
締結に至る経緯等の債務の発生原因となった契約に関する諸事情を考
慮し、併せて取引に関して形成された社会通念をも勘案して判断する
としていた裁判実務の枠組みを明確化する趣旨にとどまるものであり、
実務のあり方が変わることは想定されていないとの説明が、立案担当
者よりなされている[5]。このような旧法下での裁判実務や当該裁判実
務における判断枠組みを明確化した民法改正を前提とすれば、新法が
役員等の任務懈怠責任の要件の解釈に影響を与えるものではないと解
してよいものと考えられる。

5）　一問一答74頁〜75頁。

本論に対するコメント（鎌田薫）

●「第1 解除」について

■Q3について

　新法第541条は、債務の不履行が「契約をした目的を達することができない」（新法第542条第1項第3号・第4号）という程度に至らない場合にも、催告をすることによって、契約関係を解消する余地を認めつつ、「軽微」な不履行については解除をすることができないとしたものであるから、債務不履行が「軽微」であることと、債務不履行にもかかわらず「契約をした目的を達する」ことができることとは異なる意義を有していると言わざるを得ない。

　こうした新法の趣旨に照らせば、本論の指摘するとおり、催告期間の経過時において、債務不履行により「契約をした目的を達することができない」場合は、「軽微」な不履行に該当しないと解すべきことは当然である。

　他方で、債務の不履行が「契約をした目的を達することができない」という程度に至らない場合に、「軽微」な不履行に該当するか否かをどのように判断するかという点については、個別の事案ごとに諸々の事情を考慮して総合的に判断する必要があり、一律の判断基準を設定することは難しいが、①不履行のあった債務自体の内容と、②債務の不履行の態様（催告後の態様を含む）の観点から判断することになるとの本論の指摘は妥当なものであるし、また、当該判断を行うに当たり考慮すべき事情として本論で挙げられている考慮要素についても、主要な考慮要素が適切に挙げられていると評価してよいであろう（もっとも、個別の事案ごとに、どの考慮要素にどの程度の重きを置いて「軽微」か否かを判断するかは、なお解釈に委ねられており、裁判例の集積を待たなければならない）。

　なお、本論が考慮要素の一つに掲げる「追完・追履行の容易性（必

266 第4章 債権債務関係の消滅、債務不履行

要なコスト）」は必ずしも一般的な考慮要素として広く認められてき
たわけではないが、契約の解除が、債務者に対する責任追及の手段で
はなく、債務者の帰責事由の有無を問わず債権者を当該契約の拘束力
から解放する制度へと大きく転換したことを前提として、債務者の追
完・追履行に要する負担が、債権者が当該追完・追履行により得る利
益と比べて著しく過大で、当該追完・追履行がないことをもって契約
の解除を認めることがかえって不公平な結果をもたらし、社会的な損
失も生じさせるような場合にまで解除を認める必要はないという観点
から、これを判断要素の一つに付け加えるものとして、肯定的に捉え
てよいように思われる。ただし、解除を認めないときには債権者に不
履行状態の受忍を強いることになるのだから、十分慎重に判断される
べきこと、及び、このような場合の損害賠償額の算定について検討の
余地があること（旧法第 634 条第 1 項ただし書に係る最判平成 14 年 9 月
24 日判時 1801 号 77 頁等参照）を付言しておきたい。

● 「第 2 危険負担」について

■ Q 6 について

　新法は、債務者に帰責事由がない場合でも、債権者は契約の解除を
することができるとしているから、双方に帰責事由がない履行不能の
場合であっても、契約を解除することによって債権者は反対給付債務
を免れることができる。この場合に、旧法の危険負担制度を維持する
と、同一の効果を生じさせる制度が重複することになってしまう。こ
れを回避するためには、危険負担制度を廃止し、解除制度に一元化す
るのが簡明であり、理論的一貫性も確保できる。

　しかし、旧法の下では債権者の反対給付債務が当然に消滅していた
のに、解除の意思表示をするまで債務を免れることができないものと
すると、債権者の負担が増加するし、解除権の行使が事実上困難な場
合もあるという強い批判の存したことを考慮して、新法の下でも危険
負担制度を存続させることとした。

第 4 節　解除・危険負担・債務不履行　本論に対するコメント（鎌田薫）　267

とは言え、反対給付債務の存続を前提とする解除制度と、反対給付
債務の当然消滅を前提とする危険負担制度を併存させることは理論上
不可能である。そのために、新法第536条第1項は、「当事者双方の
責めに帰することができない事由」によって履行不能となった場合に
は、債権者の反対給付債務は存続しているけれども、債権者は反対給
付債務の履行を拒むことができるものとした。

この点に関し、法制審議会民法（債権関係）部会の審議において、
本論が紹介するように、債務者に帰責事由のある場合にも債権者の履
行拒絶権を認めるべきであるという意見が出され、改正法成立後もこ
うした解釈をとるべきであるとする学説が有力に主張されている。

しかしながら、新法第536条第1項は、こうした議論を踏まえた上
で、最終的に「当事者双方の責めに帰することができない事由によっ
て債務を履行することができなくなったとき」にのみ適用される規定
として成立したのであるから、これを、債務者の責めに帰すべき事由
があるときにも当然に適用される規定であると解することはできない。
その意味で、新法第536条第1項は、解除一元化論に伴う不都合を減
ずる限度で機能すれば足り、それを超える新たな機能を営ませる必要
のない規定として制定されたものと言って過言ではないであろう。

なお、債務者が自ら帰責事由がある（損害賠償義務を負う）旨を主
張・立証することや、それに対して債権者があえて解除もせず、履行
に代わる損害賠償と反対給付債務の引換給付も請求せずに、自らの債
務の履行拒絶を主張せざるを得ないような場面は、それほど多く生ず
るものとは思われないが、実際上の不都合が極端に大きい場合には本
条の類推適用が検討される余地もあるだろう。

● 「第3　債務不履行」について

■ Q9について
　債務不履行による損害賠償請求の免責要件である「債務者の責めに
帰することができない事由」（新法第415条第1項ただし書）について

268　第4章　債権債務関係の消滅、債務不履行

は、契約内容に即して捉えられるものであって、「過失責任の原則」
との関係は切断されているとの見解が提唱されていることは本論が述
べるとおりである。

　しかし、旧法の下での裁判実務も、問題となった契約と切り離され
た抽象的な「過失」をもって帰責事由としていたわけではなく、当該
契約の性質・目的・締結に至る経緯等一切の事情と取引上の社会通念
等を考慮して帰責事由の有無を判断してきたのであり、新法も、こう
した従来の実務を踏まえ、帰責事由の判断枠組みを明確化したもので
あって、これまでの実務のあり方を変えるようなことは想定されてい
ない[1]。

　また、本論で検討の対象となっている会社法第423条第1項につい
ても、今次の民法改正に伴う整備法において、民法第415条第1項の
改正に伴う改正が必要とはされなかった。

　なお、近時の学説においては、受任者の注意義務等のいわゆる「手
段債務」の場合には、契約に照らして債務者が最善を尽くしていたか
どうかによって債務不履行があったか否かが判定されるが、その判断
の中で帰責事由の有無も同時に判断されているので、免責事由の有無
を判断する必要がないという考え方が有力であり[2]、本論1で指摘さ
れているところの、会社役員の任務懈怠責任（会社法第423条第1項）
に関し、「任務懈怠と過失とを別の要件とした」という立案担当者の
説明との関係が気になるところである。

　本論1で引用されている最判平成12年7月7日民集54巻6号
1767頁（野村證券事件）は「法令又ハ定款ニ違反スル行為」をもって
取締役の損害賠償責任が生ずるものと定める平成17年改正前の商法
第266条第1項第5号に基づく株主代表訴訟に係る判決であるが、こ
うした類型の事案では、法令違反行為が債務不履行事実となり、当該

---

　1)　一問一答74頁参照。
　2)　例えば、山本敬三監修・栗田昌裕ほか著『民法4　債権総論』（有斐閣、2018
　　年）75頁〔下村信江〕。

行為が法令違反であることを認識しなかったことにつき過失（帰責事由）がなかったことを役員側で立証することで初めて責任を免れるものと解されており、この考え方は、会社法立案担当者の上記説明と符合する。これに対し、業務執行上の判断の誤りのような類型については、原告が役員の善管注意義務・忠実義務違反を証明すれば、役員の過失（注意義務違反）も同時に証明されたことになるので、役員の側で帰責事由のないことを証明する必要はないこととなるはずであり、この考え方は、近時の有力民法学説の考え方と同じことになるが、従来の会社法裁判例においてもこの種の違反行為については過失（帰責事由）の有無は特に問題とされてこなかったと指摘されている[3]。

　本論及び本コメントで言及した裁判例及び判例理論はすべて旧法第415条の下で形成されたものであり、新法第415条は文理上も理論上もこれらと矛盾しないし、立法過程においても、従来の裁判実務の枠組みを変更するのではなく、むしろそれを明確化しようとする意思が強調されていた。したがって、本論も指摘するとおり、今次の民法債権関係規定の改正が株式会社の役員等の任務懈怠責任の解釈に影響を及ぼすことはないと解すべきである。

---

3) 神田秀樹『会社法〔第21版〕』（弘文堂、2019年）261頁。

第5章

各種の契約

第 1 節 売買

第 1 総論

> **Q1** 売買について、どのような改正がされたか。

解 説

1 手付に関する事項

売主による手付解除に関し、判例は、手付の倍額を償還することにより契約の解除をするためには、当該倍額について現実の提供を行うことを要するという立場をとっていたことを踏まえ[1]、新法では、その内容が明文化された（新法第557条第1項本文）。また、「相手方が契約の履行に着手した後」は解除できないとの例外則は、旧法では本文に規定されていたが、新法ではただし書に規定することにより、その位置づけがより明確化された（同項ただし書）。

2 対抗要件具備に関する事項

売買契約に基づく権利の移転につき対抗要件を具備させる義務についてはこれまで民法上に明文がなかったが、新法では、売主が買主に対して登記、登録等の対抗要件を具備させる義務を負うことが改めて明文化された（新法第560条）。

---

1) 最判平成6年3月22日民集48巻3号859頁。

274 第5章 各種の契約

3 売主の担保責任に関する事項

(1) 売主の担保責任に関する考え方の整理

　旧法では、他人の権利を売買した場合、数量の不足又は物の一部滅失の場合や目的物に地上権等が設定されていた場合等に応じて売主の担保責任が分類されており、買主の救済手段がそれぞれの場合ごとに規定されていた。そして、特に瑕疵担保責任（旧法第570条）との関係で論じられてきた担保責任の法的性質については、債務不履行の一般原則との関係性が規定上明確になっていなかった。

　新法では、担保責任の法的性質論における契約責任説が採用され、売買における担保責任が債務不履行責任に統合する形で整理された。売買契約において売主は、特定物売買と不特定物売買とを区別することなく、一般に契約の内容に適合した種類、数量、品質の目的物を引き渡す義務を負うことを前提に、かかる義務が未履行の場合に担保責任を負うべきとの方針で改正がなされている。これにより、旧法のように目的物が特定物であるか不特定物であるかを問うことなく、「（引き渡された目的物が）契約の内容に適合しない」（新法第562条第1項）という要件により、一元的に処理がなされることになった。これに伴って、旧法第570条で用いられてきた「瑕疵」という文言は、「契約の内容に適合しない」一類型として捉えられることになった。また、担保責任の判断は、契約内容に適合するかどうかという観点から行うことになり、いかなる契約内容で合意していたかについての解釈に買主の主観が包含されると考えられることから、これまで買主の善意無過失を意味すると解されていた「隠れた（瑕疵）」（旧法第570条）との要件は、新法では削除された。その他、買主の主観をもって担保責任に基づく損害賠償請求等の可否を決していた旧法の規定（旧法第561条、第565条、第566条等）も、当事者がいかなる契約内容に合意していたかの判断において評価されることとなるため、削除されることになった。

　また、旧法では、他人の権利の売買における善意の売主の解除権

（旧法第 562 条）が存在したが、そのような売主に契約から離脱する自由を与えるほどの合理性が乏しいことから、新法では削除されている。

　なお、上記で述べた「物」に関する売主の契約不適合責任の規定（新法第 562 条～第 564 条）は、「権利」を目的とする売買についても準用される仕組みとなっている（新法第 565 条）。

　加えて、競売における担保責任の規定につき、旧法では「強制競売」とのみ規定されていたところ（旧法第 568 条）、新法では、広く競売一般が含まれることを明確化するために、「民事執行法その他の法律の規定に基づく競売」と表現が改められることになった（新法第 568 条第 1 項）。

(2)　契約不適合責任における買主の救済手段

　売主の担保責任が契約不適合責任に改められたことに伴い、買主の救済手段として、売買の類型等を問わない①履行追完請求権（新法第 562 条）及び②代金減額請求権（新法第 563 条）が規定されることになった。

　①は、旧法において請負契約上の救済手段としては設けられていたが、新法では、契約不適合責任一般に共通する規律として整理されている。なお、契約不適合が買主の帰責事由による場合には、履行追完請求は認められない（新法第 562 条第 2 項）。

　②は、契約の内容に適合しない目的物であっても、買主がこれを了承する場合にはその分の代金を減額することでも公平を確保できることから、明文化されたものである。代金減額請求を行うためには、原則として相当の期間を定めた上で催告を行う必要がある。なお、例外的に無催告での代金減額請求が認められる要件については、新法第 563 条第 2 項に規定されている。なお、代金減額請求についても、契約不適合が買主の帰責事由による場合には認められない点は、履行追完請求と同様である（同条第 3 項）。

　一方、担保責任の法的性質として契約責任説（債務不履行責任）が採用された結果として、旧法でも救済手段として用意されていた、③

276　第 5 章　各種の契約

損害賠償請求及び④解除については、契約一般の債務不履行責任の規
定を準用する形に整理された（新法第 564 条、第 415 条、第 541 条、第
542 条）。これにより、契約不適合が売主の帰責事由に基づかない場合
には損害賠償の手段をとることはできなくなるなど、別途損害賠償又
は解除に関する一般則に定める所定の要件を充足する必要が生じるこ
とになった。

　買主の救済手段の期間制限についても見直しがなされた。旧法は、
権利の一部が他人に属する場合、数量を指示して売買した物に不足が
あった場合、売買の目的物に地上権等が設定されていた場合について
短期の期間制限を設けていた（旧法第 564 条、第 565 条、第 566 条第 3
項）。この点、新法では、期間制限の適用を「売主が種類又は品質に
関して契約の内容に適合しない目的物を買主に引き渡した場合」に限
定し、買主がその不適合を知った時から 1 年以内にその旨を売主に通
知しないときは、原則として代金減額請求を始めとした救済手段を採
ることができないものと改められた（新法第 566 条本文）。目的物の数
量や移転した権利が契約内容に適合しない場合には、一般的な消滅時
効の規定（新法第 166 条第 1 項第 1 号又は第 2 号）に従うことになる。

4　危険の移転に関する事項

　旧法下では、当事者双方の帰責事由によることなく目的物が滅失、
又は損傷した場合、当該滅失又は損傷が生じた時点と担保責任追及の
可否の関係について、明文の規定が存在しなかった。そこで、新法で
は、目的物（売買の目的として特定したものに限る）の引渡しがあった
時以後にその目的物が当事者双方の帰責事由によることなく滅失、又
は損傷したときは担保責任に基づく救済手段を行使できないことが明
文化された（新法第 567 条第 1 項前段）。また、併せて、目的物の引渡
しにより売主から買主に危険が移転すること（すなわち、目的物の引
渡し後に滅失・損傷が生じた場合、買主は代金の支払を拒絶できないこと）
も明記された（同項後段）。

5 代金支払の拒絶に関する事項

旧法では「売買の目的について権利を主張する者があるために買主がその買い受けた権利の全部若しくは一部を失うおそれがあるとき」に限って買主は危険の程度に応じて代金の支払を拒絶できるとされていたが（旧法第576条）、売主と買主との公平を図るためには、買主が目的物を取得した後の場面に限らず、目的物を取得することができないおそれがあるときであっても同様に代金支払拒絶が可能と解されていたことから、新法ではかかる解釈が明文化されている（新法第576条）。また、旧法には、買い受けた不動産に抵当権等の登記が存在する場合にも買主は代金の支払を拒絶できる旨が規定されていたが（旧法第577条）、新法では、抵当権等の登記があることを前提にして行う売買もあり得ることから、「契約の内容に適合しない抵当権の登記があるとき」に限定することで規定の合理化を図っている（新法第577条第1項）。

6 買戻しの特約に関する事項

旧法では、不動産売買における買戻し特約に関して、売主が買主に対して返還すべき金銭の範囲が「買主が支払った代金及び契約の費用」と規定されていたが（旧法第579条）、かかる範囲に限定することにつき合理性はないと考えられていた。そこで、新法では、別段の合意をした場合にあっては、その合意により定めた金額と規定し、旧法の文言の範囲に限られないことを明確にした（新法第579条）。

また、買戻しの登記については、これが効力発生要件というより第三者対抗要件の問題であることを文言上も明らかにした（新法第581条第1項）ほか、登記された賃借権について買戻期間の残存期間中1年を超えない期間に限り売主に対抗できる旨の旧法の規定（旧法第581条条第2項）はあくまで買戻し特約の登記がなされた後に対抗要件を具備した賃借権を一定の範囲で保護するものであることを文言上も明確化している（新法第581条第2項）。

第2 売買における担保責任（契約不適合責任）

> **Q2** 瑕疵担保責任を契約不適合責任に改めることにより、売買の担保責任が認められる要件・範囲はどのように変わったか。

解　説

　瑕疵担保責任から契約不適合責任への切替えの背景には、売買契約における瑕疵担保責任の法的性質をどのように考えるかについて、学説上、理論的な対立が続いていたことがある。また、判例も、いずれかの立場を明確に（あるいは一貫して）とっていたわけではない。

　このような状況の中、瑕疵担保責任については、解釈上疑義がある論点が多く、不透明な状態にあった。また、伝統的な通説であった法定責任説（「特定物の瑕疵は債務不履行を生ぜしめない」というドグマから出発し、担保責任を特定物の売買に関して法律が特別に認めた売主の責任と位置づける立場）に対しては批判が強まっていた。そこで、新法は、今日支持の多い契約責任説（担保責任を、特定物か不特定物かを問わず、目的物の瑕疵に関して適用される債務不履行責任の特則と位置づける立場）を採用することを明確にした上で、売主の担保責任に関する規定を整理し直した。

　ただ、実務家にとって重要なのは、このような理論的な位置づけそのものではなく、瑕疵担保責任を契約不適合責任に改めることにより、最終的に、売主の担保責任が認められる要件・範囲はどのように変わったか、あるいは、変わることが予想されるのか、という点である。

　従来、「瑕疵」（旧法第570条）とは、売買の目的物が通常有するべき品質・性能を欠くことを意味するが、売主が目的物につき見本その他のものによって特別の品質・性能を有することを保証したときは当該特別な品質・性能を欠くことを指す、と理解するのが伝統的な立場であった[1]。

第1節　売買　第2　売買における担保責任（契約不適合責任）　279

　一方で、新法第562条第1項における「契約の内容に適合しない」かどうかの判断は、「合意の内容や契約書の記載内容だけでなく、契約の性質（有償か無償かを含む。）、当事者が当該契約をした目的、契約締結に至る経緯を始めとする契約をめぐる一切の事情に基づき、取引通念を考慮して評価判断されるべきもの」と説明されている[2]。

　そうすると、旧法と比較して、新法下においては、契約内容はもちろんのこと、契約の性質・目的や交渉過程等、より幅広い事情を考慮した上で、契約の内容に適合しているかどうか（すなわち、売主の担保責任が生じるかどうか）が判断されるようにも見受けられる。

　もっとも、従来の判例においても、「瑕疵」とは、具体的な契約の内容から切り離された形で判断されるのではなく、当事者間の合意や契約全体の趣旨に照らして、通常又は特別に予定されていた品質・性能を欠く場合を言うものと整理されていたことから[3]、判断枠組み自体は本質的には変わらないものと考えられる。

　ただ、特定物の売買については、新法が契約責任説を明確に採用したことから、特定物だからと言って現状有姿で引き渡せば足りるというドグマは改めて否定された。これにより、特定物か不特定物かにかかわらず、当事者の合意の内容を吟味した上で、担保責任が発生するかどうかを判断する必要があることが明確になったと言える。とは言え、判例は明確に特定物ドグマを採用していたわけではないし[4]、また、特定物ドグマを前提としても、当事者が個別に一定の品質等を保証したような場合には、当該品質を欠くことが瑕疵と評価されると考えられていたため、個別事案における結論にはあまり違いはないとも言えよう。

---

1)　大判昭和8年1月14日民集12巻71頁。
2)　中間試案補足説明89頁。
3)　最判平成22年6月1日民集64巻4号953頁。最判解民事篇平成22年度（上）345頁以下〔榎本光宏〕も参照。
4)　大判大正14年3月13日民集4巻217頁、最判昭和36年12月15日民集15巻11号2852頁。

280 第5章 各種の契約

> **Q3** 「隠れた」という要件の削除により、売買の担保責任について実務上どのような影響があるか。

解　説

　旧法では、瑕疵担保責任の要件として、「隠れた」瑕疵があること（旧法第570条）が必要とされた結果、買主が瑕疵の存在につき善意無過失である場合（言い換えると、買主が取引上必要な注意をもってしても発見できないような瑕疵である場合）でなければ瑕疵担保責任を追及することができないものと解されていた。これに対して、新法は、かかる主観的要件を廃止し、「契約の内容に適合しない」かどうかの判断に一本化することとした。

　これは、隠れていない、明らかな欠陥があったとしても、そうした欠陥のある物が「契約の内容に適合しない」限り、売主は担保責任を負うべきであるというロジックによるものである。このロジック自体に疑問を持つ向きは少ないと思われるが、では、実際に、旧法と比較して、担保責任の要件の判断がどのように変わるか。

　買主がある欠陥について悪意であった場合には、当該欠陥は容認されており、欠陥付きの物でも契約の内容には適合していたと言えるケースが多いと思われる。ただ、買主がある欠陥を認識すべきだった（認識していないことに過失があった）というだけの場合には、当該欠陥の存在が合意の内容になっているとまでは言えないケースもあるように思われ、そうだとすると、そのような場合には、旧法下では瑕疵担保責任が成立しないとしても、新法下ではなお担保責任が成立し得る点で実質的な差異が生じることになる。

　もっとも、弁護士が関与するような企業間の大規模な売買契約（例えば、企業買収や商業用不動産の売買等）に関する限り、通常、目的物の品質や状態については、表明保証条項を置いて売主・買主間のリスク分担をあらかじめ取り決めておくのが通常であるから、ある欠陥が

契約内容に適合しているかどうかは明確に判断できるケースが多いと思われる。また、そのような取引においては、仮に、表明保証条項が存在しない、あるいは、存在してもその範囲が限定的であるような場合には、ある程度の欠陥が存在し得ることを織り込み済みで、現状有姿での引渡し（いわゆる"as is"の取引）を前提としたバリュエーション（売買代金の設定）がなされている可能性が高いから、通常あり得る程度の欠陥であれば契約内容に適合していると判断されよう。したがって、企業間の大規模な売買契約に関する限り、「隠れた」という要件の有無によって結論が変わるケースはあまり想定されず、実務上、特段の不都合は生じないように思われる。

282　第5章　各種の契約

> **Q4** 売買の担保責任の効果として買主の追完請求権はどのように変わったか。

解　説

　売買の対象となった物や権利が契約の内容に適合しない場合の担保責任の効果として、追完請求権（目的物の修補、代替物や不足分の引渡しを求める権利）が明示的に認められた（新法第562条）。

　かかる追完請求権は、旧法下においても、契約責任説はもともと認めていたところであり、また、判例も、買主は瑕疵の存在を認識した上でこれを履行として認容して瑕疵担保責任を問うこともできるが、それ以外の場合には、買主は受領後もなお完全履行請求権や債務不履行に基づく損害賠償請求権及び解除権を有する、という立場をとっていた[1]。

　したがって、新法が追完請求権を認めたこと自体は必ずしも目新しいことではない。ただ、新法では、契約内容への不適合が買主の帰責事由による場合には追完請求権が否定されること、また、買主に不相当な負担を課すことにならない限り、売主は、買主が請求した方法と異なる方法により履行の追完ができることが明記された点で、新たなルールが打ち出されたものと言える。

　この点、瑕疵担保責任を契約責任と位置づけた以上、契約内容への不適合につき売主に帰責事由がない場合には売主は追完義務を免責されると考えるのが自然であるように思われるところ、新法では、あくまで契約内容への不適合が買主の帰責事由による場合にのみ売主の追完義務が免責されるものとされているため、その結果、例えば双方に帰責事由がないような場合にも売主は引き続き追完義務を負うことになる点、留意が必要である。

---

1)　最判昭和36年12月15日民集15巻11号2852頁。

第1節　売買　第2　売買における担保責任（契約不適合責任）　283

　実務家の視点からこれをどのように評価するかであるが、追完請求権は売買契約の目的物に関して本来の履行を請求する権利の延長線上に位置づけられるものであり、まずもって、売主は、一定の対価と引換えに相応の品質の目的物を買主に引き渡す義務を負っていることが前提となるから、買主としては、自分自身に帰責事由がある場合を除き、代金を満額支払う以上は契約内容に適合した物を要求するために追完請求権が認められて然るべきであるし、さもなくば品質が落ちた分に応じた代金減額請求や契約解除ができる、というのが双務契約の論理（対価的均衡の原則論）に従ったフェアな解決であると考えることができそうである。かかる整理は、理論的には、双務契約において一方当事者の債務が履行不能になった場合には他方当事者の反対債務の全部又は一部は当該他方当事者に帰責事由がない限り免除されるという危険負担制度の原則論とも整合するものと位置づけられよう。

284　第5章　各種の契約

Q5　売買の担保責任の効果として買主の代金減額請求権はどのように変わったか。

解　説

新法では、売買の対象となった物や権利が契約の内容に適合しない場合の担保責任の効果として、不適合の程度に応じた代金減額請求権が明示的に認められた（新法第563条）。

ただ、かかる代金減額請求権も、旧法上、契約責任説はもともと認めていたところであるし、また、解釈上、危険負担の法理に基づき、売主の義務の履行が一部不能になったものと評価して、買主の反対債務である代金支払債務を一部免除することはもともと可能であったと考えられる。

とは言え、かかる代金減額請求権に明確な法的根拠が与えられるとともに、契約内容への不適合が買主の帰責事由による場合には代金減額請求権が否定されることが明記された点には一定の意義があるし、また、代金減額請求を買主による契約の一部解除に実質的に等しいものと見て、解除と同様に、原則として買主による催告を求める（履行の追完が不能であるとき、売主が追完を拒絶する意思を明確に表示したとき、一定期日の経過により契約目的の達成が不可能になったとき等、一定の例外的場面においてのみ、催告が不要となる）というルールが明確に打ち出された点は実務上も相応の意義があろう。

なお、代金減額請求権についても、買主の帰責事由がある場合のみ売主が免責される形になっているが、この点は、上記 **Q4** の追完請求権と同様に、双務契約の論理（対価的均衡の原則論）に従ったフェアな解決と考えることができるように思われる。

第 1 節　売買　第 2　売買における担保責任（契約不適合責任）　285

Q6
売買の担保責任の効果として買主の解除・損害賠償請求はどのように変わったか。

解　説

　新法は、売買の対象となった物や権利が契約の内容に適合しない場合にも、買主は、債務不履行の一般原則に従い、契約を解除することや売主に対する損害賠償請求を行うことができることを確認的に規定している（新法第 564 条）。

　瑕疵担保責任に係る契約責任説を採用した以上、解除・損害賠償請求については債務不履行責任に関する一般規定を準用すれば足りるものと整理されたのは自然なことである。ただ、実務上は、いくつかのポイントに留意する必要がある。

　まず、旧法では、契約の解除は、目的物の瑕疵により契約の目的を達成することが不可能である場合に限られており、また、だからこそ、解除の前提として催告は無意味であるから求められていなかった。新法の下では、より幅広く解除が認められることになる一方で、原則として催告というワンステップを経る必要が生じることになる（新法第 541 条）。しかし、新法の下でも、債務の全部の履行が不能であるとき、債務者が債務の全部の履行を拒絶する意思を表明したとき、催告をしても契約の目的を達成するのに足りる履行がされる見込みが明らかにないとき等は、無催告解除が認められるため（新法第 542 条）、トータルで見た場合には、むしろ契約目的の達成が不可能な場合に限らず、時々の状況に応じて幅広く解除が認められるようになった点で実務上は好都合である。

　また、損害賠償については、売主に債務不履行責任が認められることが前提となるから、売主に帰責事由がない場合には損害賠償は認められないことになる。この点、旧法下においては、契約責任説を含めて、瑕疵担保責任は売買契約に特有の無過失責任と考えられていたか

286 第5章 各種の契約

ら、これは大きな変更点とも言える[1]。もっとも、売買契約において売主が契約内容に適合しない物を契約内容に適合した物として買主に引き渡した場合において、売主に帰責事由がないことが立証できるケースは、よほど特殊な事情がない限り、実際上は想定し難いと考えられるから、その意味では、実務上のインパクトは限定的と評価することもできよう。

さらに、損害賠償の範囲については、旧法下では、いわゆる特定物ドグマ（個性に着目して取引される特定物については代替物が存在しないから瑕疵があっても債務不履行にはならないとする考え方）を前提にする法定責任説の立場から、特定物について瑕疵のない「本来の履行」は観念できないことから、損害賠償の範囲も、本来の履行がなされていれば買主が得られたであろうポジションを前提とした逸失利益の賠償までは認められず、あくまで買主が瑕疵のない物を手に入れることができると信じて負担・投資した費用・コスト（信頼利益）の賠償に限定されると主張されていた。この点、新法では、債務不履行の一般原則によることが明記されたことから、損害賠償の範囲は履行利益も含むことになると考えられ、これは大きな変更点と言える。もっとも、旧法下においても、裁判所が上記のような法定責任説の立場を採用していたかは不明であり[2]、むしろ、個別事案に応じて妥当な帰結を導いていたものと思われるため[3]、実務上のインパクトは限定的と評価することもできよう。

---

1) なお、**第4章第4節第1Q2**で見たとおり、新法では、解除の要件として不履行当事者の帰責事由は要求されないこととなったから、解除に関しては、結果的に、旧法下の瑕疵担保責任（無過失責任）から特段の変更はないこととなる。

2) 下級審レベルでは、法定責任説に明示的に依拠した裁判例も散見される（東京地判平成15年5月16日判時1849号59頁、東京地判平成16年2月26日判例集未登載、大阪地判平成20年6月10日判タ1290号176頁等）。

第 1 節　売買　第 2　売買における担保責任（契約不適合責任）　287

3)　例えば、東京地判昭和 58 年 2 月 14 日判時 1091 号 106 頁（売買の対象と
なった土地のうち私道部分に公的負担が付着していたことが瑕疵と認定された
事案において、対価として支払われた更地価格から私道としての残存価値を差
し引いた差額が損害として認定されたケース）、東京地判平成 15 年 4 月 10 日
判時 1870 号 57 頁（マンションにおける浸水対策の不備が瑕疵と認定された事
案において、浸水事故に伴う住居の修補費用に加えて、慰謝料や訴訟費用等も
損害として認定されたケース）等参照。

288　第5章　各種の契約

> **Q7**　売買の担保責任の期間制限はどのように変わったか。

解　説

　新法では、物の種類・品質に関する契約不適合を理由とする瑕疵担保責任に関する売主の権利行使について、買主が契約不適合を知った時から1年間の期間制限を規定した（新法第566条）。

　この点、旧法下でも、売買契約における瑕疵担保責任に関して、10年の消滅時効とは別に1年間の権利行使期間（いわゆる除斥期間）が規定されていたため（旧法第570条、第566条第3項）、基本的には、旧法の仕組みが維持されたものと言える。

　もっとも、旧法下において、1年間の期間制限が適用される対象は、物の瑕疵による担保責任（旧法第570条）のみならず、数量指示売買において数量が不足又は物の一部が滅失している場合（旧法第565条）、権利の一部が他人に属する場合（旧法第563条）及び目的物に第三者の権利が付着している場合（旧法第566条）における担保責任も含まれていた。これに対して、新法が1年間の除斥期間の適用対象を物の種類・品質に関する契約不適合に限定した点は新たな変更であり、留意が必要である。

　なお、これは、数量指示売買における数量不足等の場合は外形上明白であるから、物の引渡しにより履行が完了したとの期待が売主に生じることは考え難い（あるいは、そのような期待は保護の必要性に乏しい）こと、また、権利に関する契約不適合の場合は経年劣化等により短期間で契約不適合の判断が困難となることは考え難いことを考慮したものとされている。個別の事案によっては、このような類型的な「決め」の判断が必ずしも妥当しないケースもあり得るとは思われるが、要するに、契約責任説の下、契約不適合に関する担保責任についてのみ他の債務不履行一般と区別して買主の権利行使を制限することは、それを正当化するほどの理由が類型的に認められる場合に限定さ

第1節　売買　第2　売買における担保責任（契約不適合責任）　289

れるべきという発想に基づくものと考えれば、基本的に異論のないところであろう。いずれにせよ、実務上は、上記のような一種の「決め」の判断により、物の種類・品質に関する契約不適合の場合のみ、1年間の除斥期間が適用されることになるから、実際の取引行為に当たっては留意が必要である。

　また、旧法下では、1年間の除斥期間は、条文上の瑕疵担保責任に基づく解除と損害賠償請求についてのみ規定されていたため、契約責任説の立場からも、解釈によって認められる追完請求権や代金減額請求権について1年間の除斥期間が適用されると解することは困難であった。その点では、新法において、1年間の除斥期間が解除と損害賠償請求のみならず追完請求権や代金減額請求権についても適用されることが明記されたことは有意義な変更である。実務上も、同じ担保責任の効果（買主の救済策）が統一的に除斥期間に服することが自然かつ合理的であるから、取引当事者にとっても異論のないところであろう。

　さらに、買主が瑕疵担保責任を追及する権利を保全するために1年の除斥期間内に何をしなければならないかという点に関して、旧法下では、買主は、裁判上の権利行使を行う必要まではないが、「少なくとも、売主に対し、具体的に瑕疵の内容とそれに基づく損害賠償請求をする旨を表明し、請求する損害額の算定の根拠を示すなどして、売主の担保責任を問う意思を明確に告げる必要がある」というのが最高裁の立場であった[1]。

　かかる旧法のルールについては、買主に過大な負担を課すものであるとの批判が強かったところ、新法は、買主のアクションとしては、売主に対する「通知」で足りることを明記し、買主の負担を軽減した。かかる通知は、商事売買の場合（商法第526条第2項）[2]と同様に、瑕疵・数量不足の種類及び大体の範囲を明らかにすれば足りるとされて

---

1)　最判平成4年10月20日民集46巻7号1129頁。
2)　大判大正11年4月1日民集1巻155頁。

290 第5章 各種の契約

いるから[3]、請求する損害額の算定の根拠を示すことはまでは必要な
いこととなる。

　なお、企業間の売買契約については、商法の規定が適用される結果、
買主が瑕疵担保責任に係る権利を行使するためには、目的物の受領後、
遅滞なく目的物を検査し、瑕疵等を発見したときは、直ちに売主に対
し通知することが要件となっているが（商法第 526 条）、新法下では、
かかる商法に基づく売主に対する通知が民法上の上記通知をも兼ねる
ことになるものと考えられる。

3）　要綱案のたたき台(9)（部会資料 75 A）39 頁。

本論に対するコメント（内田貴）

●「第2　売買における担保責任（契約不適合責任）」について

■Q3について

　新法では、「隠れた」瑕疵という要件の廃止により、これまで学説・判例上、要求されていた買主の善意・無過失という要件はなくなり、旧法上の「瑕疵」に相当する契約不適合が認められるかどうかという基準に一本化された。したがって、本論が指摘するとおり、理論的・観念的には、目的物の欠陥につき買主が認識していなかった（善意だった）が、注意すれば気づくことができた（過失はあった）場合に、欠陥品であることが契約に織り込まれているとまでは言えない場合があり得るとすれば、旧法下では否定されていた担保責任が新法では認められることになる。

　もっとも、実際の裁判においては、買主に過失があるとされる場合とは、売主としては買主も認識しているはずだと思っていた場合であり、言い換えれば、その欠陥のあることが契約の前提になっているということが、買主にもわかったはずだという事例であるから、新法の下においても契約不適合責任が認められることは想定できない。もともと旧法下において「隠れた」瑕疵の解釈として買主の善意・無過失が要求されると解されていたのは、取引上要求される一般的な注意により発見できる程度の瑕疵の存在は、契約（売買価格）に織り込まれているのが通常だからであり、旧法下の裁判例もそのような理解に基づき判断を行っていたと考えられている。そして、「瑕疵」を契約への不適合に置き換えれば、「隠れた」要件で判断されていた事情は契約適合性の評価に含まれるので、担保責任を認めるかどうかの判断基準は変わらない。それが改正の前提であるから、「隠れた」瑕疵という要件の廃止により、具体的なケースにおける結論を変える意図は含まれていない。

292　第5章　各種の契約

　ただし、新法においては、善意や過失といった買主の主観を問題と
するのではなく、当事者が契約においてどのような品質を合意したの
か（どのような欠陥が合意に織り込まれているのか）が探究されること
になる。その結果、結論は変わらないとしても、新法の方が、実際の
判断プロセスに即した要件となっているのではないかと思われる。

■Q6について
　新法では、買主が売主の担保責任を追及して損害賠償請求を行う場
合には、債務不履行の一般原則に従って、売主の帰責事由の存在が求
められることになるが、実際に、売主側が自己に帰責事由がないこと
を立証できるケースは想定し難いという点は、本論の指摘するとおり
である。新法では契約適合性が判断基準になるため、旧法下で瑕疵が
あるとされる場合とは、契約に適合した物を引き渡す義務に違反して
いる場合である。つまり、義務違反があるわけで、過失を注意義務違
反と捉えれば、契約不適合のある場合とは常に過失がある場合と言え
る。そして、そのような義務違反が認められる場合に、不可抗力によ
る免責も考え難いように思われる（契約締結後に不可抗力により目的物
が滅失・損傷した場合は別途危険負担のルールによって処理されることに
なる）。
　買主が担保責任を追及する場合の損害賠償の範囲についても、旧法
下では、法定責任説の立場から信頼利益に限定されると述べる裁判例
が地裁レベルでは散見されたものの、最高裁がそのような立場をとっ
ていたわけではない。したがって、新法が契約責任説を採用したから
と言って、実務上そのことによって損害賠償の範囲が変更されると考
える必要はない。今後は、売主の担保責任についても一般的な契約違
反（債務不履行）と質的に区別して論じる必要がない（履行利益も賠償
範囲に含まれる）ことが改めて明確になったことから、その前提で、
個別事案に応じて適切な損害賠償の範囲を判断することになる。
　なお、本論では特に触れられていないが、売主の担保責任について
は、不特定物の売買に関する判例を新法下でどのように位置づけるか

という問題もある。すなわち、最高裁は、「債権者が瑕疵の存在を認識した上でこれを履行として認容し債務者に対しいわゆる瑕疵担保責任を問うなどの事情が存すれば格別、然らざる限り、債権者は受領後もなお、取替ないし追完の方法による完全な給付の請求をなす権利を有し、従ってまた、その不完全な給付が債務者の責に帰すべき事由に基づくときは、債務不履行の一場合として、損害賠償請求権および契約解除権をも有する」と判示していた（最判昭和 36 年 12 月 15 日民集 15 巻 11 号 2852 頁）。この判決は、不特定物の売買にも瑕疵担保責任の適用があることを認め、また、目的物の受領後も完全履行請求を認める点で、契約責任説と親和性のある立場とも言えた。ただ、この判例の意義を機能的に言えば、不特定物の売買について、瑕疵担保の規定をそのまま適用すると結論が妥当ではないことから、解釈上、適用場面を限界まで制限するルールであったと言える。新法では売主の担保責任につき契約責任説が明示的に採用されたから、今後は、担保責任と債務不履行責任の適用区分を云々する必要はなくなり、端的に債務不履行責任を追及できると言えば済む。したがって、上記判例の先例的意義は完全に失われたと言えるのである。

294　第 5 章　各種の契約

第 2 節　請負・委任

第 1　総論

Q1　請負について、どのような改正がされたか。

解　説

1　報酬請求に関する事項

旧法では、請負契約が仕事の完成前に終了した場合における部分的な報酬請求に関する規定がなかった。もっとも、判例は、工事内容が可分であり、当事者が既施工部分の給付に関し利益を有するときは、未完成の部分についてのみ契約の解除を認めていた[1]。新法では、かかる判例を踏まえて「注文者の責めに帰することができない事由によって仕事を完成することができなくなったとき」(新法第 634 条第 1 号) 又は「請負が仕事の完成前に解除されたとき」(同条第 2 号) において、請負人は注文者が受ける利益の割合に応じた報酬を請求できることが明文化された。

2　請負人の担保責任に関する事項

新法では、契約責任説に統合された売買契約の売主の担保責任と同様に、四つの救済手段を設け、請負契約に沿った形で文言が整理されている (新法第 636 条)。すなわち、所定の要件を満たす場合、注文者は、①履行追完請求、②報酬減額請求、③損害賠償請求及び④契約解

---

1)　大判昭和 7 年 4 月 30 日民集 11 巻 780 頁、最判昭和 56 年 2 月 17 日判時 996 号 61 頁。

除をすることができるが、旧法と同様に注文者の供した材料の性質又は注文者の与えた指図によって生じた契約不適合を理由としてかかる救済手段をとることはできないとされている（新法第636条本文）。なお、請負人がかかる材料又は指図が不適当であることを知りながら告げなかったときはこの限りでない（注文者はなお担保責任の追及が可能）との規律も従前どおりである（同条ただし書）。そして、旧法では、「瑕疵が重要でない場合において、その修補に過分の費用を要するとき」（旧法第634条第1項ただし書）は修補請求（履行追完請求）が例外的に否定されていたが、新法では、この点は債務不履行責任の一般規定（新法第412条の2）における履行不能の問題（債務の履行が契約や社会通念に照らして不能かどうかという判断の問題）として扱われることになった。そのため、請負契約固有の規律としての修補請求の限界に関する文言は削除されている。

　また、旧法は、建物その他の土地の工作物に関して解除を制限する規定（旧法第635条ただし書）を置いていたが、契約の内容に適合しない建物の引渡しを受けざるを得ない注文者の立場やかかる建物等の社会的経済的有用性の欠如を考慮し、新法では削除されている。

　担保責任の追及が認められる期間については、売買契約と同様に、注文者が契約不適合を知った時から1年以内にその旨を請負人に通知することを要するものとされた（新法第637条第1項）。また、かかる期間制限は、担保責任を追及され得る請負人の法的地位の安定性に配慮する趣旨であることから、請負人が引渡し等の時点において契約不適合について悪意又は重過失と認められる場合は、同項の適用は排除される（同条第2項）。

　なお、かかる期間制限に関し、建物その他の土地の工作物に関して特別に長期の期間制限を設けていた旧法第638条及び第639条は削除された。

3　解除に関する事項

　注文者が破産手続開始の決定を受けた場合における請負人又は破産

296　第 5 章　各種の契約

管財人による解除について、旧法では、仕事の完成の前後を問わず解除ができると解されていた（旧法第 642 条第 1 項）。しかし、請負人による仕事の完成後であれば、以後請負人が仕事を行うことはなく、請負人に契約からの離脱の自由を認める必要性はさほど高くないと考えられることから、新法では仕事の完成後は請負人は注文者の破産手続開始を理由として契約を解除することはできないものとされた（新法第 642 条第 1 項ただし書）。

第 2 節　請負・委任　第 1　総論　297

> ## Q2　委任について、どのような改正がされたか。

解　説

1　復受任者の選任等に関する事項

　旧法では、代理人による復代理人の選任に関する規定（「委任による代理人は、本人の許諾を得たとき、又はやむを得ない事由があるときでなければ、復代理人を選任することができない」（民法第 104 条））は存在したが、委任契約上の受任者に関する同旨の規定は存在しなかった。新法では、復代理人の選任に関する民法第 104 条の「本人」部分を「委任者」に変えた点を除いては同一の要件で、復受任者の選任に関する規定を設けた（新法第 644 条の 2 第 1 項）。

　また、復代理人に代理権を付与した場合については、復代理人の権限等に関する新法第 106 条第 2 項の規律と同様に、復受任者は委任者に対してその権限の範囲内において受任者と同一の権利を有し、義務を負うことを規定している（新法第 644 条の 2 第 2 項）。

2　受任者の報酬に関する事項

　報酬の特約がある委任契約に関する受任者の報酬に関する規定のうち、既に履行した割合に応じての報酬請求は、旧法では、委任が受任者の責めに帰することができない事由によって履行の中途で終了した場合のみが規定されていた（旧法第 648 条第 3 項）。新法では、受任者の帰責事由の有無を問うことなく、委任の中途終了の場合（新法第 648 条第 3 項第 2 号）に加えて、委任事務が履行不能となった場合にも、報酬の割合的請求が認められている（同項第 1 号）。

　また、報酬の支払時期に関し、委任事務の履行により得られる成果に対して報酬を支払うことを約した場合において、その成果が引渡しを要するときは、その成果の引渡しと同時とする規定が新設された

（新法第 648 条の 2 第 1 項）。さらに、かかる内容を約した場合においては、請負契約における注文者が受ける利益の割合に応じた報酬請求の規定（新法第 634 条）が準用される形となった（新法第 648 条の 2 第 2 項）。

3　解除に関する事項

　委任契約を解除した場合の損害賠償を認める旧法の規定は、相手方に不利な時期に委任を解除した場合のみに言及していた（旧法第 651 条第 2 項本文）。しかし、判例上は、受任者の利益のためにも委任がなされた場合についても、損害賠償が必要であると解されていた[1]。そこで、新法では、損害賠償を要する場合の一つとして、「委任者が受任者の利益（専ら報酬を得ることによるものを除く。）をも目的とする委任を解除したとき」を追加することで、判例の解釈が明文化された（新法第 651 条第 2 項第 2 号）。

1)　最判昭和 56 年 1 月 19 日民集 35 巻 1 号 1 頁。

第2節　請負・委任　第2　請負における担保責任（契約不適合責任）　299

第2　請負における担保責任（契約不適合責任）

Q3　瑕疵担保責任を契約不適合責任に改めることにより、請負人の担保責任が認められる要件・範囲はどのように変わったか。

解　説

　売買の担保責任の法的性質については、旧法上、法定責任説と契約責任説の対立がある中、新法は、契約責任説を前提として、瑕疵担保責任ではなく契約不適合責任として改めて全体を整理し直したことは**第1節第1Q1・3**(1)で記載したとおりである。これに対して、請負の担保責任の法的性質については、旧法上も、契約責任として理解するのが通説であった。新法も、かかる請負の担保責任の法的性質を変えるものではない。

　他方で、新法は、旧法に入っていた請負に特有の担保責任に関する諸規定（旧法第634条～第640条）を大幅に削除し、売買の担保責任に関する規定を包括的に準用することとした（民法第559条）。これは、売買の担保責任の法的性質を契約責任として位置づけることで、売買・請負を通じて、契約不適合責任として統一的に整理することが可能になったため、請負の担保責任に固有の規定を置くのであれば、真にその必要が認められる場合に限られるべきという発想に基づくものと考えられる。

　ただ、そうは言っても、売買と請負で異なる部分が色々あるはずであるが、法制審議会民法（債権関係）部会では、請負の担保責任の具体的な内容については、「請負の性質を踏まえた個別の解釈論に委ねざるを得ない」と整理された[1]。一つのアプローチであるとは思うが、民法典の「分かりやすさ」という観点からは、請負に関する旧法上の

---

1)　部会資料88-2・8頁。

300 第5章 各種の契約

諸規定をあえて削除し解釈論に委ねることへの批判もあるだろう。もっとも、どちらかと言うと、旧法上の請負の担保責任に関する諸規定が本当に合理的なものかについては従前より疑問の余地があったことを踏まえると、これらの規定をそのまま存置するよりも、売買と共通する契約不適合責任としての原則論から出発して、個別事案の特殊性に応じた妥当な解釈を探るというのも一つの合理的なアプローチであると思われる。

　実務上の問題は、そのようなアプローチにより、これまでの請負契約の実務に想定外のインパクトが及ばないかという点である。

　請負人の担保責任が認められる要件・範囲という観点からは、まず、旧法上の「瑕疵」概念に代わって、仕事の目的物が「種類又は品質に関して契約の内容に適合しない」場合とはどういう場合かが重要であるが、この点については、基本的に売買の担保責任と同様の枠組みにより判断すれば足りると考えられるから、**第1節第2Q2**を参照されたい。

　ただ、担保責任が問題となるタイミングの問題については、売買における担保責任の起点となる「引渡し」（新法第562条第1項）のタイミングは一義的に明確である場合が多いため、実務上この点をめぐって紛争が生じることは少ないと考えられるのに対して、請負においては、担保責任の起点となる「引渡し」（新法第636条）のタイミングが具体的にいつになるかは、実務上も争いが生じやすいところである。

　国内外を問わず、企業間の大規模な建設契約やプロジェクト・ファイナンスで用いられる発電プラント等のEPC契約においては、請負人は一定の性能試験等の検査・検収に合格して商業運転を開始できる程度にまで目的物を（一応）完成させれば、いわゆる実質的完工（Substantial Completion）が認定され、目的物の引渡し（Take-over / Provisional Acceptance）により、請負人から注文者に危険が移転するとともに、請負人の担保責任が開始する旨が合意されることが一般的な実務となっている。この場合、細かな工程でいくつか積み残しの作業が発生したとしても、それらはいわゆるパンチリスト（Punch List）

第2節　請負・委任　第2　請負における担保責任（契約不適合責任）　301

に記載され、最終的にパンチリスト記載の積み残し作業がすべて完了したところで、最終完工（Final Completion）が認定され、留保されていた請負代金の最終回分が支払われるという仕組みを採用することが多い。

　かかる実質的完工を引渡しのタイミングとする取扱いは旧法上の請負の担保責任の枠組みと特に矛盾するものではないと整理するのが判例・多数説であった[2]。この点、新法においては、下記 Q6 のとおり、建物完成後の注文者による契約解除の制限が撤廃されたり（旧法下では、建物等の完成後は報酬請求に対して契約解除により対抗することができなくなる代わりに担保責任の追及により対抗することが認められるという関係にあった）、担保責任の除斥期間の起点が目的物の引渡しの時点から契約不適合を認識した時点に改められたり、といった実質的な変更が行われていることを踏まえ、「引渡し」や「完成」（実質的完工）という概念を起点として単純な債務未履行から担保責任への転換が生じると考える必要は必ずしもないという指摘もなされている[3]。しかし、新法の法文自体は「引渡し」を基準として担保責任が発生するものと解するのが自然であること（新法第636条、第559条、第566条）、契約責任説を前提としても担保責任には期間制限等の特則が適用される点で独自の存在意義があること（新法第636条、第637条）、上記のとおり旧法下では実質的完工という考え方について判例上も実務と整合する形で整理されていたところ、「引渡し」や「完成」を起点とする考え方から逸脱すると実務に無用の混乱を生ずると思われること[4]、あえてこの点の取扱いを変えようとする積極的な意図は今回の改正趣旨に含まれていないと思われること等を踏まえると、新法は依然として「引渡し」や「完成」という概念を担保責任の起点としていると解するのが合理的であると考えられる。

---

2)　例えば、東京高判昭和 36 年 12 月 20 日判時 295 号 28 頁。
3)　法制審議会第 96 回議事録 51 頁〔山本敬三幹事発言〕や笠井 40 頁、42 頁。

302 第5章 各種の契約

4) 実務上、四会連合約款にしても、国際的な建設契約約款（FIDIC 等）にして
も、引渡し（Take-over / Provisional Acceptance）の時点で、一定の納期（Time
for Completion）までに仕事を一応完成させる義務は充足されたものとして扱
い、それ以降は危険の移転とともに瑕疵担保責任（Defect Liability）のフェー
ズに転換し、一定の期間制限（Defect Liability Period）に服するものとして取
り扱うのが一般的である。なお、もとより、民法上の担保責任に関する諸規定
は任意規定であるから、個別の建設請負や EPC 契約において、これまでの実
務をベースにした合意を行うことはいずれにせよ妨げられないところであるが、
交渉の出発点・ベースラインという観点からも、この点に関するデフォルト・
ルールのあり方が変わったわけではないことを確認することにも意義があると
思われる。

第2節　請負・委任　第2　請負における担保責任（契約不適合責任）　303

> **Q4**　請負の担保責任の効果として注文者の修補請求権はどのように変わったか。

解　説

　上記 **Q3** のとおり、新法では、請負の担保責任の内容について、包括的に売買の担保責任に関する規定を準用することとしたから（新法第559条）、請負人の担保責任が認められる場合の効果（注文者の救済策）としては、売買と同様、修補請求権（新法第562条）、報酬減額請求権（新法第563条）、解除権・損害賠償請求権（新法第564条）が明示的に認められた。

　旧法下においても、請負の担保責任は契約責任と解されていたから、上記のような担保責任の効果は、旧法の規定及びその解釈により導くことができたところであるが、報酬減額請求権は条文上明記されていなかったところであるし、その他の救済策を含め、改めて要件・効果が明文により整理された点は、実務上も相応の意義があると考えられる。

　問題は、旧法に置かれていた請負の担保責任に固有の諸規定が削除されたことに伴い、これまでの請負契約の実務に想定外のインパクトが及ばないかという点である。

　まず、注文者の修補請求権については、これを定めていた旧法第634条は削除されることになり、今後、修補請求権は売買の担保責任の規定を準用することで根拠づけることになる。これ自体は、条文構造の話であり、特に問題ではない。ただ、「瑕疵が重要でない場合において、その修補に過分の費用を要するとき」に修補請求権を否定していた旧法第634条1項ただし書も併せて削除された点をどう評価するかという問題は残る。

　この点、改正の趣旨としては、新法が併せて新設した履行不能に関する一般則（新法第412条の2第1項）において「債務の履行が契約そ

304 第5章 各種の契約

の他の債務の発生原因及び取引上の社会通念に照らして不能であるとき」は履行請求が否定されるため、このルールによれば足りると整理されたものである[1]。

しかし、文言解釈としては、「瑕疵が重要でない場合において、その修補に過分の費用を要するとき」であっても、契約や社会通念に照らして修補が「不能」とまで必ず言えるとは限らないようにも思われ[2]、だとすると、裁判所の解釈・運用次第では、請負人が修補義務を免除される範囲が今後狭まる可能性もあろう。

旧法第634条1項ただし書は、実務上、注文者からの過大なクレームに対する請負人側のプロテクションとして相応の機能を果たしてきたものであるところ、上記のとおり、今回の改正趣旨には、旧法第634条1項ただし書の従前の解釈を積極的に変更する意図は含まれていないと考えられるから、新法下の履行不能に関する一般則を請負の担保責任（修補請求権）に適用するに際しては、旧法第634条1項ただし書に関する従前の裁判例等[3]を踏まえた整合的な解釈・運用がなされることが期待される。

---

1) 中間試案補足説明478頁。なお、当然ながら、この場合に注文者が履行不能による損害賠償として過大な費用相当額を損害として請負人に請求することはできないと解される（一問一答341頁注1）。
2) 中間試案補足説明479頁、法制審議会第78回議事録2頁～6頁。
3) 例えば、最判昭和58年1月20日判時1076号56頁。

第2節　請負・委任　第2　請負における担保責任（契約不適合責任）　305

> **Q5** 請負の担保責任の効果として注文者の修補に代わる損害賠償請求権はどのように変わったか。

解　説

　旧法第634条の削除に関しては、注文者の救済策として、瑕疵の修補に代わる損害賠償請求を明示的に認めた同条第2項も併せて削除された点も問題となる。

　この点についても、改正趣旨としては、上記の旧法第634条1項ただし書と同様に、填補賠償に関する債務不履行の一般原則に委ねれば足りると判断されたものと考えられる。

　しかし、債務不履行の一般原則（新法第415条）によると、修補請求に代わる損害賠償をいわゆる「填補賠償」として請求するためには、①修補が不能である場合、②請負人が修補を拒絶する意思を明確に表示した場合、③請負契約が解除され又は請負人の債務不履行により注文者に解除権が発生した場合のいずれかに該当する必要がある（同条第2項）。一方、旧法下では、修補が可能である場合にも、注文者は、修補を請求せずに直ちに修補に代わる損害賠償請求を行うことができると解されていたことから[1]、旧法と比べて修補に代わる損害賠償請求が認められる範囲がきわめて限定的となり得る点が問題として指摘されている[2]。実務上は、例えば、建築物の瑕疵をめぐって紛争が生じている場面では、もはや注文者の請負人のパフォーマンスに対する信頼は失われているから、注文者としては請負人に修補請求するよりも、修補に代わる損害賠償を行うケースが大半と考えられ、だからこそ、かかる修補に代わる損害賠償の範囲を狭めることによる実務への

---

1)　最判昭和52年2月28日金判520号19頁、最判昭和54年3月20日判時927号184頁。
2)　笠井40頁、44頁。

306　第5章　各種の契約

悪影響が懸念されているところである。

　しかし、そもそも、仕事の目的物が契約内容に適合しない場合における修補に代わる損害賠償については、新法第415条第2項に定める填補賠償の問題ではなく、単純に債務不履行に伴う損害賠償を定めた同条第1項の枠内で処理すれば足りるから、填補賠償の要件（上記①～③）の存否を問題にする必要はなく、たとえ契約不適合の程度が軽微であっても、修補に代わる損害賠償は認められると解すべきとの指摘がなされている[3]。

　また、仮にこれを填補賠償の問題として取り扱った場合でも、上記のような懸念がどこまで実際の紛争事例に当てはまるかは疑問の余地がある。実際上、例えば、建築物の瑕疵をめぐって紛争が生じている場面において、注文者が請負人に修補に代わる損賠賠償を求めようとする場合には、注文者としては新たに信頼できる代替業者を連れてきて修補に当たらせるはずであるから、実質的には請負業者の切替え・交代を行っている、すなわち、当初の請負人との契約を解除しようとするものと考えられる。そうだとすると、従前の実務において、注文者が建築物の瑕疵を理由として請負業者を切り替えようとしている場合は、新法が填補賠償の要件として規定する上記三つの場面のうち、③請負契約が解除され又は請負人の債務不履行により注文者に解除権が発生した場合（新法第415条第2項第3号）に該当するケースが多いと思われ、そうだとすると、新法の下でも填補賠償が認められることになるから、旧法と比べて、実質的な不都合が生じる可能性は低いのではないかとも思われる。

　いずれにせよ、今回の改正趣旨には、旧法第634条第2項の従前の解釈を積極的に変更する意図は含まれていないのだとすると、新法において請負の担保責任として損害賠償請求が認められる範囲については、旧法634条2項に関する従前の裁判例等に配慮した整合的な解釈・運用がなされることが期待される。

---

3)　一問一答341頁注2。

第2節　請負・委任　第2　請負における担保責任（契約不適合責任）　307

> **Q6** 請負の担保責任の効果として注文者の解除権・損害賠償請求権は
> どのように変わったか。

解　説

新法では、仕事の目的物が契約の内容に適合しない場合には、売買と同様に、注文者は、債務不履行の一般原則に従い、契約を解除することや売主に対する損害賠償請求を行うことができる（新法第559条、第564条）。

請負の担保責任の法的性質としては、旧法上も契約責任として整理されていたことから、解除・損害賠償請求については債務不履行責任に関する一般規定（新法第541条、第542条、第415条）を準用することで足りると考えられたのは（売買にも増して）自然なことである。ただ、売買と同様に、実務上は、いくつか留意すべきポイントがある。

まず、旧法では、契約の解除は、目的物の瑕疵により契約の目的を達成することが不可能である場合に限られており、また、だからこそ、解除の前提として催告は無意味であるから求められていなかった（旧法第635条）。新法の下では、より幅広く解除が認められることになる一方で、原則として催告というワンステップを経る必要が生じることになる（新法第541条）。しかし、新法の下でも、債務の全部の履行が不能であるとき、債務者が債務の全部の履行を拒絶する意思を表明したとき、催告をしても契約の目的を達成するのに足りる履行がされる見込みが明らかにないとき等は、無催告解除が認められるため（新法第542条）、トータルで見た場合には、むしろ契約目的の達成が不可能な場合に限らず、状況に応じて幅広く解除が認められるようになった点で実務上は好都合である。

また、損害賠償については、請負人に債務不履行責任が認められることが前提となるから、請負人に帰責事由がない場合には、損害賠償は認められないことになる。この点、旧法下においては、請負の担保

責任は、契約責任とは言え、一般の債務不履行とは異なる特別の無過失責任と考えられていたことからすると、これは大きな変更点と言える。もっとも、売買と同様に、請負契約においても、契約内容に適合していない物を契約内容に適合した物として注文者に引き渡した場合において、請負人に帰責事由がないことが立証できるケースは、よほど特殊な事情がない限り、実際上は想定し難いと考えられるから[1]、その意味では、実務上のインパクトは限定的と評価することもできよう。

　請負に特有の問題としては、旧法上、建物完成後の請負契約の解除が禁止されていたところ（旧法第635条ただし書）、上記のとおり請負契約の解除に関しては債務不履行の一般原則に従うことを前提に、第635条がただし書も含めて丸ごと削除されたことが大きな変更点と言える。もっとも、既に完成した建物を取り壊すのは社会的損失が大き過ぎるという素朴な「割り切り」に基づく旧法635条ただし書には必ずしも合理性がないことから（例えば、取壊し以外に選択肢がないほど大きな瑕疵があるケースも実際上あり得る）、かねてから批判が多く、判例も、重大な瑕疵ある建物について建物の全面建替えに必要な費用相当額の損害賠償請求を認容することで、実質的に完成後の解除を認めるのに等しい帰結を導いていたところである[2]。したがって、実務上の見地からも、旧法第635条ただし書の削除は特に問題ないものと考えられる。

　なお、損害賠償の範囲については、旧法上も、請負の担保責任が契約責任であることを前提に、信頼利益にとどまらず、履行利益の賠償も可能である点に異論なく、当然のことながら、新法下でもこの点に

---

1)　例えば、注文者が請負人に提供した設計図書自体に欠陥があった結果として完成後の建造物に不具合があったような場合には、請負人に帰責事由がないと言えそうではあるが、そのような場合には、注文者から提供された設計図書のとおりに請負人が完成させたのであるから、請負人が通常の注意義務をもって設計図書を精査しなかったといった特殊な事情がない限り、そもそも契約不適合とは言えないようにも思われる。

2)　最判平成14年9月24日判時1801号77頁。

第2節　請負・委任　第2　請負における担保責任（契約不適合責任）　309

変更はない。

310 第5章 各種の契約

Q7 請負人の担保責任の期間制限はどのように変わったか。

解　説

　上記**第1節第2Q7**で前述したとおり、売買の担保責任の期間制限については、買主が契約不適合を知ったときから1年間という権利行使期間（いわゆる除斥期間）を定める旧法の仕組みが基本的に維持されたのに対して、請負の担保責任の期間制限については、大きな変更が行われた。

　旧法上、請負の担保責任は、原則として仕事の目的物の引渡しから1年間（建物その他の土地の工作物の場合は5年間、石造・土造・煉瓦造・コンクリート造・金属造等の場合は10年間）の期間制限に服するとされているが（旧法第637条、第638条）、新法は、これを注文者が契約不適合を知った時から1年間の期間制限に一本化した（新法第637条第1項）。

　これは、出来上がりとしては、売買の担保責任の期間制限に合わせる趣旨と考えられ[1]、新法は売買の担保責任を契約責任と位置付けたことから、売買と請負とで担保責任の期間制限を違える積極的な理由がないと考えられること、また、新法は、消滅時効の一般則として、債権者が権利を行使することができることを知った時から5年間、また、権利を行使することができる時から10年間の期間制限を設けたことから、土地の工作物等に関して5年又は10年の除斥期間を重畳的に適用する意義・必要性に乏しいことを踏まえると、合理的な変更と考えられる。

　なお、企業間の大規模な建設契約やプロジェクト・ファイナンスで用いられる発電プラント等のEPC契約においては、瑕疵担保責任に関する権利行使期間は、起算点、期間の長さ（パーツごとに異なる期間設定を行う場もある）、修補等が行われた場合の期間延長等を明確に合意しておくのが通常の実務であるから、新法による期間制限の変更

第2節　請負・委任　第2　請負における担保責任（契約不適合責任）　311

は従来の実務に直接影響を及ぼすものではないと考えられるが、今後、契約交渉の過程においては、民法上のデフォルト・ルールが一つのベースラインとして事実上の影響を及ぼす可能性がある点には留意が必要である。

1)　中間試案補足説明481頁。

312　第5章　各種の契約

第3　請負と委任の接近化

> Q8　新法において、請負と委任はどのように区別されるか。

解　説

　実務上、例えば、建設設計契約やシステム開発契約等の取引は、委任契約として合意される場合もあれば請負契約として合意される場合もあり、また、そのいずれであるかが必ずしも明確でない場合もある。この点、新法は、上記**第2Q3**のとおり、請負に特有の担保責任に関する規定の多くを廃止し債務不履行の一般則に委ねる方向で整理し直すとともに、請負と委任の双方について履行割合に応じた報酬請求権を認めるなどした結果として、請負と委任は接近化している。以下、新法により、請負と委任の関係はどのように変わったかを確認したい。

1　請負・委任の合意内容

　まず、基本的な合意の内容として、請負契約は、請負人による仕事の完成に対して報酬が支払われる旨の合意を本質とするのに対して、委任契約は、受任者による委任事務の処理を約する合意のみが本質となる（実務上は対価の合意がなされるのが通常であるが、委任を一般的に有償契約とする改正は見送られた）。

2　担保責任の適用

　委任契約においては、請負と異なり、成果物に関する担保責任の規定は設けられていない。この点は、旧法から変わっていない。

　その趣旨は、委任契約においては、（少なくともその典型例としては）委任事務の処理の成果として成果物の「完成」や「引渡し」が発生することは基本的に想定されていなかったことによるものと考えられる。報酬の支払方法についても、従来から、有償の委任については、履行

第2節　請負・委任　第3　請負と委任の接近化　313

された委任事務の割合・程度に対して報酬が支払われる場合（履行割合型）を前提として（旧法第648条第3項）、仕事の完成に対して報酬が支払われる請負とは区別されてきた。しかし、実務上は、委任契約においても、委任事務の処理の結果としての成果物に対して報酬の支払が合意される場合（成果完成型）が少なくなかった。かかる実態を踏まえ、下記Ｑ9のとおり、新法では、成果完成型の委任を念頭に委任の報酬支払に関して請負に準じた規定が新設され、また、請負の担保責任についても、上記第2Ｑ3で前述したとおり、契約責任説を前提として、解除や損害賠償についても債務不履行の一般原則に委ねることとされたことから（民法第559条、新法第564条）、請負と委任は接近していると言える。実務上も、例えば、設計委託契約等では、法的性質としては委任契約であっても設計図書等の成果物について瑕疵担保責任を規定しておくことがむしろ多い[1]。このように考えると、成果完成型の委任について請負類似の担保責任の規定を新設する（あるいは、請負の担保責任の規定を準用する）ことも一つのアプローチとしては考えられたのではないかとも思われる。

　いずれにせよ、契約当事者間で担保責任の特約に合意することは妨げられないため、実務上は、成果完成型の委任においても、必要に応じて契約当事者間で請負類似の担保責任について検討・合意することが望ましい。

---

1)　四会連合協定の建設設計・監理等業務委託契約約款（平成27年版）にも設計業務の成果物に関する瑕疵担保責任の規定が入っている。

314　第5章　各種の契約

> **Q9**　請負と委任における報酬支払の仕組みはどのように変わったか。

解　説

　請負は、仕事の完成に対して報酬が支払われるという前提から出発するため、原則として、仕事が完成するまで請負人は注文者に報酬支払を請求できないこととなり、この点が柔軟性を欠く（また、契約交渉段階で請負人が分割払いの合意を要求する際の交渉力を減殺していた）という指摘がなされていた。また、実際の裁判例においても、具体的な事案の特性に応じて、契約解除時には出来高に応じた報酬の請求が認められていた[1]。

　かかる状況を踏まえ、新法では、仕事の目的物の引渡しと同時に報酬が支払われるという原則論は維持しつつ（民法第633条）、請負契約が中途解約された場合や仕事の完成が不可能になった場合には[2]、請負人が既に施工した仕事のうち可分な部分の給付によって注文者が利益を受けるときは[3]、その時点の出来高に応じた報酬請求を認める明文の規定を置いた（新法第634条）。なお、仕事の完成が不可能になった理由が注文者側の帰責事由による場合には、危険負担に関する一般原則の適用により、請負人は注文者に対して、出来高に応じた範囲を超える報酬全額の支払を請求することができると解されている（新法

---

1)　例えば、最判昭和56年2月17日判時996号61頁。
2)　仮にかかる中途解約や完成不能について請負人に帰責事由が認められる場合には、履行割合に応じた報酬請求とは別に、注文者による損害賠償請求（との相殺）を通じて適宜処理されることになるものと考えられる。
3)　なお、ここで言う「可分」とは、物理的な分離可能性を前提としているわけではなく、例えば、耐震構造の計算ミスで強度不足の建物ができたような場合には、既存の強度不足の建物だけで独立した価値があるか否かで判断すればよいという見解も示されている（道垣内弘人＝岡正晶「連載　債権法改正と実務上の課題第10回　請負契約の契約不適合責任」ジュリ1524号（2018年）76頁、85頁）。

第2節　請負・委任　第3　請負と委任の接近化　315

第 536 条第 2 項）[4]。

　一方、委任については、もともと旧法において、従来の履行割合型
の委任を念頭に置いて、受任者の帰責事由によらずに委任が中途終了
した場合には履行割合に応じた報酬の支払を認める規定が置かれてい
た（旧法第 648 条第 3 項）。しかし、これについては、たとえ受任者の
帰責事由により委任が中途終了した場合であっても履行割合に応じた
報酬の支払が否定されるべき理由はない（それが認められる雇用とも平
仄が合わない）との考えから、新法では、受任者の帰責事由の有無を
問わず、委任契約が中途解約された場合や委任事務の履行が不可能に
なった場合にはその時点の履行割合に応じた報酬請求を認めた（新法
第 648 条第 3 項）[5]。

　また、新法は、成果完成型の委任について、委任事務の成果物が引
渡しを要するときはその引渡しと同時に報酬の支払が行われ、成果物
の引渡しを要しないときも委任事務の履行後でなければ報酬の支払が
行われない旨を明記するとともに、契約の途中終了・履行不能の場面
における出来高に応じた報酬請求に関する請負の規定（新法第 634 条）
を準用することにより[6]、請負と整合的な報酬支払の仕組みを採用し
た（新法第 648 条の 2）。

　4)　一問一答 338 頁注 1。
　5)　なお、委任事務の履行不能が委任者の帰責事由による場合に全額の報酬請求
　　　が可能と考えられる点についても、請負と同様である（一問一答 351 頁注 1）。
　6)　ここで履行割合型の委任に関する新法第 648 条第 3 項ではなく請負に関する
　　　新法第 634 条を準用している理由としては、成果完成型の委任においては、請
　　　負と同様に、委任の成果物について「可分な部分の給付によって注文者が利益
　　　を受けるとき」に限定する必要があるためと考えられる。

本論に対するコメント（内田貴）

●「第2　請負における担保責任（契約不適合責任）」について

■Q4について

　新法では、旧法第634条の規定内容（注文者の修補請求権）が削除
された結果として、請負人は「瑕疵が重要でない場合において、その
修補に過分の費用を要するとき」の免責規定（旧法第634条1項ただ
し書）により修補請求に対抗することができなくなった。この改正の
理由は、修補請求の免除は、債務不履行の一般則に従って、履行不能
による免責（新法第412条の2）の適否を論ずれば足りると整理された
結果である。しかし、本論の指摘するとおり、「不能」という用語の
解釈次第では、免責の範囲が旧法よりも限定的に解される可能性はあ
る。

　改正過程を振り返ると、中間試案の段階では、債務不履行一般の免
責事由として、従来の「履行不能」に代えて「履行請求権の限界事
由」という概念を新たに採用することが検討されていた（中間試案補
足説明106頁以下）。これは、債務の履行が物理的に不可能である場合
に限らず、履行に要する費用が履行により得られる利益と比べて著し
く過大になる場合やその他契約の趣旨に照らして債務の履行を請求す
ることが相当でない場合も免責の対象に含まれることを前提に、物理
的不能だけを連想させる「不能」よりも幅の広い概念を用いた方がよ
いとの考慮による。しかし、パブリック・コメントの結果等で、逆に
わかりにくいとの批判が出たため、最終的に従来どおり「不能」とい
う文言を用いた上で、上記のような契約内容に即した柔軟な解釈がさ
れるように、「契約その他の債務の発生原因及び取引上の社会通念に
照らして」不能かどうかが判断されることを明示した。とは言え、
「不能」という言葉の語感に影響されるとすれば、「瑕疵が重要でない
場合において、その修補に過分の費用を要するとき」（旧法第634条1

項ただし書）よりも狭く解釈される可能性はあるだろう。

　もっとも、旧法下の上記表現は、瑕疵の軽微性と費用の過分性の2点で規範的判断が行われるから、もともと狭く解することも広く解することもできた。その意味で、新法と実質において差はないと言うこともできるし、新法の改正趣旨にも、この点に関する結論を変えようという積極的な意図は含まれていない。したがって、本論の指摘するとおり、旧法下の裁判例は、新法下においても請負人の修補義務の限界を論ずる際に引き続き先例として参考にされるべきものと考えられる。

■Q5について

　本論で言及されているように、仕事の目的物が契約内容に適合しない場合における修補に代わる損害賠償については、請負人が仕事の完成という本来の債務を一応履行したものの、その仕事の一部に契約不適合が見つかったという場面であるから、履行がない場合の履行に代わる塡補賠償について定めた新法第415条第2項の問題ではなく、債務不履行に伴う損害賠償を定めた同条第1項の枠内の問題として処理するのが立案の意図に適合した解釈である。旧法下においても、請負人の担保責任の法的性質は契約責任であると一般に解されていたから、旧法第634条第2項において「瑕疵の修補に代えて、又はその修補とともに」と規定されていたのは、修補請求（完全履行請求）と損害賠償請求が並存し、注文者はその一方又は双方を適時に選択することができるという趣旨であった。この点は新法においても同じであり、請負人が担保責任としての損害賠償を負う場面が旧法よりも制限されることはない。

●「第3　請負と委任の接近化」について

■Q8について

　本論では、成果完成型の委任については担保責任の規定を新設する

318 第5章 各種の契約

ことも考えられたのではないかという問題意識が示されている。もっ
とも、成果完成型の委任の成果が契約に適合しない場合には、担保責
任の規定がなくとも、委任者としては債務不履行の一般則に従って追
完請求（完全履行請求）や損害賠償請求を行うことができ、それを通
して実質的な代金減額も達せられる（請負の典型である物の完成との違
いから、形成権としての代金減額請求権が規定されていないに過ぎない）。
その意味では、担保責任の規定が置かれていないことの実質的な差異
は、期間制限が適用されないことにある。その理由は、委任において
は、成果完成型（成功報酬型の委任等）の場合も、完成物の引渡しに
より履行が完了したという信頼が受任者に生ずる場面が、請負の場合
のようには観念しにくいと考えられたためである。そこで、債務不履
行の一般原則どおり、一般の消滅時効が適用される。それで不都合は
ないとの判断であるが、成果完成型の委任がどのような事案に認めら
れるか、今後、事例を蓄積していく中で、請負との差異の合理性が検
証されていくことになろう。

第3節　消費貸借　第1　総論　319

第3節　消費貸借

第1　総論

Q1　消費貸借について、どのような改正がされたか。

解　説

1　諸成的消費貸借契約に関する事項

旧法において消費貸借契約は要物契約として規定されていたところ、判例・学説上は、目的物を受け取ることなく当事者間の合意のみで成立する諾成的消費貸借契約も有効と解されていた[1]。そこで、新法では、当事者の一方が金銭その他の物を引き渡すことを約し、相手方がその受け取った物と種類、品質及び数量の同じ物をもって返還することを約することで成立する諾成的消費貸借契約が明文化された（新法第587条の2）。なお、口頭の合意による軽率な契約成立を防ぐため、その対象は、「書面でする消費貸借」に限定されている（同条第1項）。

また、新法下の諾成的消費貸借では、合意後に金銭等を受け取る必要性がなくなった場合を想定し、借主は、貸主から金銭等を受け取るまでは、契約の解除をすることができる旨が明記された（新法587条の2第2項前段）。なお、かかる解除によって、金銭等の調達コスト等の損害が生じた場合は、貸主は借主に対して損害賠償を請求することができる（同項後段）。

一方、借主が貸主から金銭等を受け取る前に当事者の一方が破産手続開始の決定を受けた場合には、書面でする消費貸借契約は効力を失

1)　最判昭和48年3月16日金法683号25頁。

320　第 5 章　各種の契約

うことが規定された（新法 587 条の 2 第 3 項）。これは、旧法下での解釈を明文化したものである。

　なお、「書面でする」の意義について、契約の内容を記録した電磁的記録によって契約が締結された場合には、「書面でする」ものとみなされる（新法 587 条の 2 第 4 項）。

2　準消費貸借に関する事項

　旧法では、文言上、準消費貸借契約の旧債務に関し、「消費貸借によらないで金銭その他の物を給付する義務を負う者がある場合」という限定が付されていた（旧法第 588 条）。しかし、既存の消費貸借契約上の債務を目的とする場合もこれに該当する旨の判例があり[2]、実務上も消費貸借契約上の給付義務を目的とする必要性が存在したことから、新法では、「消費貸借によらないで」との文言を削除し、広く「金銭その他の物を給付する義務」に改められた（新法第 588 条）。

3　利息に関する事項

　旧法では利息に関する規定が存在しなかったが、新法では、まず、当事者間において特約がなければ利息を請求することができないことが明文化された（新法第 589 条第 1 項）。そして、利息の発生時期についても、「借主が金銭その他の物を受け取った日以後」と明文化された（同条第 2 項）。

4　引渡義務に関する事項

　旧法では、無利息の消費貸借契約であっても、貸主が目的物の瑕疵を知りながら借主に告げなかった場合には、借主は貸主に対して損害賠償を請求することができるとされていた（旧法第 590 条第 2 項）。この点、新法では、無利息の消費貸借契約が目的物の所有権を無償で相手方に移転する点で贈与に類似していることを踏まえ、贈与契約に基

---

2)　大判大正 2 年 1 月 24 日民録 19 輯 11 頁。

づく贈与者の引渡義務（新法第551条）を準用する形とされた（新法第590条第1項）。かかる準用により、貸主は、目的物として特定した時の状態で引き渡すことを約したものと推定されることになった。

また、有償契約である利息付の消費貸借契約については、第559条によって売主の担保責任に関する規定が準用される結果、目的物について契約不適合が認められる場合には、追完請求（新法第559条、第562条第1項本文）や損害賠償請求（新法第559条、第564条）が可能であることが改めて条文上も明確化された。これにより、利息付きの消費貸借契約における貸主の担保責任を定めていた旧法第590条第1項の規定は独自の存在意義を失うため、新法では削除されている。

さらに、旧法では、無利息の消費貸借契約については、瑕疵がある物の価額を返還することができると規定されていた（旧法第590条第2項）。その趣旨は、同様に瑕疵のある物を調達することが困難と考えられる点にあるところ、かかる事情は、利息合意の有無を問わず妥当すると言える。そのため、新法では、目的物が種類又は品質に関して契約不適合がある場合に、利息合意の有無を問わず価額による返還をすることができるものとされた（新法第590条第2項）。

5　返還時期に関する事項

借主の返還時期について、旧法は「借主は、いつでも返還をすることができる」と規定するのみで（旧法第591条第2項）、返還時期の定めがある場合でも任意の返還が可能かは条文上明確でなかったところ、新法では、返還の時期の定めの有無を問わず、借主はいつでも返還をすることができることが明記された（新法第591条第2項）。また、返還の時期の定めがある場合において、借主が返還時期の到来前に返還したことによって貸主が損害を受けた際には、貸主は借主に対して損害賠償請求をすることができるとの条項が追加された（同条第3項）。

322 第 5 章 各種の契約

第 2 諾成的消費貸借

> Q2 諾成的消費貸借の書面要件に関して、実務上どのような点に留意すべきか。

解 説

1 諾成的消費貸借を明文化した意義

旧法では、消費貸借は金銭等の目的物が貸主から借主に交付されることにより初めて成立する要物契約であるとされていた（旧法第587条）。もっとも、判例[1]・学説上は、貸主・借主の合意さえあれば貸主に目的物の交付を義務づける内容の契約（諾成的消費貸借）の成立が認められており、この点にほぼ異論はなかった。そこで、新法では、要物契約としての消費貸借（民法第587条）に加えて、諾成的消費貸借が認められることを条文上も改めて明記した（新法第587条の2）。ただ、それだけであれば、従来の実務でも認められていたコンセプトを改めて明記しただけであり、実務上のインパクトは特にないことになるが、果たして本当にそうかが問題である。

2 書面要件のインパクト

新法では、単に諾成的消費貸借のコンセプトを改めて明記しただけでなく、その成立のためには「書面でする」必要があるものとされた（新法第587条の2第1項）。これは、口頭の合意のみによって消費貸借契約が成立するとなると、安易な口約束に基づき成立する契約に当事者が拘束されてしまって不都合であることから、書面による合意を要件としたものである。

1) 最判昭和48年3月16日金法683号25頁。

第3節　消費貸借　第2　諾成的消費貸借　323

　では、旧法下では、明文の規定はないものの、口頭による諾成的消費貸借も成立し得たところ、これができなくなると何か実務上の不都合が生じるか。少なくとも企業間取引に関する限り、結論は否であろう。実務上、企業向けのローン契約は、要物契約の場合も諾成的消費貸借の場合も、口頭でのみ契約を締結することは従来も今後も想定し難いため、実務へのインパクトは基本的に想定されないと思われる。

　なお、新法に定める「書面」とは何かという点も一つの問題ではあるが、ここでいう「書面」には、消費貸借の詳細な内容まで記載される必要はなく、貸主の「貸す意思」と借主の「借りる意思」の両方が現れていれば足りる（1通の書面である必要も必ずしもなく、また、電磁的記録でもよい）ものと整理されている[2]。安易な口約束による拘束を懸念した立法趣旨に照らせば正当な整理であろう。例えば、実務上、買収取引等の意思決定の前提として金融機関が借主に提出するコミットメントレター（融資意向表明書や融資証明書等）や金融機関内部で作成される稟議書の類は、貸主の「貸す意思」と借主の「借りる意思」の両方が確定的に現れているわけではないため、ここで言う「書面」に該当しない（あるいは、そもそも消費貸借の意思表示の合致が存しない）と考えられ、それで問題ない。また、極度額方式の特定融資枠契約（コミットメントライン契約）は、諾成的消費貸借の予約として理解することが一般的であるところ、借主による予約完結権の行使（借入申込み）による諾成的消費貸借の成立までに書面が作成されればよいと解されているが、いずれにせよ、実務上は、予約契約の締結時点で書面が作成される場合がほとんどであり（逆に、予約契約の締結時点で書面化されていれば、個別の借入申込みが書面でなされる必要はないと解される[3]）、特に問題とならないものと思われる。

---

2)　一問一答 293 頁注 1。
3)　一問一答 293 頁注 3。

324　第5章　各種の契約

> **Q3** 諾成的消費貸借における貸主の「貸す義務」と借主の「借りる義務」については、実務上どのような点に留意すべきか。

解　説

1　貸主の「貸す義務」

　諾成的消費貸借においては、契約締結時点では金銭等の目的物は未だ交付されていないから、貸主には「貸す義務」が発生している。かかる貸主の「貸す義務」は、借主から見れば目的物の引渡請求権（金銭消費貸借であれば元本相当額の金銭債権）に相当するところ、かかる債権について譲渡・差押え・相殺を行うことは（実務上はあまり想定されないとしても）理論的には可能なはずであり、また、いずれにせよ、この点は旧法下でも妥当した議論であり、新法により新たに生じる論点ではない。また、金銭消費貸借において、貸主の「貸す義務」の不履行が生じた場合、借主は法定利率又は約定利率による遅延損害金しか請求できないのか（民法第419条）、あるいは、借主側の資金使途等も踏まえた履行利益・逸失利益まで請求できるのか（民法第416条）という論点も、旧法下から存在したもので、新法により新たな整理がなされたわけではない。

　貸主にとって、契約締結時点から貸付実行時点までの間に借主の信用悪化等の事情の変動が生じるリスクをどのようにヘッジするかという点については、契約中に貸付実行の前提条件（Conditions Precedent）を規定しおくことが既に実務上一般的になっているし、また、金銭等の目的物の交付をもって初めて消費貸借の効力が発生する旨の特約付きの消費貸借契約（「要物的」な消費貸借）をあらかじめ書面により行うことも当然有効であると解されているから、新法によって実務の見直しを迫られるような新たなリスクが生じるわけではない。

2 借主の「借りる義務」?

　諾成的消費貸借においては、借主にも「借りる義務」があるのではないかという点が議論されることがあるが、そもそも論の立て方が妥当かを考える必要があろう。諾成的消費貸借において目的物の交付義務を負うのは貸主であって、そのとき、借主は目的物を受動的に受け取るだけであるから、受領遅滞の問題とは別に、借主の「借りる義務」を議論する意味があるとすると、それは、借主が諾成的消費貸借契約の締結後に実際に目的物を借りることのないまま契約を解除することや一旦は目的物を借りたものの当初想定されていた期間を全うせずに早期に目的物を返還することが許容されるかといった観点からであろう。すなわち、もしかかる解除や早期返還自体が許されない（あるいは、何らかのペナルティを負う）場合には、その意味で、借主は「借りる義務」を負っているということに意味がある。

　したがって、一般的に借主に「借りる義務」があるかどうかを議論するよりも、あくまで個別の論点ごとに借主が実質的にどのような不利益やリスク等を負担しているのかを見ていく方が生産的であるように思われる。具体的には、借主の解除権については下記Q4を、期限前返還について下記第3Q5を、それぞれ参照されたい。

326 第5章 各種の契約

> **Q4** 諸成的消費貸借において、借主による中途解約について、実務上どのような点に留意すべきか。

解 説

　借主の「借りる義務」に関して、新法は、契約締結後、金銭等の目的物の交付が行われるまでの間は、借主は契約を解除することができるものとした（新法第587条の2第2項前段）。その趣旨は、契約締結後に何らかの事情の変動によって借主側での資金等の需要がなくなった場合にまで、借主が契約に拘束され続けることは不必要・不相当と判断された点にあり、それゆえに、本規定は当事者間の合意によっても制限することができない強行法規であると整理されている[1]。

　ただ、他方で、契約締結後、金銭等の目的物の交付が行われるまでの間に契約が解除された場合には、貸主側では例えば貸付実行のための資金調達コストや利息収入の逸失利益等一定の損害が発生する可能性があることから、借主は、中途解約によって貸主が受けた損害を賠償する義務を負うものとされた（新法第587条の2第2項後段）。

　では、かかる法定の解除権が規定されたことにより、実務上、どのような影響が生じると予想されるか。

　まず、個人向けの金銭消費貸借を念頭に置いた場合、かかる法定の解除権の存在により、個人の借主が不当に契約に拘束される事態を防止することができ、そのことに異論を唱える向きは少ないだろう[2]。一方、企業向けの金銭消費貸借を念頭に置いた場合には、ローンの種類によっても事情を異にする。契約上合意された貸付実行日に実行さ

---

1)　一問一答294頁注4。
2)　貸主が損害を被る場合には借主は賠償義務を負うことになるが、一度合意した契約を借主側の一方的都合で解除する以上、債務不履行の一般原則からも損害賠償義務が発生することは、個人債務者であっても、やむを得ないと思われる。

れる１回的なタームローンの場合には、借主の解約権に関する条項は契約中に入っていないのが通常であるが、それはひとえに、契約締結日から貸付実行日までのタイムラグが短い場合が多く、その間の事情変動による解約可能性が類型的に低いことによるものである。しかし、１回的なタームローンであっても、何らかの事情により契約締結日から貸付実行日までのタイムラグが空いてしまうような場合には、新法により導入された法定の解除権が実際に行使される可能性も理論上は存在する。また、契約上、貸付実行日が固定されておらず、一定の引出可能期間が設定される限度貸出契約の場合、実務上、借主は、貸付実行を希望する日よりも数営業日前までに、撤回不能の引出通知書を貸主に提出することが求められることが通常であるが、新法により法定の解除権が導入されたことにより、借主は、引出通知書の提出後であっても、契約を解除することが可能になると解される可能性があり、引出通知書の提出後に急な事情の変動があれば、実際に法定の解除権が行使される可能性も理論上は存在する。

　そして、実際に、貸主が貸付実行のためのファンディングを手配した後に、借主が契約を解除しようとする場合には、借主は貸主側の損害を賠償することを覚悟しなければならない。実務上は、期限前弁済、貸付実行前提条件の不充足、期限の利益喪失等、典型的に想定される場面を特定した上で清算金の支払義務や金額・算定式を規定しておくことが多いが、新法においては、契約上明記された場面でなくとも、借主は任意の裁量により法定の解除権を行使できるようになることから、そのような場合に備えて清算金の金額や算定式をあらかじめ契約中に規定しておくことも考えられるところである。

　なお、清算金の金額や算定式が契約中に明記されない場合には、新法において、損害賠償の範囲はどのように解されるか。この点、特別の解除権を借主に付与した立法趣旨に鑑み、損害賠償の範囲は、貸主が金銭等を調達するために負担した費用相当額等にとどまり、現実に

---

3)　一問一答 294 頁注 4。

328　第5章　各種の契約

目的物の交付が行われていないにもかかわらず、目的物の使用の対価であるところの弁済期までの利息相当額が損害となると解する余地はないと解されている[3]。実務上も、期限前弁済等の場合に貸主側で発生するファンディング・コスト等については、清算金の支払が合意されることが多いが、その内容として弁済期までの将来利息満額を含む合意をしているケースは珍しい。したがって、新法が解除権とセットで設けた損害賠償義務の範囲に満期までの将来利息が含まれないこと自体は、実務上特段の問題にはならないと思われる。

　また、契約上清算金の金額や算定式を合意する場合でも、それによる支払金額が不合理に高額にのぼる場合、清算金支払規定の有効性を問われる可能性はある。もっとも、現在実務上多く用いられる清算金の算定式については、有効性が否定されることは考えにくい。例えば、再運用利率が（基準金利ではなく）適用利率を下回る場合に、その差を基準として、次回利払日（変動利率の場合）又は約定元本支払日（固定利率の場合）までの期間について清算金の支払を求める規定においては、基準金利部分のみならずスプレッド部分も清算金の算定基礎に含まれることになるが、この場合でも、期限までの利息相当額全額ではなく再運用によっても賄えない部分の清算を求めるものに過ぎないことや、当該貸付けの準備のために割かれた貸主の手間・労力は基準金利との差による清算金によっては評価され尽くされないとも言い得ること等を考えると、なお有効な損害額の予定であると解する余地が十分に存すると考えられる。

第３節　消費貸借　第３　消費貸借における期限前返還　329

第３　消費貸借における期限前返還

Q5
消費貸借の期限前返還について、実務上どのような点に留意すべきか。

解　説

1　返還時期の定めと期限前返還の可否

　旧法では、消費貸借契約に返還時期の定めがある場合に、借主が返還時期が到来する前に任意に目的物を返還できるかは条文上は明確でなかったところ、新法では、借主は、返還時期の定めの有無にかかわらず、いつでも目的物を返還することができる旨が明記された（新法第591条第2項）。ただし、この場合、貸主は、期限前返還により損害を受けたときは、借主に対してその賠償を請求できるとされる（同条第3項）。

　かかる改正により、実務上、どのようなインパクトが生じるか。結論としては、特段の影響はないものと考えられる。

　確かに、旧法は、返還時期の定めがある場合における借主の期限前返還の権利については明確な規定を置いていなかった。しかし、旧法下においても、主として金銭消費貸借の文脈で、「相手方の利益」を害さない範囲で期限の利益の一方的な放棄を認めた民法第136条第2項を根拠として、借主は貸主に生じる損害を填補すれば合意された弁済期よりも前に任意に期限前返済することができるものと一般に解されていた。したがって、新法の定めは、このような旧法下における既存の解釈を消費貸借に関するルールとして改めて明文化したものにとどまると考えられる。

　なお、上記のとおり、新法で「返還の時期の定めの有無にかかわらず」と明記されたことによって、返還時期よりも前の期限前返還を契

約で禁止する（あるいは期限前返還に貸主の承諾を要求する）ことができないのか、すなわち、新法の定めが強行規定なのか、という点が一応問題となり得る。しかし、対等な当事者間の合意により、期限前返還を禁止する旨の合意を行うことを否定すべき理由はないはずであり、また、今次の改正提案の立法過程においても、かかる特約を禁止するという議論は特に見当たらないから、新法は上記規定を強行規定とする趣旨ではないと考えられる（もっとも、期限前返還を契約で禁止したにもかかわらず借主が契約に違反して期限前返還を行った場合には、契約上は期限の利益喪失事由を構成するものとして位置づけられる点を除けば、結局、貸主に対する損害賠償の問題になるため、法的な観点からは、かかる禁止条項は独自の意義に乏しいとも言えよう）。

2　期限前返還に伴う損害賠償

　上記1のとおり、借主が期限前返還を行う場合に貸主が被る損害を賠償する義務を負うこと自体は旧法下における整理と変わるところはない。それでは、かかる損害賠償の範囲についてはどうか。

　この点、旧法下では、期限の利益の一方的放棄に伴う相手方に対する損失補填を定めた民法第136条第2項の解釈として、借主は弁済期までの利息を貸主に支払うことが原則的な帰結となると一般に解されていた。とは言え、かかる定式はあくまで原則論であり、実際に貸主が弁済期までの利息全額を損失として被ったとは言い難いような場合にまで一律に利息全額の賠償を要求する趣旨ではなかった。また、実務上も、期限前返還時に本来の弁済期までの利息満額の支払を合意しているケースはむしろ珍しい。期限前返還が行われた場合にも実際は金融機関側は返済資金の再運用が可能であるし、利息制限法との関係でも実際の貸付期間に見合わない高額な利息を収受することは制限されることから、利息の種類（固定か変動か）を含めた全体的な経済条件・商品設計に応じて合理的な範囲の清算金[1]の定め方について損害賠償額の予定（民法第420条）としてあらかじめ合意しておくのが通常の実務である。

新法第591条第3項の立法趣旨としては、現実に損害が発生していないにもかかわらず、弁済期までの利息相当額を当然に請求できるとする趣旨ではなく、損害賠償の範囲は個々の事案における解釈・認定によるものとされている[2]。また、かかる立法趣旨に鑑みれば、同項が損害賠償額の予定として清算金の合意を行うことを禁止する趣旨とも解されない。

したがって、新法は、上記のような現行実務に変容を迫るものではないと考えられる。

1) 内容にも応じて呼称は様々であるが、一般的には、ブレーク・ファンディング・コスト（break funding cost）、プリペイメント・フィー（prepayment fee）、メイクホール・アマウント（make-whole amount）等と呼ばれることが多い。
2) 一問一答299頁～300頁。

本論に対するコメント（内田貴）

●「第2　諾成的消費貸借」について

■Q3・Q4について

　諾成的消費貸借契約において、借主に目的物を受け取る義務があるかどうかが議論されている。売買契約においては、買主は代金支払義務を負うが、目的物を受け取る義務がまったくないかというとそうではなく、契約の趣旨や各当事者の置かれた状況等を踏まえ、受領遅滞（民法第413条）の問題とは別に、契約解釈上あるいは信義則上、買主に目的物を受け取る義務が認められる場合がある（例えば、大規模な鉱石売買取引に関する最判昭和46年12月16日民集25巻9号1472頁等）。

　諾成的消費貸借契約においても、一定の条件の成就又は期限の到来をもって貸主・借主間で目的物の貸し借りを約束する以上、借主も原則として契約で合意した条件に従って目的物を「借りる義務」を負担すると考える方がむしろ自然である。しかし、新法の立案過程においては、消費者等の弱い借主が借りることを強いられることへの懸念が強調された。そこで、新法第587条の2第2項は、書面による諾成的消費貸借契約の締結後、目的物の受領前に、目的物を借りる必要がなくなった場合には、借主は契約を解除できることとされた。これによって不要な金銭の借入れを強いられることはなくなると思われるが、このような解除権が置かれたことが、借主には借りる義務があることを物語っている。

　借主が解除権を行使した場合は、貸主はそれによって受けた損害の賠償を請求できるが（新法第587条の2第2項）、金銭消費貸借の場合、貸主には他の運用先での運用により損害を軽減する義務があると解されるので、契約どおり借りた場合に生ずるであろう利息を賠償する義務を借主が負うことはまず考えられない。解除権と因果関係のある損害が認定され得るのは、借主の特別な要望でコストをかけて多額の資

金を調達したような場合に限られるだろう。この点は本論で論じられているとおりである。

　借主は、目的物の受領以後も期中で早期返還をすることは妨げられないが（新法第591条第2項）、やはり損害が生ずれば賠償責任を負う（同条第3項）。この場合の損害の認定も慎重になされることになるため、実務では損害賠償額の予定が用いられることが多いのは、本論で指摘されているとおりである。

334　第 5 章　各種の契約

第 4 節　賃貸借

第 1　総論

Q1　賃貸借について、どのような改正がされたか。

解　説

1　契約内容に関する事項

　旧法では、当事者の一方が使用収益をさせること及びその相手方が賃料を支払うことを約すことのみが規定されているに過ぎなかった。しかし、賃貸借終了後において目的物を返還することは、上記と並んで賃貸借契約を構成する要素であると考えられることから、返還約束についても賃貸借契約締結時の合意内容として明記された（新法第601 条）。

2　短期賃貸借に関する事項

　短期賃貸借の主体について、旧法の文言では、「処分につき行為能力の制限を受けた者」と明記されていたが（旧法第 602 条）、未成年者や成年被後見人であっても短期賃貸借であれば単独で有効に賃貸借契約を締結することができると誤解が生じるおそれがあった。そして、行為能力の制限については、民法第 5 条以下で未成年者や成年被後見人に関する規律が存在するため、短期賃貸借契約の条文にて特に明記する必要はないと考えられる（なお、保佐人の同意を要する行為等を定めた民法第 13 条第 1 項第 9 号に、新法第 602 条への言及がある）。そのため、新法では、「処分につき行為能力の制限を受けた者」が削除され、単に「処分の権限を有しない者」との文言のみが残存する形になった。

第4節　賃貸借　第1　総論　335

3　存続期間に関する事項

　新法では、賃貸借の存続期間の上限について、旧法の20年を改め、50年を超えることができないとし、契約でこれより長い期間を定めたときであっても50年間とすることを規定する（新法第604条第1項）。また、存続期間経過後の更新についても、更新の時から20年を超えることができないとの規定を見直し、50年と改めた（同条第2項）。

　旧法下では、借地借家法等の特別法の適用がある場合には、20年の存続期間を超える期間にわたる賃貸借契約を締結することができた。しかし、建物の所有を目的とする土地の賃借権の設定ではない場合等、借地借家法上の「借地権」に当たらず同法の適用がない場合であっても、20年を超える期間に亘る賃貸借契約を締結する要請が従来から存在した。そこで、存続期間の上限はなお存置しつつも、それを20年間から50年間に伸ばす改正がなされている。

4　対抗力に関する事項

　不動産の賃借権で登記されたものについては、旧法が「その不動産について物権を取得した者に対しても、その効力を生ずる」と規定していたところ（旧法第605条）、新法では、本条が賃借権の対抗問題の規律として整理されたことに伴い、「対抗することができる」と明記されることになった（新法605条）。また、旧法では、賃借権の登記をした「その後その不動産について物権を取得した者に対しても、その効力を生ずる」（下線は筆者）と規定していたが（旧法第605条）、賃借権の登記より前の物権の取得の場合であっても、同様に対抗問題は生じ得る。そのため、新法では、上記の「その後」を削除し、不動産の物権の取得時期について特に言及していない。さらに、賃借権を対抗する相手方は、差押債権者等、必ずしも不動産の物権を取得した者に限られないため、新法では「その他の第三者」も明記されることになった。

336 第5章 各種の契約

5 賃貸人たる地位の移転に関する事項

　賃貸不動産が譲渡された際における賃貸人たる地位の移転やそれを
賃借人に対して対抗するための要件等について、旧法では明文が存在
しなかった。一方で、対抗要件を具備した賃借権の対象となっている
不動産が譲渡された際には、法律上当然に賃貸借関係が新所有者と賃
借人との間に移転するとの立場を判例[1]は採用している。新法では、
かかる判例を踏まえ、まず、対抗要件を具備した賃借権の対象となっ
ている不動産が譲渡されたときは、その不動産の賃貸人たる地位は原
則として当該不動産の譲受人に移転することが明文化された（新法第
605条の2第1項）。また、賃貸人たる地位を譲渡人に留保し、かつ、
当該不動産を譲受人が譲渡人に対して賃貸する旨の合意によって、例
外的に賃貸人たる地位の移転が生じない場合についても明文化された
（同条第2項前段）。そして、賃借人の保護を図るため、譲渡人と譲受
人の間の賃貸借が終了した際には、原則どおり賃貸人たる地位の移転
が生じることが規定された（同項後段）。

　また、かかる賃貸人たる地位の移転を譲受人が賃借人に対抗するた
めには当該不動産について所有権移転の登記を具備することが必要で
あるとするのが従来から判例[2]の立場であったところ、新法では、か
かる判例の準則が明文化された（新法第605条の2第3項）。

　賃貸人たる地位の移転が生じた際に、賃借人が譲渡人に対して差し
入れていた敷金の返還債務の帰趨も併せて問題となるが、判例[3]を踏
まえ、敷金返還債務が譲受人に承継されることが明文化された（新法
第605条の2第4項）。また、必要費・有益費の償還債務（民法第608
条）についても同様である。

　他方、譲渡人及び譲受人間の合意により、賃貸人たる地位を移転す

---

1)　大判大正10年5月30日民録27輯1013頁。
2)　最判昭和49年3月19日民集28巻2号325頁。
3)　最判昭和44年7月17日民集23巻8号1610頁。

第 4 節　賃貸借　第 1　総論　337

る場合についても、判例[4] を踏まえ、賃借人の承諾は不要であることが明文化された（新法第 605 条の 3）。

6　不動産の賃借人による妨害の停止の請求等に関する事項

　不動産賃借権につき対抗要件を備えている場合には、賃借人は、当該不動産の占有を妨害する第三者又は占有する第三者に対して、それぞれ妨害排除請求又は返還請求をなし得るとするのが従来から判例[5] の立場であったところ、新法では、かかる判例の準則が明文化された（新法第 605 条の 4）。

7　賃料減額請求に関する事項

　旧法第 609 条及び第 610 条は、小作人の保護を趣旨として減収時の賃料減額請求や契約解除を規定していたが、新法では対象となる土地を「耕作又は牧畜を目的とする土地」と明らかにし、本来の趣旨を反映した形で限定が加えられた（新法第 609 条、第 610 条）。

　また、旧法第 611 条では、賃借物の一部滅失による賃料の減額請求や契約解除が認められる場合として、「賃借物の一部が賃借人の過失によらないで滅失したとき」と規定されていた（なお、契約解除は、残存する部分のみでは賃借人が賃貸借の目的を達することができないときのみ認められる）。この点について、「一部滅失」の場合以外でも使用収益ができない場合は同様に賃料の減額請求等を認めるのが合理的であるとの考え方を踏まえ、新法では、「滅失その他の事由により使用及び収益をすることができなくなった場合」と改められた（新法第611 条）。さらに、旧法では、減額のために請求が必要であったところ、新法では、当然に減額が生じることとなった（同条第 1 項）。

---

　4)　最判昭和 46 年 4 月 23 日民集 25 巻 3 号 388 頁。
　5)　最判昭和 28 年 12 月 18 日民集 7 巻 12 号 1515 頁。

338 第 5 章 各種の契約

8 転貸借に関する事項

　転貸借がなされた場合の効果について、旧法では、転借人は賃貸人に対して直接に義務を負うとのみ規定しているに過ぎなかったが（旧法第 613 条第 1 項）、転借人の義務の範囲は原賃貸借に基づく賃借人の債務の範囲を超えないものと解されていた。そこで、新法では、かかる一般的な解釈を踏まえ、転借人の義務が原賃貸借に基づく賃借人の債務の範囲を限度とするものであることが改めて明文化された（新法第 613 条第 1 項前段）。

　また、賃貸借の合意解除を転借人に対抗することの可否は、従来から解釈上の論点となっていた。この点について、判例[6]を踏まえ、原則的に合意解除をもって転借人に対抗することはできないものの、当該合意解除の当時、賃貸人が賃借人の債務不履行を理由とする解除権を有していた場合には例外的に合意解除をもって対抗することができるものとされた（新法第 613 条第 3 項）。

9 賃貸借の終了に関する事項

　賃貸借の目的物の全部が滅失等により使用収益できなくなった場合は、賃貸借の趣旨は達成されなくなることから、従来の判例[7]の立場を踏まえ、これにより賃貸借は終了することが明文化された（新法第 616 条の 2）。

　賃貸借終了時における賃借人の原状回復義務については、文言上、賃借人の「義務」であることが必ずしも明確ではなかった（旧法第 616 条、第 598 条）。また、原状回復の範囲についても、明文の規定がなく、ただ、通常の使用収益により生じた損耗や経年劣化は原状回復の対象に含まれないものと実務上解されていた。そこで、新法では、原状回復を賃借人の「義務」として明記の上、その範囲につき通常損

---

6)　最判昭和 62 年 3 月 24 日判時 1258 号 61 頁。
7)　最判昭和 32 年 12 月 3 日民集 11 巻 13 号 2018 頁。

第4節　賃貸借　第1　総論　339

耗及び経年劣化を除くことが明文化された（新法第621条本文）。なお、原状回復の対象となる損傷が賃借人の帰責事由によらない場合には、使用貸借の場合（新法第599条第3項ただし書）と同様に、原状回復義務が免除されるとされている（新法第621条ただし書）。

　一方、賃貸借終了時において借主が賃借物に附属させた物の収去義務についても、これまで明確な規定はなかったが、新法では、賃借人が附属物の収去義務を負う旨が明文化された（新法第622条、第599条第1項）。

10　敷金に関する事項

　新法では、敷金を改めて定義した上で[8]、敷金返還請求権の発生時期や賃借人の債務への敷金の充当に関する規律について、判例[9]の立場が明文化されるに至った（新法第622条の2）。

---

8)　敷金とは、「いかなる名目によるかを問わず、賃料債務その他の賃貸借に基づいて生ずる賃借人の賃貸人に対する金銭の給付を目的とする債務を担保する目的で、賃借人が賃貸人に交付する金銭」を言うものと定義された（新法第622条の2第1項）。

9)　大判昭和5年3月10日民集9巻253頁、最判昭和48年2月2日民集27巻1号80頁。

340 第5章 各種の契約

第2 賃貸不動産の譲渡と賃借権の対抗要件

Q2 賃貸不動産の譲渡に伴う賃貸人たる地位の移転について、実務上どのような点に留意すべきか。

解　説

1 賃借権につき対抗要件が具備されている場合

　新法では、①不動産の賃借権につき対抗要件（登記又は借地借家法上の対抗要件）が具備されている場合には、当該不動産が譲渡されたとしても、賃貸人たる地位が旧所有者から新所有者に当然に移転すること（すなわち、賃借人の承諾がなくとも賃貸借関係が賃借人と新所有者との間に承継されること）が明記された（新法第605条の2第1項）。また、②新所有者は当該不動産について所有権移転登記を具備していなければ、賃貸人たる地位を賃借人に対抗することはできないとされている（同条第3項）。

　これらは、いずれも判例を明文化するものであり、新たなルールを導入するものではない[1]。判例の基礎にある価値判断としては、賃貸不動産の地主・家主が変更された場合には対抗力ある賃借権を新たな地主・家主との間で存続させることが自然かつ合理的であり、また、賃借人にとっても実質的な不利益はないから、契約上の地位の移転ではあるが第三債務者である賃借人の承諾を不要としても問題ない（上記①の準則）、また、かかる賃貸人たる地位の移転は、賃貸不動産の所有権が確定的に譲渡されたことを前提とするものであるから、新所

　1）　上記①の準則については大判大正10年5月30日民録27輯1013頁、最判昭和39年8月28日民集18巻7号1354頁を、上記②の準則については大判昭和8年5月9日民集12巻1123頁、最判昭和49年3月19日民集28巻2号325頁をそれぞれ参照。

第4節　賃貸借　第2　賃貸不動産の譲渡と賃借権の対抗要件　341

有者は賃貸不動産の移転について登記を具備していなければ賃貸人た
る地位を賃借人に対抗することを認めるべきでない（上記②の準則）
ということであった。そして、かかる価値判断の合理性は今日でも失
われておらず、新法が判例を明文化したことは実務上も問題ないと考
えられる。

　なお、判例は、上記①の場合に「特段の事情」があれば賃貸人たる
地位が移転しないとする例外の余地を含み置いていた[2]。この点、新
法の上記規定においては、条文上「特段の事情」に基づく例外は一切
規定されていない。新法の趣旨が判例の明文化にとどまるのであれば、
解釈論として「特段の事情」に基づく例外が認められる可能性はなお
残されているという考えも成り立つ[3]。もっとも、旧法下と異なり、
新法では条文上は無条件に上記①のルールが明記されるに至ったわけ
であり、また、下記Q4のとおり、合意により賃貸人たる地位を留保
する場合の規律も別途定められたことに照らすと、個別の事案におい
て著しく賃借人に不利益が及ぶと判断されるなど、よほど特殊な事情
がない限り、例外的に賃貸人たる地位の移転が否定されることはない
ように思われる。

2　賃借権につき対抗要件が具備されていない場合

　新法では、賃借権につき対抗要件が具備されていない場合であって
も、新・旧所有者の合意により賃貸人たる地位を新所有者に移転でき

---

2)　前掲注1）最判昭和39年8月28日。

3)　学説上は、賃貸人たる地位が当然承継される場合でも、賃借人が異議を申し
出たときは、賃借人は当該賃貸借関係から離脱できると解する見解が有力で
あった（我妻榮『債権各論中巻（一）』（岩波書店、1957年）447頁、幾代通編
『注釈民法(15)』（有斐閣、1966年）162頁〔幾代〕）。現在の判例（最高裁）は、
賃貸人たる地位の当然承継が例外的に否定される根拠となる「特段の事情」に
つき、かかる学説と同様の立場を前提としているようである（最判解民事篇昭
和46年度120頁以下〔鈴木重信〕）。なお、かかる「特段の事情」の有無は、
新旧両所有者間の合意により賃貸人たる地位を旧所有者に留保できるかという
観点からも問題とされることがあるが、この点については、下記Q4及びQ4
注2）に記載の最判平成11年3月25日判時1674号61頁を参照されたい。

342　第 5 章　各種の契約

ること、また、新所有者は当該不動産について所有権移転登記を具備していなければ賃貸人たる地位を賃借人に対抗することができないことが明記された（新法第 605 条の 3）。これらは、いずれも判例を明文化するものである[4]。

　賃借権につき対抗要件が具備されていない場合であっても、新所有者が自らの意思で賃借権の負担を甘受することを妨げる理由はないし、賃借人にとっても有利な話であるから、契約上の地位の移転ではあるが第三債務者である賃借人の承諾を不要としても問題ない、というのが判例の基礎にある価値判断であった。そして、かかる価値判断の合理性は今日でも失われておらず、新法が判例を明文化したことは実務上も問題ないと考えられる。

　なお、判例は、この場合についても、「特段の事情」があれば賃貸人たる地位が移転しないとする例外の余地を含み置いていた[5]。この点、新法の上記規定においては、条文上「特段の事情」に基づく例外は一切規定されていないことから、賃借権につき対抗要件が具備されている場合と同様に、やはり、個別の事案において著しく賃借人に不利益が及ぶと判断されるなど、よほど特殊な事情がない限り、例外的に賃貸人たる地位の移転が否定されることはないように思われる。

---

4)　最判昭和 46 年 4 月 23 日民集 25 巻 3 号 388 頁。

5)　前掲注 4）最判昭和 46 年 4 月 23 日。なお、賃貸借に対抗力が具備されておらず、新旧両所有者の合意により賃貸人たる地位の移転が生じる場合についても、前掲注 3）に記載したとおり、現在の判例（最高裁）は、賃貸人たる地位の当然承継が例外的に否定される根拠となる「特段の事情」につき、我妻説と同様に賃借人から異議の申出があった場合を想定しているようである（鈴木・前掲注 3）120 頁以下）。

第4節　賃貸借　第2　賃貸不動産の譲渡と賃借権の対抗要件　343

> **Q3**　賃貸不動産の譲渡（賃貸人たる地位の移転）に伴う敷金返還債務・費用償還債務の承継について、実務上どのような点に留意すべきか。

解　説

　新法では、賃貸不動産の譲渡に伴い賃貸人たる地位の移転が生じる場合には、上記 **Q2** に記載の1又は2の場合のいずれであっても、賃貸人としての賃借人に対する敷金返還債務や費用償還債務は新所有者に承継されることが明記された（新法第605条の2第4項、第605条の3後段）。これは判例を明文化したものである[1]。

　賃貸人たる地位が移転する場合には、以後、敷金の返還や費用の償還についても賃貸人としての新所有者が行うのが自然かつ合理的と考えられることから、かかる結論に異論を唱える向きは少ないだろう。もっとも、敷金や費用の金額が大きい場合等、個別の事情によっては賃借人から見て債務者となる賃貸人のクレジット・信用力が問題となる可能性がある。この点、改正法案の審議過程では、旧所有者に敷金返還債務の履行担保義務（併存的債務引受）を負担させる案も検討されたものの、旧法下のルールを新たに変更するものであり、その相当性について疑問が呈されたため、かかる案は採用されなかった[2]。

　やはり、通常は、敷金返還や費用償還に関して不動産の所有者側のクレジット・信用力が問題となることは想定し難く、賃借人にとって賃貸人の属性が問題となることは基本的にないはずという類型的な判断が新旧両法の出発点になっている。しかし、実際上は、特に企業間の賃貸借等では、敷金返還や費用償還の金額が大きく賃貸人のクレジットリスクは無視できない場合もあり得るところであり、そのよう

---

1)　大判昭和5年7月9日民集9巻839頁。最判昭和44年7月17日民集23巻8号1610頁。
2)　部会資料59・51頁、部会資料45・13頁。

344　第 5 章　各種の契約

な場合には、実務上可能な限り、賃貸借契約上、賃借人の承諾なく賃貸人が賃貸不動産を第三者に処分することができない旨を合意しておくことが望ましい（この場合、旧所有者が契約に違反して賃貸不動産を譲渡したことによって賃借人が敷金の返還等を十分に受けることができなかったときは、賃借人は旧所有者に契約違反を根拠として損害賠償を請求することができる）。

　なお、新所有者に承継される敷金返還債務の金額については、賃貸人たる地位の移転が生じた時点で旧所有者との関係で未払の債務があれば敷金から自動的に充当された上で、その残額につき敷金返還債務が新所有者に承継されるとするのが判例の立場であるが[3]、実務との乖離が指摘され、明文化は見送られた[4]。いずれにせよ、実務上は、敷金返還債務等をどのように承継・精算するかについては三者間で何らかの合意を行うことが通常と考えられるため、あまり問題とならないだろう。

3)　前掲注 1) 最判昭和 44 年 7 月 17 日。
4)　中間試案補足説明 452 頁。

第４節　賃貸借　第２　賃貸不動産の譲渡と賃借権の対抗要件　345

Q4　賃貸不動産の譲渡にもかかわらず賃貸人たる地位を留保する旨の特約について、実務上どのような点に留意すべきか。

解　説

　上記**Q2**で見たとおり、新法では、不動産の賃借権につき対抗要件が不備されている場合には、当該不動産の譲渡に伴い賃貸人たる地位が旧所有者から新所有者に当然に移転するところ（新法第605条の2第1項）、新旧所有者の間で、①賃貸人たる地位を旧所有者に留保し、かつ②当該不動産を新所有者から旧所有者に賃貸することを合意した場合には、例外的に賃貸人たる地位が移転しない（新旧所有者間の賃貸借関係に基づき元の賃借人は転借人となる）こととされた（同条第2項）。

　もともと旧法下では、判例上、対抗力ある賃借権の対象不動産が譲渡された場合でも「特段の事情」があれば賃貸人たる地位は移転しないものとして例外の余地が残されていたが[1]、ただ、新旧所有者のみの合意だけでは不十分とされていた[2]。なぜなら、もともとの賃借人が転借人となると、新旧所有者間の賃貸借関係が債務不履行等により終了すると転貸借関係も終了してしまうという脆弱な地位に追いやられることになるため、新旧所有者のみの合意により賃借人の地位を一方的に不利に変更することは認めるべきでない判断されたからであった。他方で、実務上は、例えば、テナントとの関係をそのまま維持しつつ賃貸不動産を信託に入れてリースバックする形（信託→マスターレッシー→テナントという転貸借関係への切替え）をスムーズに行いたい、といったニーズがあった。

　そこで、新法は、上記のような賃貸人たる地位の留保合意を認める

1)　最判昭和39年8月28日民集18巻7号1354頁。
2)　最判平成11年3月25日判時1674号61頁。

346 第5章 各種の契約

代わりに、仮に新旧所有者間の賃貸借関係が何らかの理由により終了した場合には旧所有者・賃借人間の転貸借関係は新所有者に承継される（そこで改めて新所有者・賃借人間の直接の賃貸借関係が生まれる）とすることによって、賃借人の利益を保護する形でバランスをとった（新法第605条の2第2項後段）。

この場合、旧所有者と賃借人の間に成立する転貸借関係は、基本的に、通常の転貸借（原賃貸人＝不動産所有者の承諾を得て行われる適法な転貸借）と区別する必要はないから、転借人は原賃借人の負う債務の範囲を限度として賃貸人に対して直接債務を履行する義務を負うこと等を定めた新法613条第1項及び第2項が適用ないし準用されるものと考えられる[3]。

もっとも、上記のとおり、新旧所有者間の合意のみで元の賃借人を転借人に切り替えることを認めるための条件として、新旧所有者間の賃貸借の終了時は旧所有者・賃借人間の転貸借関係が新所有者に承継されるものとしたのは、元の賃借人の地位が本人の同意なく目減りさせられることがないようにしたものであるから、そうである以上、新旧所有者間の賃貸借関係が合意解除のみならず原賃借人の債務不履行により解除された場合であっても転貸借関係は新所有者に承継される（すなわち、新法第613条第3項は適用ないし準用されない）と解するのが合理的である[4]。

なお、場面を変えて、仮に新所有者が賃貸不動産の所有権は保持したまま、賃貸人たる地位を旧所有者に留保するのではなく、新たに第三者に移転したい場合（例えば、旧所有者が保有する不動産を信託に入れつつ、信託から新たなマスターレッシー（第三者）を介して原賃借人に対する転貸借構成を創出したい場合等）はどうなるか。かかる場合も、①賃貸人たる地位を旧所有者の代わりに第三者に留保（移転）し、か

---

3) 法制審議会94回会議議事録16頁〔住友俊介関係官発言〕。
4) 法制審議会94回会議議事録16頁〜19頁〔住友関係官、岡正晶委員、鎌田薫部会長、中井康之委員の各発言〕、一問一答318頁注1、潮見ほか465頁〔秋山靖浩〕。

つ②当該不動産を新所有者から第三者に賃貸することを合意した場合には、新所有者・第三者間の賃貸借関係に基づき元の賃借人が転借人となる（そして、新所有者・第三者間の賃貸借関係の終了時も転借人は保護される）という規律によることもロジカルには可能であろう。しかし、新法が賃貸人たる地位の移転を旧所有者に留保することを認めたのは、あくまで旧所有者というもともとの賃貸人がもともとの賃借人との間で従前と変わらない賃貸借関係を存続させることが双方のニーズに合っていることを前提としたものであり、もともとの賃借人にとって、たとえ転借権が保全される形であっても、見知らぬ第三者を通じた新所有者との間の転貸借関係に切り替えられるのは不本意であるとすると、この場合は、個別に賃借人の同意をとった上で、契約上の地位を第三者に移転するほかない（新法第539条の2）と考えるのが合理的であろう[5]。

---

5) 潮見ほか466頁〔秋山〕も同旨。

348　第5章　各種の契約

本論に対するコメント（内田貴）

●「第2　賃貸不動産の譲渡と賃借権の対抗要件」について

■Q4について
　新法では、賃貸不動産の譲渡当事者間の合意により賃貸人たる地位を譲渡人に留保することが認められたが、その場合、譲受人から譲渡人に対して当該不動産が賃貸されることが前提となり（新法第605条の2第2項前段）、また、当該賃貸借が終了した場合には譲渡人に留保されていた賃貸人たる地位が譲受人に移転するものとされる（同項後段）。これは、本論も指摘するとおり、もともとの賃借人の法的地位が、賃貸不動産の譲渡当事者間の合意により転貸借関係に切り替えられる前の状態と比較して悪化することがないようにする趣旨である。したがって、新法第605条の2第2項後段に規定する「譲渡人と譲受人又はその承継人との間の賃貸借が終了したとき」という文言には、譲渡当事者間の合意解除はもちろんのこと、債務不履行による解除その他原因を問わず賃貸借が最終的に終了した場合を広く含むものと解するのが合理的である。
　本論では、賃貸不動産の賃貸人たる地位を譲受人とは別の第三者に留保したいというニーズがある場合のことも議論されている。その目的は、賃貸不動産を当該第三者（例えば、新たなマスターレッシー）に一旦譲渡することで賃貸人たる地位を当該第三者に移転させた上で、さらに当該第三者が当該不動産を譲受人（例えば、信託の受託者）に譲渡しつつ賃貸人たる地位を当該第三者に留保する合意を行う、という二段階のステップを踏むことにより実現は可能である（これをもって法の潜脱と評価する必要性はないように思われるが、実際上は、登録免許税が二重にかかるというデメリットがある）。その意味では、結論として、不合理なことを企図しているわけではないが、いずれにせよ、新法第605条の2第2項の規定自体は、文理上、当該不動産の譲渡人に

賃貸人たる地位を留保する場面を想定していることは明らかであるから、賃貸人たる地位を譲渡人以外の第三者に留保することまで本条文に読み込むことは困難である。

事項索引　351

事項索引

あ行

アパートローン ……………………… 122
ABL（Asset Based Lending）………… 89
異議をとどめない承諾 ……………… 99
委託保証人の事後求償権による相殺
……………………………………… 184
一部弁済者による代位 ……………… 171

か行

解除 …………………………………… 242
解除権を現に行使することができる者
……………………………………… 11
買戻し特約 …………………………… 277
「隠れた」瑕疵 ……………………… 280
瑕疵 …………………………………… 278
貸金等根保証契約 …………… 118, 149
瑕疵担保責任 ………………………… 278
貸付実行の前提条件 ………………… 324
貸す義務 ……………………………… 324
仮差押え ……………………………… 209
仮差押え等 …………………………… 202
仮処分 ………………………………… 209
借りる義務 …………………………… 325
元本確定期日 ………………………… 119
危機時期 ……………………………… 183
危険の移転 …………………………… 276
危険負担 ……………………………… 242
期限前返還 …………………………… 329
基本契約・個別契約方式
……………………………… 12, 187, 192
求償権 ………………………………… 169
共益債権 ………………………… 85, 86
協議を行う旨の合意 ………………… 203
強制執行等 …………………………… 202
共通錯誤 ……………………………… 141
共同事業者 …………………………… 128

極度額 ………………………………… 118
銀行取引約定書 ……………………… 25
経営者保証の例外 …………………… 125
経過措置 ……………………………… 5
軽微な債務不履行 …………………… 247
契約責任説 …………………………… 278
契約締結時の情報提供義務 ………… 139
　──違反に基づく保証契約取消し
……………………………………… 143
契約不適合責任 ……………………… 278
原始的不能 …………………………… 258
原則的な時効期間 …………………… 199
更生担保権 …………………………… 86
抗弁切断 ……………………………… 99
　──の対象 ………………………… 101
抗弁放棄の意思表示 ………………… 101
　──の瑕疵 ………………………… 102
合理的画一性要件 …………………… 30
個人根保証 ……………………… 118, 149
　──の元本確定事由 ……………… 118
コミットメントレター ……………… 323
コミングリングリスク ……………… 89
コンプライアンスリスク …………… 79

さ行

債権者が権利を行使することができる
　ことを知った時 ………………… 199
債権者が権利を行使することができる
　時 ………………………………… 199
債権者主義 …………………………… 252
債権者代位権 …………………… 97, 223
債権者に帰責事由がある場合の解除の
　制限 ……………………………… 242
債権者の調査・確認義務 …………… 143
　──の内容 ………………………… 144
債権者不確知の権利供託 …………… 76
債権譲渡 ……………………………… 63

352 事項索引

債権の準占有者 ……………… 163
債権の性質が譲渡を許さない場合 ‥71
催告 …………………………… 202
催告解除 ……………………… 242
最終完工 ……………………… 301
財団債権 ………………………… 83
裁判上の催告 ………………… 207
裁判上の請求 ………………… 207
裁判上の請求等 ……………… 201
債務者主義 …………………… 252
債務者対抗要件具備時より前の原因
………………………………… 185
　　――に基づいて生じた債権 … 180
債務者の帰責事由の不要化 ……… 242
債務引受契約 ………………… 168
債務不履行 …………………… 242
詐害行為取消権 ……………… 229
詐害行為の前の原因 ………… 233
錯誤取消し …………………… 141
差押え ………………………… 185
　　――と相殺 ………………… 177
　　――前の原因 ……………… 178
参照規定 ………………………… 45
敷金 …………………………… 339
事業 ………………………… 121, 122
　　――のために負担した貸金等債務
………………………………… 121
事業者間契約書ひな型 ………… 25
事業従事配偶者 ……………… 128
時効
　　――の完成猶予 …………… 201
　　――の客観的起算点 ……… 199
　　――の更新 ………………… 201
　　――の主観的起算点 ……… 199
自己信託 ………………………… 92
仕事の完成 …………………… 301
質入債権の債務者による供託 …… 96
執行認諾文言 ………………… 132
実質的完工 …………………… 300
自動延長条項 …………………… 13

自動更新・自動延長 …………… 13
自動更新条項 …………………… 13
支配株主 ……………………… 127
住宅ローン契約書 ……………… 25
修補請求権 …………………… 303
主債務の期限の利益を喪失した場合の
　　情報提供義務 ……………… 147
主債務の履行状況に関する情報提供義
　　務 …………………………… 146
守秘義務 ……………………… 146
受領権者としての外観を有するもの
………………………………… 163
受領遅滞 ……………………… 259
承諾前死亡 ……………………… 57
譲渡債権の発生原因である契約 … 189
　　――に基づいて生じた債権 … 180
譲渡制限特約 ……………… 67, 169
　　――の差押債権者に対する対抗力
………………………………… 95
　　――の差押債権者への効力 …… 190
譲渡制限特約付債権
　　――の債務者による供託 …… 76, 96
　　――の質入 ………………… 95
　　――の譲渡人の会社更生 …… 85
　　――の譲渡人の破産 ……… 82
　　――の譲渡人の破産時における供託
…………………………… 83, 97
　　――の譲渡人の民事再生 …… 84
譲渡人の取立権限 ……………… 74
消費 …………………………… 122
消費者契約法第 10 条 ………… 41
消費者ローン契約書 …………… 24
情報提供義務 ………………… 139
　　――違反に基づく保証契約取消し
………………………………… 140
消滅時効 ……………………… 199
将来債権譲渡 ………………… 105
　　――と譲渡制限特約 ……… 107
　　――の効力の限界 ………… 105
除斥期間 ……………………… 288

事項索引 353

書面要件 ················· 322
シンジケートローン ········· 71, 81
信託受益権 ················· 69
信頼利益 ················· 286
数量指示売買 ················· 288
成果完成型 ················· 313
制限説 ················· 177, 180
清算金 ················· 330
生命・身体侵害の損害賠償請求権の消
　滅時効 ················· 200
生命保険 ················· 57
責任遡及条項 ················· 57
相殺 ················· 177
　——の抗弁 ········· 102, 179, 180, 189
相殺期待の保護
　········· 91, 183, 186, 187, 188, 189, 191
損害担保契約 ················· 136
損害賠償・解除リスク ················· 78

た行

タームローン ················· 327
代位権不行使特約 ················· 171
代位の付記登記 ················· 172
代金減額請求権 ················· 284
第三者弁済 ················· 167
第三取得者 ················· 173
代償請求権 ················· 261
代理嘱託 ················· 132
諾成的消費貸借 ················· 322
短期賃貸借 ················· 334
担保保存義務 ················· 172
担保保存義務免除特約 ················· 172
遅延損害金 ················· 147
賃貸借契約書のひな型 ················· 26
賃貸借契約に基づく債務の保証
　················· 119, 151
賃貸人たる地位の移転 ················· 340
賃料減額請求 ················· 337
追完請求権 ················· 282
強い振込指定 ················· 91, 188

定期積金 ················· 70
定型約款 ················· 19
　——の定義 ················· 21
　——の表示義務 ················· 37
　——の表示請求 ················· 37
　——の変更 ················· 43
手付解除 ················· 273
電気供給約款 ················· 24
填補賠償 ················· 305
動機の錯誤 ················· 142
同時履行の抗弁権 ················· 102
到達主義 ················· 59
特定物ドグマ ················· 279, 286
取消し・無効の抗弁 ················· 102

な行

根抵当権 ················· 150
根保証契約 ················· 118, 149

は行

破産法における相殺禁止規定
　················· 90, 178, 182, 185
発信主義 ················· 59
払戻しを請求する権利 ················· 175
引渡し ················· 300
表明保証条項 ················· 280
ファクタリング ················· 103, 169
普通預金規定 ················· 24
物上保証 ················· 136
物上保証人 ················· 174
不特定多数要件 ················· 27
不特定の債務 ················· 150
フランチャイズ契約 ················· 31
振込みによる弁済 ················· 175
プリペイメント・フィー ················· 331
ブレーク・ファンディング・コスト
　················· 331
併存的債務引受 ················· 136
別除権 ················· 83, 84, 96
弁済 ················· 163

354　事項索引

——につき正当な利益を有しない第
三者 ·· 165, 167
——の抗弁 ·· 102
——の提供 ·· 176
弁済先固定の利益
································ 63, 73, 79, 81, 169
弁済代位 ·· 171
包括的な抗弁放棄の意思表示 ········· 101
報酬減額請求権 ···································· 303
法定責任説 ·· 278
保険約款 ·· 24
補充目的要件 ·· 33
保証 ·· 116
保証意思宣明公正証書 ··········· 121, 132
——作成後の内容変更 ················ 133
——の作成手続 ···························· 132
保証人に対する情報提供義務 ········· 117

ま行

みなし合意 ·· 35
無委託保証 ·· 168
無委託保証人の事後求償権による相殺
··· 183, 186
無催告解除 ·· 243
無資力 ·· 226
無制限説 ···························· 177, 179, 180
メイクホール・アマウント ············ 331

や行

約款変更条項 ·· 44
融資意向表明書 ···································· 323
融資証明書 ·· 323
要素の錯誤 ·· 142
要物契約 ·· 322
預貯金口座 ·· 175
預貯金債権 ······································ 68, 70

ら行

リースバック ·· 345
履行遅滞時の譲受人による催告 ······· 73

履行の強制 ·· 259
履行利益 ·· 286
履行割合型 ·· 313
理事、取締役、執行役又はこれらに準
ずる者 ·· 126
両債権の客観的な牽連関係 ············ 186
旅客運送約款 ·· 24
連帯債務 ·· 136
連帯保証人に対する履行請求の相対効
化 ·· 119
労働契約書 ·· 25

著者略歴

鎌田　薫（かまた　かおる）〔第1章・第2章・第4章第2節〜第4節コメント担当〕
　前早稲田大学総長、元森・濱田松本法律事務所客員弁護士
　1948年生まれ、1970年早稲田大学法学部卒業。
　法制審議会民法（債権関係）部会長として、民法（債権関係）改正に携わる。

内田　貴（うちだ　たかし）〔第3章・第4章第1節・第5章コメント担当〕
　東京大学名誉教授、早稲田大学特命教授、森・濱田松本法律事務所客員弁護士
　1954年生まれ、1976年東京大学法学部卒業。
　法務省の参与として、民法（債権関係）改正に携わる。

青山大樹（あおやま　ひろき）〔第1章・第2章本論担当〕
　森・濱田松本法律事務所パートナー弁護士
　1978年生まれ、2001年東京大学法学部卒業、2007年ハーバード大学ロースクール修了。

末廣裕亮（すえひろ　ゆうすけ）〔第3章・第4章第1節本論担当〕
　森・濱田松本法律事務所パートナー弁護士
　1983年生まれ、2006年東京大学法学部卒業、2013年シカゴ大学ロースクール修了。

村上祐亮（むらかみ　ゆうすけ）〔第5章本論担当〕
　森・濱田松本法律事務所パートナー弁護士
　1981年生まれ、2004年東京大学法学部卒業、2006年東京大学法科大学院修了、2012年ハーバード大学ロースクール修了。

356　著者略歴

篠原孝典（しのはら　たかのり）〔第 4 章第 2 節〜第 4 節本論担当〕
　森・濱田松本法律事務所弁護士
　1976 年生まれ、2000 年東京大学法学部卒業、同年アメリカンファミ
　リー生命保険会社勤務（〜 2006 年）、2008 年大宮法科大学院大学修了、
　2011 年金融庁総務企画局企画課調査室専門官（法制審議会民法（債権関
　係）部会対応等担当）（〜 2013 年）。

重要論点　実務　民法（債権関係）改正

2019年 7 月 1 日　初版第 1 刷発行
2019年11月30日　初版第 2 刷発行

著　者	鎌	田	薫	内	田		貴
	青	山	大 樹	末	廣	裕	亮
	村	上	祐 亮	篠	原	孝	典

発 行 者　小 宮 慶 太

発 行 所　株式会社 商 事 法 務

〒103-0025　東京都中央区日本橋茅場町 3-9-10
TEL 03-5614-5643・FAX 03-3664-8844〔営業部〕
TEL 03-5614-5649〔書籍出版部〕
https://www.shojihomu.co.jp/

落丁・乱丁本はお取り替えいたします。　　印刷/広研印刷㈱
© 2019 Kaoru Kamata, et al.　　　　　　　Printed in Japan
Shojihomu Co., Ltd.
ISBN978-4-7857-2725-3
＊定価はカバーに表示してあります。

JCOPY ＜出版者著作権管理機構　委託出版物＞
本書の無断複製は著作権法上での例外を除き禁じられています。
複製される場合は、そのつど事前に、出版者著作権管理機構
（電話 03-5244-5088、FAX 03-5244-5089、e-mail: info@jcopy.or.jp）
の許諾を得てください。